现代商业经济发展研究

曹 颖 ◎ 著

吉林科学技术出版社

图书在版编目（CIP）数据

现代商业经济发展研究 / 曹颖著. -- 长春 : 吉林科学技术出版社, 2021.6
　　ISBN 978-7-5578-8124-5

Ⅰ. ①现… Ⅱ. ①曹… Ⅲ. ①贸易经济－经济发展－研究－中国 Ⅳ. ①F722.9

中国版本图书馆 CIP 数据核字(2021)第 103031 号

现代商业经济发展研究

著	曹　颖
出 版 人	宛　霞
责任编辑	李永百
封面设计	金熙腾达
制　　版	金熙腾达
幅面尺寸	185mm×260mm　1/16
字　　数	290 千字
印　　张	16.375
印　　数	1-1500 册
版　　次	2021 年 6 月第 1 版
印　　次	2022 年 5 月第 2 次印刷
出　　版	吉林科学技术出版社
发　　行	吉林科学技术出版社
地　　址	长春市净月区福祉大路 5788 号
邮　　编	130118

发行部电话/传真　0431-81629529　81629530　81629531
　　　　　　　　　81629532　81629533　81629534

储运部电话　0431-86059116

编辑部电话　0431-81629518

印　　刷　保定市铭泰达印刷有限公司

书　号　ISBN 978-7-5578-8124-5
定　价　66.00 元

版权所有 翻印必究 举报电话：0431-81629508

前 言

商业是商品交换的发达形式，是第三次社会大分工的产物，具有悠久的历史。商业自产生以来，地位在不断地提高，作用在不断地增强。如今，现代商业已经演变成为一个庞大的产业系统，在现代市场经济中发挥着至关重要的作用，商业产业的发达程度已经成为衡量一个国家市场经济发达程度的重要标志，以至不少学者认同：改变未来世界格局的不是战争，而是商业；21世纪的社会是商业社会。随着经济全球化的发展，以商业为主体的流通产业已经成为世界各国争夺的焦点，成为当今世界经济活动最活跃的领域。

为了充分发挥现代商业在市场经济中的作用，国内外理论界在不断地探索和研究商业活动的基本规律、运行原则和业务流程等，以指导商业实践。其中，马克思的流通理论对世界商业的发展有至关重要的影响。长期以来，发达国家尤其是日本、美国非常重视对商业理论的研究，并取得了许多重大的研究成果。如日本对商业职能、零售业态、企业集团、物流学、商品流通渠道的研究，美国对期货市场、代理制、合约理论、电子商务的研究等，都非常深入和具体，这些研究成果对现代商业和市场经济的发展起到了极大的促进作用。新中国成立后，尤其是改革开放以来，我国商业理论界在商业理论研究方面也取得了一批丰硕的成果，并形成了一定的理论体系，对指导我国的商业和社会主义市场经济的建设起到了巨大的推动作用。

在历经40多年的高速发展后，我国的生产环境、生产要素及人民生活诉求都已经发生了重大的变化。面对国内经济发展速度放缓、产业结构亟须优化升级、世界新产业革命孕育发展、国际关系大重组的新形势，我国需要对旧的发展模式有所扬弃，寻求新的发展路径、动力源泉与模式，以积极主动地适应"新常态"、抓住历史发展的新机遇、发挥中国在世界新产业革命变革中的应有作用，为实现中华民族伟大复兴的中国梦而团结一心，重塑中国大国风范。

由于作者水平有限，书中难免会出现不足之处，希望各位读者和专家能够提出宝贵意见，以待进一步修改，使之更加完善。

目 录

第一章 商业的产生与发展　　1

第一节　商业的产生　　1

第二节　商业的职能与经济效应　　8

第三节　不同社会形态下的商业　　11

第二章 商业与国民经济运行　　16

第一节　商业在社会再生产中的地位　　16

第二节　商业在国民经济运行中的作用　　22

第三节　商业活动规律　　27

第三章 商业主体、客体及其运行　　33

第一节　商业主体及其运行　　33

第二节　商业客体及其运行　　45

第四章 货币、信用与商业　　63

第一节　货币与商业　　63

第二节　信用与商业　　68

第五章 消费与商业　　82

第一节　消费与商业的关系　　82

第二节	消费发展的一般趋势及其对商业的影响	87
第三节	商业与维护消费者权益	90
第四节	商业与消费引导	97

第六章 现代商品流通体系与交易方式 100

第一节	现代商品流通体系概述	100
第二节	我国商品流通体系的地位与内容	103
第三节	商品流通体系中的市场	109
第四节	现货交易	117
第五节	期货交易	129
第六节	代理交易	137

第七章 商流、物流与供应链 146

第一节	商流与商业	146
第二节	物流理论与实践	156
第三节	供应链与供应链管理	162

第八章 网络经济下的市场结构变化 166

第一节	网络经济下市场结构的新变化	166
第二节	相关市场界定	171
第三节	战略性进入对市场结构的影响	173

第九章 "互联网+"新形势下"类直销商业模式"与创新　　177

第一节　"互联网+"概念　　177

第二节　"互联网+"形势下分享经济的繁荣　　179

第三节　分享经济"类直销商业模式"　　182

第四节　"互联网+"下消费资本论的崛起　　186

第五节　以消费体验中心为补充的商业模式　　189

第六节　推动众产直销商业模式作为科技成果转化力量的政策建议　　190

第十章　新时期商贸流通业　　192

第一节　扩大内需的作用机制和问题　　192

第二节　我国流通业发展的对策　　195

第三节　虚拟货币　　196

第四节　推动外贸企业开拓国内市场　　198

第五节　商贸流通业国际化　　202

第十一章　商业机会与市场秩序　　207

第一节　商业风险与管理　　207

第二节　商业机会与商业投机　　214

第三节　市场经济与商业竞争　　220

第四节	不正当竞争与反不正当竞争	222
第五节	垄断与反垄断	225
第六节	市场秩序与商业行为	231

第十二章　商业经济效益　240

| 第一节 | 商业经济效益 | 240 |
| 第二节 | 商业微观经济效益评价 | 245 |

参考文献　253

第一章 商业的产生与发展

商业，是人类社会出现了商品交换和商品生产之后经过第三次社会大分工而出现在社会经济生活之中的。专成为商品交换媒介的商业一经产生，就以其独特的经济功能存在于迄今为止的所有社会形态之中，成为社会经济运转不可或缺的国民经济部门。

第一节 商业的产生

商业，是商品交换的发达形式，即发达的商品流通。讨论商业的产生与发展，有必要从分工、交换与商品流通等基本概念的关系谈起。从根本上说，商业属于交换的范畴，而交换的萌芽和发展是与分工的产生和深化密不可分的，商业总是伴随着分工的深化而发展的。

一、从分工到交换

分工作为一切社会所共有的普遍经济现象，其存在具有绝对的必然性由人力的局限、资源的制约、技术的限制和提高效率的需要决定。作为一个不断裂变和演化的过程，最原始的分工形式是类似于"男耕女织"的自然分工，"也就是在纯生理的基础上产生"的分工，存在于原始社会氏族部落的经济共同体中。在不同所有者的这种经济体内部，不仅有分工，而且有交换，但这种交换是直接的劳动交换，亦即在集体的共同劳动中发生的各种活动和各种能力的交换。这样一种直接的劳动交换不仅存在于远古时代原始社会氏族部落的经济共同体内部，也存在于现代社会经济生活之中，如工厂内部由技术分工引起的不同工种、工序工人之间的劳动协作。这种在生产过程中发生的各种活动和各种能力的交换，直接属于生产，并且从本质上构成了生产。它不是我们所要研究的交换，我们所要研究的交换是独立于生产过程之外的、与生产过程有别的特殊经济过程，即生产品的交换过程。

原始共同体内部没有生产品交换，但由于存在自然分工，在共同体之间出现了生产品的交换。"不同的共同体在各自的自然环境中，找到不同的生产资料和不同的生活资料。因此，它们的生产方式、生活方式和产品，也就各不相同。这种自然的差别，在共同体互相接触时引起了产品的互相交换,从而使这些产品逐渐转化为商品。"马克思认为自然分工条件下存在生产品交换的初始形式:"产品作为商品的这种交换,起初是在各个共同体之间而不是在同一个共同体内部发展。"正是在这个以原始共同体为单位的对外交换过程中,一部分生产品开始逐渐演变为商品,商品交换也就由此而产生。

分工是生产品交换产生的基础,而生产品交换反过来又促进了分工的发展,自然分工逐渐向社会分工转化。"社会分工也是从不同的起点发展起来的:①在家庭和氏族内部,存在着按照性别和年龄的自然分工,加上对邻近部落使用暴力而造成的奴役,更把这种分工扩大了;②不同的共同体因地域、气候、文明程度不同而生产不同的产品,在这些共同体相互接触的地方,这些产品相互进行交换。同别的共同体进行的交换,由于自然分工进一步发展,就成为破坏本共同体内部自然联系的主要手段之一。"由此可见,共同体内部的社会分工是由共同体内部的自然分工扩展而来的;而共同体间的自然分工又扩展为共同体间的社会分工。在人类社会发展史上,前后共发生了三次社会大分工。第一次是农业和畜牧业的分离,这时各共同体内部的分工仍不发达,交换主要是剩余产品的交换,商品交换并不占有重要地位。第二次是农业和手工业的分离,由于技术含量较高的手工业生产不易为一般的农夫所掌握,而手工业产品又不能直接作为生产者自己的生存消费资料,专业化的手工业生产者须将其生产出来的手工业品拿到市场上去换取自己所需要的消费品。"随着生产分为农业和手工业这两大主要部门,便出现了直接以交换为目的的生产,即商品生产;随之而来的是贸易,不仅有部落内部和部落边境的贸易,而且海外贸易也有了。"商品生产的大量出现使得原来并不占重要地位的商品交换显得日益重要,商品交换已经成为商品生产顺利进行的前提条件。在这种情况下,社会分工突破了生产范畴,出现了商业脱离生产部门的第三次社会大分工。

因而,分工产生了交换,自然分工状态下就已经有了交换活动,这种交换反过来又促进了社会分工的形成与发展,有了社会分工,各个独立的生产者之间的商品交换活动成为必然。

二、从产品交换到商品流通

这里的交换是独立于生产过程之外的交换,是建立在社会分工基础之上的、直接为了消费(不论是生活消费还是生产消费)而进行的生产品交换,其物质内容是不同劳动产品亦即不同使用价值的置换。生产品交换实质上也是人们劳动的交换,但它采取了间接的形式:不是直接交换劳动,而是生产者相互之间为了满足各自消费的需要,通过交换劳动生产品来交换劳动。因此,生产品交换作为社会分工条件下产品由生产领域向消费领域运动的必然形式，也是社会劳动的物质变换过程。生产品交换从它产生之日起，就成了人类基本的经济活动之一；它随生产而来，并与生产一起构成了社会制度的基础。

社会产品意义上的生产品交换，一开始便采取了商品交换形式。商品交换是发生在不同经济主体之间的产品交换，它的最初形式是产生于第一次社会大分工之际的物物交换（W—W）。在人类历史上，物物交换起初是在原始共同体之间通过各自的氏族首领来进行的，然后逐步渗入原始共同体内部；正如马克思所指出的："商品交换是在共同体的尽头，在它们与别的共同体或其成员接触的地方开始的。但是物一旦对外成为商品，由于反作用，它们在共同体内部生活中也成为商品。"随着第二次社会大分工即手工业与农业的分离，这种原始的实物交换形式得到了进一步的发展，并促进了原始公社制度的瓦解和私有制的产生。今天看来，物物交换实在平淡无奇，但它是人类文明史上的一项伟大发明和创造，它以商品形式永恒地开创了不同经济主体之间的经济联系，对人类社会的经济生活产生了极其深远的影响。

不过，物物交换中的商品还是一种原始的、艰难发育中的商品。在物物交换过程中，虽然交换双方都在让渡自己产品的同时占有了对方的产品，但这种交换只有在双方恰好同时需要对方的产品，并且走到一起时才能发生，因而极大地受到时间、空间上的限制，这就使得交换只能在狭小的地域范围和时间范围内进行。同时，物物交换仅仅是不同使用价值的交换，商品的价值还没有取得独立的形式，因而交换只能孤立地、断断续续地进行，交换量的比例确定则完全是偶然的，也就是说，这种交换形式有很大的局限性：首先，我需要你的商品的使用价值；其次，两种商品的价值量要相等；最后，我的商品的使用价值也为你所需要。这三者缺一，交换就不能进行。由于存在这样一种个人的限制，生产者为了换取自己所需要的商品，往往要经过迂回曲折的过程才能实现。基于上述严重的时空限制和个人限制，这种商品交换形式只能满足原始状态下偶然的交换需要。

随着社会生产力的发展，产生了直接以交换为目的的生产，即商品生产。越来越多的产品要求进入交换，不但要求经常性的交换，并不断扩大交换时空范围的要求，还要求确定交换量的比例（即确立等价交换原则），以确保充分实现经济利益；与此同时，由于家庭单位的出现，交换主体的等价交换要求也越来越强烈。所有这一切表明，商品内在的使用价值与价值的矛盾尖锐化了，物物交换这种原始的商品交换形式已不能适应社会生产发展的要求。但是，"商品的发展并没有扬弃这些矛盾，而是创造这些矛盾能在其中运动的形式"。具体而言，包容这种矛盾的方法就是商品的交换价值与使用价值分离，获得一种独立形式般的等价物。经过孕育与演变，商品终于二重化为商品与货币，商品内在的使用价值与价值的矛盾也就外化为商品与货币的矛盾；而货币作为一般等价物，作为价值的独立形式，则可以直接转化为任何商品。这样，物物交换中看似无法解决的商品使用价值与价值的矛盾，在新的矛盾运动形式中顺利解决了。货币出现以后，商品交换随即主要以货币为媒介进行，物物交换也就发展为商品流通，商品流通成了社会产品从生产领域向消费领域运动的客观经济过程。

三、从商品流通到商业

（一）商品流通的内涵

商品流通，就是以货币为媒介的商品交换过程。对于这个概念，应当把握住两个要点：其一，"商品流通是以货币的存在为前提的"。一讲商品流通，必定有货币。其二，商品流通是从总体上看的商品交换，是商品交换过程"连续进行的……整体"。商品流通包含两个互相对立、互为补充的商品形态变化：W—G 是第一形态变化，G—W 是第二形态变化。在商品流通中，一切商品都经历着由两个相反的形态变化组成的循环：首先是商品形式，然后由商品形式转化为货币形式，最后又复归为商品形式。而一种商品的形态变化，又和别种商品的形态变化交织在一起；每一种商品的第一形态变化或第二形态变化，就是另一种商品相反方向的形态变化。这在实际生活中的表现就是这个人的买（或卖）是和另一个人的卖（或买）联系在一起的。这样，许许多多商品的形态变化组成的循环交错地连接在一起，就形成了许多并行发生和彼此连接的商品流通过程。

（二）商品流通的形式

商品流通有简单商品流通和发达商品流通两种形式，即 W—G—W 和 G—W—G。后者也就是商业货币投资的循环形式。这两种流通形式有以下共同点：①都分离成买和卖两个对立的阶段；②每个阶段都存在商品与货币、买者与卖者的对立；③都牵涉到三个当事人。这些共同点反映了它们内在的有机联系，因而可以从一种形式发展到另一种形式。

但商品流通的两种形式是不同的事物，存在质的区别。形式上的区别一目了然：①运动阶段的次序不同。W—G—W 是先卖后买，起点、终点都是商品；G—W—G 是先买后卖，起点、终点都是货币。②运动的中介不同。前者货币为中介，同一货币两次换位；后者商品为中介，同一商品两次换位。③货币运动方向不同。前一形式中货币不再回来；后一形式中货币还要回来。

特别需要指出的是，商业即发达商品流通的出现，并不否定简单商品流通的存在，两者并不是绝对的此消彼长的关系。联系我国商品流通体制改革的实践，对商品流通形式的认识，还应该强调以下几点：

第一，商业从生产中分离出来，而成为交换本身的中项，商品生产者还是交换本身的一极，产品的第一次销售依然不可避免地要由生产者自己去进行。中项的出现不可能废除两极（生产者与消费者），而是要以两极的存在为前提。不应该以中项的活动去限制甚至包揽交换本身一极的事务，也不能把商品生产者的商务活动与商人的商业活动混为一谈。在我国旧有的统购包销的商品流通体制中，交换本身一极的交换事务实际上由商业包揽了，产生了许多弊端；而20世纪70年代末80年代初开始商品流通体制改革以来，以"工业自销"作为"商业包销"的对称，强调生产企业自主销售的积极作用时，又把"自销"的含义扩大化，混淆了"自主销售"与"自己完成交换过程"即"直销"这两个完全不同的命题，把工业部门自办贸易中心之类的商业机构也说成是"自销"，给人以"商业萎缩"的假象，这同样会造成不必要的理论误区和实践层面的运行混乱。

第二，商业从生产中分离出来，没有也不可能完全取代商品生产者之间、生产者与消费者之间直接进行的买卖活动，总有一些商品无须经过商业媒介即可完成其交换过程。这就是说，以商业为媒介的商品流通形式的出现，并不意味着简单商品流通形式的消亡，它们并非此生彼亡的关系，而是长期共存、互为补充的。一种商品究竟通过哪一种流通形式，抑或是否同时采用两种流通形式完成其交换过程，取决于该种商品产销矛盾的复杂程度，取决于哪一种形式能够以更短的时间、更少的费用最终实现商品的形态变化，亦即取决于哪一种流通形式的经济效益更高——这是因商品、因时、因地而异的。在社会化大生产条件下，虽然因商品产销矛盾日益复杂而使发达商品流通形式即商业在多数情况下占据主导地位，但并不能因此就认为一切商品都要以商业为媒介来完成其交换过程最合理，如果这样，反而会对经济效益的提高产生负效应。

正确的认识应当是：在我国社会主义市场经济发展的进程中，商品流通的两种形式都将存在下去。一方面要大力发展商业，包括独立的中间商和生产者自己的商业，充分发挥商业在组织商品流通中的作用；另一方面也要允许生产者根据需要与可能直接从事某些产品的销售业务（指商品的最终销售，即将产品直接卖给消费者或用户）。这应当成为商品流通体制优化命题中的应有之义，并且应当在我国商品流通体制改革实践中得到不断的证明。

第三，简单商品流通形式不仅与简单商品生产即小商品生产相联系，而且与商品的社会化大生产相联系。马克思确实说过："在以前那种小规模进行生产的生产方式下……很大一部分生产者把他们的商品直接卖给消费者，或者为消费者的私人订货而生产。"列宁也指出："在商品生产极不发达的情况下，小生产者只在地方小市场上销售制品，有时甚至把制品直接销售给消费者。"这当然是正确的。但这丝毫不能证明简单商品流通形式与大规模进行的社会化生产方式完全抵触,恰恰相反,马克思在谈到资本主义大规模的生产"是以出售给商人,而不是出售给消费者个人为前提"时,紧接着就指出:"如果这种消费者自己就是生产消费者,是产业资本家,也就是说,如果一个生产部门的产业资本为其他生产部门提供生产资料,那么,也会发生一个产业资本家(以订货等形式)直接出售给其他许多产业资本家的情况。如果是这样,每个产业资本家就是直接的出售者,本人就是自己的商人。"可见,无须经过商业媒介的简单商品流通,在社会化大生产条件下,在资本主义或社会主义市场经济中,基于经济合理性的需要,都依然富有生命力,这在生产资料流通中表现得尤为突出。

这样看来,简单商品流通也有两种形式:一种与小商品生产相联系,一种与商品的社会化大生产相联系。这两种流通形式不仅在产生条件、流通范围、流通规模、流通组织方面存在巨大差异,而且它们的经济功能也有原则区别。前者主要是销售自给有余的产品,是以产定销,是自然经济的补充;后者则是商品生产与商品流通相统一的社会再生产的有机构成部分,是产销结合,是以销定产、以销导产、以销促产,是发达商品经济的要求。如果说前者是商品流通直接形式的初始形式,后者则是商品流通直接形式的发达形式。为了强调这后一种直接流通形式在现代经济生活中的重要性,理论上把它列为第三种商品流通形式,或许更有现实指导意义。

(三)商业的核心内涵

商业是一个有特定含义的商品经济范畴。用马克思的话说,商业是"商品交换的发达形态"。这一命题包含两层意思:商业是商品交换的形式,但只有商品交换的发达形式才叫作商业。

商品交换在发展过程中共衍生出三种形式:①物物交换(W—W),亦称简单商品交换;②简单商品流通(W—G—W),又称商品流通的直接形式或最初形式;③发达商品流通(G—W—G),又称商品交换的发达形式,或商品流通的第二形式。在这三种商品交换形式中,只有发达商品流通G—W—G才是商业。随着商品交换的发展,出现了专门从事商品交换的商人,他们先买进商品,再卖出商品,从而在生产者与消费者之间充当商品交换的媒介。这就是说,商业所从事的商品交换活动,从一开始就不能单纯理解为直接生产者之间的商品交换;商业作为一种独立的经济活动是由商人进行的,商业是商人的"经济化",商人则是商业的"人格化"。因而,也可以说,商业是商人进行的商品买卖活动,或者说,商业是商人通过商品的买和卖来实现交晚易的商品交换。

理解商业的基本内涵，必须把握住三个要点：

第一，商业是一种商品买卖活动，但并非所有商品买卖都是商业。在这里，关键是要明确"买卖"二字的含义。商品买卖可以有两种情况：一种买卖活动，买卖是一次交易行为的两方面，对商品所有者来说是卖，对货币所有者来说则是买。W—G，就是这样一种矛盾统一体的买卖行为。另一种买卖活动，则是两次交易行为，一次是买（G—W），另一次是卖（W—G）。这两次交易行为都是独立进行的，但互相衔接构成一个完整的经济活动过程；次序则一定是先买后卖。因而这里的买者和卖者都是同一个人，而不是两个人。所以，这是一种由同一个当事人先买后卖，分两个阶段相继完成的商品买卖活动。以上两种买卖活动，只有后一种才是商业活动；前一种反映的则是直接进行的商品货币活动，仅属于简单商品流通，而简单商品流通只是商业存在的条件，并非商业本身。根据这个道理，农民在集市贸易上互通有无、工厂将产品直接卖给消费者之类的交易活动，都不属于商业活动之列。

第二，商业是由专门的人经营的专门行业，是介于商品生产者之间的"第三者的专业"。这一点经典作家曾经反复论述。马克思和恩格斯在《德意志意识形态》一文中指出："分工的进一步扩大是生产和交往的分离，是商人这一特殊阶级的形成。"这是指人类历史上的第三次社会大分工。这次大分工，从经济活动上看，出现了一个独立于生产之外的专门行业；从社会阶级关系看，"表现为这一特殊商人阶级的形成。亦即"创造了一个不再从事生产而只从事产品交换的阶级商人"。马克思在《资本论》各卷中论及前资本主义商业和资本主义商业时，用了"寄生在购买的商品生产者和售卖的商品生产者之间的商人""专门工作""特殊行业""商品经营者的专门活动"等提法。这些都说明：只有商人经营的商品交换活动才是一个特殊的独立于生产之外的经济领域，并以此与生产者之间直接进行的商品交换相区别。

第三，商业是和独立的货币投资联系在一起的。商人要进行商品买卖活动，都必须首先买进商品，而要能够买进商品，就必须持有一定数量的货币，这就是商业货币投资。商人正是把自己拥有的货币投入流通领域，并在 G—W—G 的运动形式中完成商品交换的。这与生产者自销产品有明显的区别，生产者出售产品时投入流通领域的是商品，而不是货币。所以，马克思曾经把商业叫作"特殊的投资业务"。这也进一步说明了商业是区别于其他商品交换形式的发达形式。

综上所述，商业是商品交换的发达形式，是发展了的商品流通；它的质的规定性，就是要有专门的人（独立于生产者之外的人）、专门的货币投资、专门从事商品的买和卖进而完成的社会商品交换。商业部门，则是指专门从事商业活动的国民经济部门。

第二节　商业的职能与经济效应

一、商业的职能

前面对发达商品流通与简单商品流通区别的分析，使我们进一步认识到，商业不等于商品交换，不等于商品流通，而只是商品交换、商品流通的一种形式。它作为社会分工的独特行业，以其货币投资的独特运动形式，执行自己的特殊经济职能。

什么是商业的职能？用马克思的话说，就是"专门对商品交换起中介作用"。这就是说，在社会经济生活中，商业专门在生产者与消费者之间充当媒介完成商品交换。对此，马克思还进一步指出："商人资本的职能就是归结为这些职能，即通过买和卖来交换商品。因此，它只是对商品交换起中介作用；不过这种交换从一开始就不能单纯理解为直接生产者之间的商品交换。"

为什么商业的职能只是充当媒介完成商品交换？从社会再生产过程来看，商业货币投资循环 G—W—G，实际上始终只是商品生产者的 W—G，只不过这里是把原先由生产者一次完成的 W—G 分解成两次相继出售来完成了。第一次出售是生产者将商品出售给商人，这就是商人业务的购买阶段 G—W。这时，对生产者来说，他已经出卖了自己的商品，但对于商品来说，并没有退出流通领域，仍然是有待出售的商品，发生变化的仅仅是商品的所有权，以前在生产者手中，如今在商人手中了。于是，将商品卖给消费者的职能，现在由商人从生产者手中接了过来。这里的商人可以是一个，也可以是一系列，但都改变不了问题的实质，即商人手中的商品始终只是有待继续出售给消费者的商品。第二次出售，则是商人将同一商品继续出售给消费者，这就是商人业务的出卖阶段。只是在这时，商品才最终卖掉，从而实现了生产与消费的联系。由此可见，商业货币投资循环 G—W—G 只是对商品的最终出售起中介作用。这就是说，商业的购买，实现了生产者的出卖，而商业的出卖，又实现了消费者的购买，只是经过商业的这种买卖活动，才充当媒介完成了生产者与消费者之间的商品交换。

对于把握商业的职能，还应当明确以下几点认识：

（1）商业的职能是在 G—W—G 这一价值形态转化过程中完成的，是通过商业的买卖活动完成的。商业部门只有不断重复为卖而买、先买后卖的业务活动，才能不断地实现生产与消费的联系。如果中断这种业务行为，也就失去了商业的职能作用，商业也就不成其为商业。

（2）商业的职能是交换职能是充当媒介完成社会劳动的物质变化，而不是生产职能。这就是说，商业发挥职能作用的领域只是在流通领域，而不是在生产领域。商业也不具备分配职能。商业活动起着实现国民收入分配、再分配的作用，但实现分配与分配本身不是一回事。

（3）商业的职能具有一般性

商业的职能是由于社会分工而为商业所固有的职能，它并不因生产方式的变革而改变。在不同的社会形态中，只要存在商业，它的职能都是充当媒介完成社会商品交换，所不同的，只是所媒介的商品交换体现着不同的经济关系。

这里研究的商业职能，是纯商业的职能，而不是商业部门的职能。商业职能是商业部门的基本职能，是商业部门区别于其他经济部门的专有职能，但并非商业部门的唯一职能。商业部门还有一些附带的职能，如商品的加工、保管、运输、包装等。

二、商业的经济效应

商业作为国民经济的一个重要部门，在社会经济发展中发挥着特殊作用。纪元前中国古代思想家、政治家就已认识到："商而通之"，"商不出则三宝绝"；"农辟地，商致物"；有了商业活动，可使"天之所覆，地之所载，莫不尽其美，致其用"；有了商业活动，还可以"通其变，使民不倦"。在我国社会主义发展的历史阶段，商业的独立存在不仅是历史必然，而且基于其显著的经济效应，是保持国民经济良性运行和提高社会经济效益的客观要求。

（一）商业独立存在的时间节约效应

商业的独立存在可以缩短商品流通时间，相对增加商品生产时间，加速社会再生产过程。在商品生产条件下，生产得以维持和扩大的一个基本条件，就是商品必须转化为货币。商品转化为货币的过程越迅速，商品在再生产过程中的流通时间就越短，扩大再生产的可能性也就越大。

商业的独立存在对于加速商品转化为货币的过程，从而加速社会再生产过程具有重要作用。一方面，由于商业的独立存在，生产者的产品只要能满足社会消费需求，就可以立即出售给商业部门。这时，商品虽然仍处于流通领域，但对生产者来说，商品已经转化为货币，直接的生产过程已经可以重新开始，这就缩短了生产过程的更新周期。另一方面，由商业部门专门从事买卖，基于专业化优势和渠道优势，商品资本"本身也会比它处在生产者手中的时候更快地完成它的形态变化",亦即更快地由生产领域进入消费领域。这就缩短了商品流通时间,也就相对增加了商品生产时间。

如果没有商业的独立存在,而由生产企业到产地自购原材料、到销地自己推销产品,就会因为生产和消费在时间、空间方面的矛盾和其他更为广泛的原因造成的多种形式的产销矛盾,导致"产品会更久地以货币形式或商品形式停留在流通过程中",亦即停留在一个不会有价值增值但会使直接生产过程中断的流通领域中。这样就会延长社会再生产时间,造成巨大经济损失。

(二)商业独立存在的资金节约效应

商业的独立存在可以减少社会投入流通领域的资金数量,相对增加生产领域的资金数量。马克思在论述商业资本独立存在的必要性时指出:"由于分工,专门用于买卖的资本……小于产业资本家在必须亲自从事他的企业的全部商业活动时所需要的这种资本。"这是一条规律。抽去其社会属性,完全适用于阐明任何社会形态下商业的资金节约效应及其独立存在的一方面的必要性。

在一定时期内,社会总资金是一个既定的量。为保证社会再生产的顺利进行,社会总资金必须分割开来并存于生产领域和流通领域。如果流通领域占用的资金份额较少,就会相对增大生产领域的资金占用量。商业的独立存在,正是可以起到大大减少全社会流通资金占用量的作用。由于商业集中组织商品流通,同时为许多生产者服务,既可以大大提高投入流通领域的固定资产和流动资金的利用率,也能更有效地运用各项流通资金,大大节省预付各项流通费用所占用的资金。所以,马克思的结论是:"由于分工,专门用于买卖的资本……小于产业资本家在必须亲自从事他的企业的全部商业活动时所需要的这种资本。"

反之,如果没有商业的独立存在,而由生产企业自行买卖商品,那么,一方面,每一个生产企业都必须相应地设立一整套买卖商品的机构和人员,显然这要比商业独立存在时占用的资金大得多;另一方面,每一个生产企业为支付生产要素而备用的货币资金、以制成待销商品形式存在的商品资金,其占用量显然也要比商业独立存在时大得多。此外,由于流通费用增大,预付流通费用所占用的资金同样会比商业独立存在时大得多。在这种情况下,为了不使生产过程中断,生产企业或者被迫减少用于生产的资金,这就会缩小生产规模,生产企业为社会提供的商品、上缴国家的税金、企业本身的积累也都会随之减少;或者由国家、社会追加资金,以保证生产过程按原有规模进行,但这必然会导致削减社会其他方面的资金需要。显而易见,上述无论哪一种情况,对于社会经济的发展和人民生活水平的提高，都是不利的。

（三）商业独立存在的生产率提升效应

第三次社会大分工以来，生产部门的内部分工之所以能够越分越细，重要条件之一就是由于商业的独立存在。一个新的生产行业的建立，必须解决设备和原材料的供应，必须解决产品的销路问题，如果这些市场问题都要由这个生产行业自行解决，势必会遇到难以克服的困难。而商业的独立存在，则可以立即提供各种便利的市场条件。所以，马克思和恩格斯指出"生产和交往之间的分工随即引起了各城市之间在生产上的新的分工"；商业活动是"开创了一些一开始就以商业为基础的生产部门"。商业促进了生产分工的发展和生产专业化程度的提高，为劳动生产率的提高创造了条件。

商业的独立存在通常还有利于生产企业加强对直接生产过程的领导和管理，这对于提高生产企业的劳动效率和经济效益有着不可忽视的重要作用。如果没有商业，生产企业的管理人员势必要花费大量时间和精力去管理商品的买卖，"这会妨碍他作为生产过程本身的管理者去执行自己的职能"。

综上所述，商业的独立存在有助于大大提高社会经济效益，这是一切商品经济社会中不以人的主观意志为转移的客观经济现象。随着生产力发展水平和社会经济发展水平的不断提高，企业的组织形式不断发生变化，囊括生产、流通等各种经济活动的大型企业集团早已出现，但这只是业态的改变，并不构成对商业独立存在的否定。

第三节　不同社会形态下的商业

商业，作为发达商品流通形式，从历史的角度看，是商品货币经济长期发展的结果，又是商品货币经济的核心构成。自产生以来，商业存在于迄今为止的各种社会经济形态之中。

一、商业产生与存在的社会经济条件

商业是商品交换的一种形式，商品交换产生的基本条件当然也就是商业产生的基本条件。所谓商品交换，就是商品的相互让渡和转手。它总是作为商品的不同劳动产品的相互交换，交换过程也就是社会劳动的物质变换过程。因此，商品交换必须同时存在两个基本条件：第一，生产的社会分工。只有不同的生产者分别从事不同产品的生产，才会存在

生产品种单一性和消费需求多样性的矛盾，从而出现相互交换劳动产品的社会要求。如果没有生产的社会分工（不论这种分工是自然发生的还是分工本身已经是历史的成果），那就不会存在不同的劳动产品，也就不会产生互通有无的要求，当然也就不存在交换。第二，劳动产品归不同所有者占有。只有不同的劳动产品归不同所有者占有，才需要通过商品形式进行等价交换，来完成社会劳动的物质变换过程。如果仅有社会分工而不存在不同的所有者，尽管存在交换，但不构成商品交换关系。

将商品交换产生的上述两个基本条件归结为商业产生和存在的基本条件，无疑是正确的。但是，这还不够。正是由于商业是商品交换的发达形式，它的产生还要有特殊的社会经济条件。这个特殊的社会经济条件，就是简单商品流通和货币流通的存在。马克思在考察历史上的商人资本时明确指出了这一点："它的存在……所必要的条件，无非就是简单的商品流通和货币流通所必要的条件。或者不如说，简单的商品流通和货币流通就是它的存在条件。"在简单商品流通的条件下，商品交换以货币为媒介进行，交换过程被分解为 W—G 和 G—W 这两个独立的过程，这就使得有一个第三者有可能插足于交换过程，这里的第三者可以是一个人，也可以是更多的人，他们既买又卖，作为互相交换商品的生产者之间的中间人，充当媒介完成他们之间的商品交换。这个专门从事商品买卖活动的第三者，就是商人；他所从事的商品买卖活动，就是商业。这说明，货币的产生，导致买卖活动的分裂，为商业的产生提供了直接的可能性。

但这不是说一有货币就产生了商业。商业产生的历史必然性，应当归结为经济利益。列宁说过，必须把社会现象"归结为一定阶级的利益"。在历史上，随着商品生产的发展和商品交换规模的扩大，商品的生产和消费在空间、时间上的矛盾也扩大了。对商品生产者来说，作为生产时间扣除的商品出卖时间、作为劳动资料扣除的商品流通费用随之越来越多；对需要长途运销其产品的生产者来说，自产自销日益难以实现。这种矛盾发展到一定程度，当简单商品流通已不足以解决这种矛盾时，商业便应运而生。这当然要有很长一段历史演变的过程。起初，有的生产者为了自身的经济利益，只是委托别的生产者代售产品；后来则干脆将产品卖给原先的代售者转售。而开始接受代售业务、继而兼营买卖业务的生产者，也能在代售或兼营买卖的活动中获取一定的经济利益，久而久之，他们便从生产者队伍中分离出来，成为专以商品买卖活动为许多生产者推销商品的商人。这就是划时代的第三次社会大分工。商业一经产生，立即把多数商品生产者的副业（指销售产品）变成了少数人的专业，显示出促进生产、提高社会经济效益的重大作用。这也是几千年来商业之所以能够在商品经济中独立存在并不断发展的根本原因。

二、不同社会形态下的商业发展

商业是随着社会生产力的发展，在人类历史发展的一定阶段产生与发展的，迄今为止商业的存在与发展显然是商品经济社会所共有的经济现象。但由于生产力发展水平和商品经济发展程度的不同，不同社会形态下的商业发展形态与发展规模是不同的，商业的社会性质、经济特点也随着生产资料所有制性质的改变而改变。

（一）不同社会形态下商业的发展规模

马克思指出："产品进入商业、通过商人之手的规模，取决于生产方式，而在资本主义生产充分发展时，即在产品只是作为商品，而不是作为直接的生存资料来生产时，这个规模达到自己的最大限度。"

在前资本主义社会即奴隶社会、封建社会中，自然经济占据主导地位。自然经济的特点是生产出来的产品供生产者自己消费，自给自足，主要不是为了交换。在这种情况下，尽管商业经营活动范围在缓慢扩大，但不可能得到充分的发展。因此，交换是有限的，市场是狭小的。

在奴隶社会，奴隶只是会说话的工具，没有人身自由，劳动品归奴隶主所有。奴隶的这种社会地位决定了他们既不能作为生产者参与商品交换，也不能作为消费者同市场发生联系。如果说他们与商品交换也有关系的话，那就是他们有时被当作商品而进入市场。所以，当时参加商品交换的主要是王公、贵族和其他大小奴隶主，商品也主要是一些奢侈品、手工艺品等，商业的规模自然十分有限。

封建社会，自然经济仍然占主导地位，但随着生产力的发展，经济生活发生了重要的变化。首先，农民与市场有了直接的联系，并随着农业生产的发展逐渐扩大这种联系。其次，手工业随着生产工具的改进和工艺水平的提高有了较大的发展，产品产量有了较大的提高；随着社会分工的发展，手工业内部的行业数量得到了增加。最后，城乡分离普遍化，出现了许多城市和集镇。随着这些变化，商品交换日益频繁，城乡间、地区间乃至国家间的贸易活动逐步扩大，商业以前所未有的规模发展起来。但是，商品交换的发展毕竟是有限的，在整个经济生活中不起决定性作用。

资本主义生产方式极大地提高了社会生产力，商品生产也随之成为社会生产普遍的、占主导地位的生产形式，商品生产发展到最高阶段，一切都成了商品，商品关系渗透到社会生活的各个领域，商业的规模随之发展到自己的最大限度。随着社会生产力的广泛提升、产业结构的不断调整以及科学技术的不断创新和运用，商业的内部分工逐渐细化，分化出若干个专业化的商业细分行业，商业的组织化程度越来越高。随着信息技术等科学技术在商业中的运用,商业的经营管理随之现代化,商业的组织形式也趋于复杂多样。

在社会主义社会,实践证明,发达的商业仍然有其客观存在的必要性。现在,我国还处于社会主义初级发展阶段,不仅要保留商业,还要为适应国民经济发展的要求大力发展商业。

（二）不同社会形态下商业的经济特点

"每一既定社会的经济关系首先表现为利益。"商业运行中的经济关系首先是通过经济利益关系表现出来的,是在不同社会形态下商业的发展规模与发展形态联系起来的,包括工商关系、农商关系、商群关系以及商商关系等。

在自然经济占主导的前资本主义社会,流通领域中的商业资本是孤立存在的,与小商品生产者的投资没有必然的内在联系。商人有的是从富裕的农民和手工业者中分离出来的,也有贵族、官吏等,他们手中积累的货币转化为专门经营商业的商业资本。由于商品生产是小商品生产,小商品生产者出卖商品是为了购买自己的消费需求的其他商品,因此,商业主要是在小商品生产者的为买而卖的商品交换中起中介作用的,主要是为交换双方的直接消费需要服务的。商业资本是离开它所充当媒介的商品交换双方而独立运动的,因为生产领域不存在资本形态的再生产运动,商人与生产者的往来也就不是资本与资本的联系。这样,就商业与生产的关系来说,是"商业支配着产业,而不是相反的情况";"正是商业使产品发展为商品,而不是已经生产出来的商品以自己的运动形成商业"。此时的商业利润主要是依靠低买高卖和商业欺诈获得的,既在交换中剥削小生产者,也瓜分统治阶级剥削小生产者得来的一部分产品,这是自然经济占主导地位时呈现出的商业经济关系。

随着商品生产成为社会生产普遍的、占主导地位的生产形式,资本主义社会的商品生产发展到最高阶段,商品关系渗透到社会生活的各个领域。此时,商业资本已经是社会总资本的一个组成部分,是停留在流通领域的商品资本的一部分的转化形态,也就是一部分商品资本从产业资本循环中独立而出的特殊资本。此时的商业职能虽然也是充当媒介完成商品交换,但实质上是在执行商品资本的职能,它只是对资本主义流通过程起中介作用,是为了实现商品形态的变化与实现剩余价值。因而,商业资本不再是前资本主义商业资本那样独立运动了,而是要服从于社会总资本的运动,是社会总资本运动的一个组成部分。这样,商业也就不再支配生产产业,而是生产产业支配着商业；是已经生产出来的商品以自身的运动形成商业,而不是商业的发展才使产品卷入交换而成为商品。马克思指出,"在资本主义生产中,商人资本从它原来的独立存在,下降为投资的一个特殊要素,而利润的平均化,又把它的利润率化为一般的平均水平"。此时资本主义商业利润体现了商业资本与产业资本相结合，共同无偿占有劳动者创造的剩余价值的经济关系。

  人类的实践证明，社会主义经济中仍然存在商品生产和商品市场交换，存在商业。在我国当前的社会主义初级阶段，确立了以公有制为主体、多种所有制经济共同发展的基本经济制度。在这样一种中国特色的社会主义经济中，社会主义经济成分、资本主义经济成分、个体私有制经济成分的同时并存，以及经济全球化对国内经济的深刻影响，决定了我国市场经济利益关系的多样性和复杂性。加之生产力发展水平的不平衡、城乡二元经济结构的存在，在我国现阶段市场商品流通、商业运行中，无论是从规模来看，还是从经济特点来看，资本主义社会乃至前资本主义社会的商业资本运作特点和运行关系都还不同程度地存在。然而，由于社会主义公有制成分的存在和发展，商业利益关系已经呈现人民性的特点。马克思曾经指出："在一切社会形式中都有一种一定的生产决定其他一切生产的地位和影响，因而它的关系也决定其他一切关系的地位和影响。"在我国现阶段，能够起到这种支配作用的无疑是以全民所有制的国有经济为主体的公有制经济，虽然这会有一个渐进的过程。商业结构的人民性，是中国特色社会主义经济中的商业不同于以往社会形态中商业的一个显著特征。这种人民性，主要体现在商业的经营活动要兼顾商品生产者、商品消费者、商业经营者这三者的经济利益，分配关系则要兼顾企业、职工和国家这三者利益的经济关系。应该指出，资本占有剩余劳动在我国社会主义初级阶段依然存在，这有其必然性，但它已不占主导地位，应当也可能被限定在一定范围和程度之内。

第二章 商业与国民经济运行

第一节 商业在社会再生产中的地位

关于商业的地位问题,在马克思的社会再生产理论中可以找到答案,商业在社会再生产中的地位要以社会再生产过程的四个环节及其相互关系为起点来讨论。

一、交换在社会再生产过程中的中介地位

商业作为商品交换的发达形式,是属于交换领域的经济范畴。商业在国民经济发展中的地位和作用,实质上是商品经济条件下交换在社会再生产中的地位和作用的典型反映。

马克思主义政治经济学把纷繁复杂的社会经济活动概括为社会再生产过程。所谓社会再生产,就是生产过程的不断重复和更新。马克思指出:"不管生产过程的社会的形式怎样,生产过程必须是连续不断的,或者说,必须周而复始地经过同样一些阶段。一个社会不能停止消费,同样,它也不能停止生产。因此,每一个社会生产过程,从经常的联系和它不断更新来看,同时也就是再生产过程。"

社会再生产过程是由生产(直接生产过程)、分配、交换、消费这四个环节或称四个要素构成的。生产,是在一定生产关系下,人们利用生产工具改变自然物质以创造出适合自己需要的生活资料和生产资料的过程。正如马克思所言:"人们的生活自古以来就建立在生产上面,建立在这种或那种社会生产上面,这种社会生产的关系,我们恰恰就称之为经济关系。"生产,是人对自然的改造和占有,是人与自然之间的物质变换过程。消费,则是人们使用社会产品满足自己生活或生产需要的过程,包括生活消费和生产消费。其中,"生活资料的消费是为了再生产现有劳动力的肌肉、神经、骨骼、脑髓和生出新的劳动者……资本的再生产过程在一定限度内甚至包含着劳动者的个人消费"。生产和消费之间有着必然的内在联系:任何社会的生产都不是为生产而生产,归根结底都是为了消费;而消费总是生产物的消费,只有生产才能提供有形产品或无形产品作为消费的对象。但是,社会生产出来的产品都不能直接进入消费,而要经过分配和交换,才能到达消费者手里。分配,就是依照一定生产方式所决定的社会法则,确定社会产品归谁所有,规定每个社会

成员占有社会产品的份额。而"消费资料的任何一种分配,都不过是生产条件本身分配的结果"。社会产品经过分配之后,除了自给自足的情况,都还要经过交换,这样一种社会经济活动过程说明,生产、分配、交换、消费这四个环节既相互区别,反映了再生产过程不同阶段上的经济活动,担负着不同的社会经济职能,又紧密联系,有机结合,构成了社会经济的统一整体。表象是,"在生产中,社会成员占有(开发、改造)自然产品供人类需要;分配决定个人分取这些产品的比例;交换给个人带来他想用分配给他的一份去换取的那些特殊产品;最后,在消费中,产品变成享受的对象,个人占有的对象"。因而,生产表现为起点,消费表现为终点,分配和交换表现为中间环节,"生产、分配、交换、消费因此形成一个正规的三段论法:生产是一般,分配和交换是特殊,消费是个别"。很明显,交换在社会再生产的四个环节中"是生产和由生产决定的分配一方同消费一方之间的中介要素",它一头联系着生产和分配,另一头联系着最终的消费。因此,交换在社会再生产中处于中介地位,它的职能就是实现生产与消费的联系。

交换在社会再生产中的中介地位重不重要?要回答这个问题,首先要从总体上明确上述四个环节之间的基本关系,然后再以交换为重点,深入考察交换与生产、交换与分配、交换与消费的相互作用关系。

社会再生产过程四个环节之间的关系,是相互依存、相互制约、相互作用的辩证统一关系。基本的关系,就是马克思在《〈政治经济学批判〉导言》中所揭示的:"一定的生产决定一定的消费、分配、交换和这些不同要素相互间的一定关系。当然,生产就其单方面形式来说也决定于其他要素。"这就是说,一方面,生产是决定性因素,居于支配地位,对分配、交换、消费起着决定的主导作用;另一方面,分配、交换、消费并不是消极被动的因素,而是也会同时能动地反作用于生产,起着促进或者阻碍生产发展的作用。

生产与消费的关系就是这样。一方面,生产决定消费:生产为消费提供材料或劳务,没有生产,消费就没有对象,也就没有消费;生产为消费创造的不只是对象,生产的发展水平也规定着消费所能达到的水平。"饥饿总是饥饿,但是用刀叉吃熟肉来解除的饥饿不同于用手、指甲和牙齿啃生肉来解除的饥饿。因此,不仅消费的对象,而且消费的方式,不仅在客体方面,而且在主体方面,都是生产所生产的。"不仅如此,生产的社会性质还决定着消费的社会性质。另一方面,消费反过来也决定生产:产品只有在消费中才成为现实的产品,亦即只是消费才使生产得以最后完成;消费为生产创造出新的需要,成为新的生产的动力和目的。因而,生产不仅"生产出消费的对象,消费的方式,消费的动力。同样,消费生产出生产者的素质"。所以,"生产不仅直接是消费,消费不仅直接是生产;生产也不仅是消费的手段,消费也不仅是生产的目的,就是说,每一方都为对方提供对象,生产为消费提供外在的对象，消费为生产提供想象的对象；两者的每一方不仅直接就是对方，不仅中介着对方，而且，两者的每一方由于自己的实现才创造对方；每一方是把自己当作对方创造出来"。马克思更是把二者之间的关系描述为"生产和消费的这种同一性，归结为斯宾诺莎的命题：'规定即否定'"。此外，生产以外的三个环节即分配、交换、消费相互之间，也存在相互作用的关系。

所以，社会再生产过程犹如生产、分配、交换、消费这四个环节一环扣一环而组成的一根链条。要保证整根链条正常运转，就必须保证每一个环节都能正常运转。只要在一个环节上出现障碍，整根链条的运转就会失灵，亦即再生产过程就不能正常进行。交换作为社会再生产必不可少的环节，是社会经济得以正常运转的客观要素。

二、交换与生产的关系—经济曲线的横坐标与纵坐标

交换与生产的关系可归纳为：生产决定交换；交换对生产起反作用，并在一定条件下决定生产的发展。

生产对交换的决定作用主要体现在：①生产是交换的物质基础。作为劳动的交换，归根到底是要取得某种产品；作为产品的交换，生产提供交换的物质对象。可见，没有生产，交换便不能发展。②生产的社会分工是交换赖以存在和发展的必要条件。"如果没有分工，不论这种分工是自然发生的或者本身已经是历史的结果，也就没有交换。"由于生产的社会分工，每一生产者生产的单一性和需要的多样性之间形成了矛盾，由此才出现了各个生产者之间相互交换产品的必要性。③一定的社会生产力发展水平决定着一定的交换的方式、方法，即"交换的深度、广度和方式都是由生产的发展和结构决定的"。在人类历史上，由产品交换发展到商品交换，商品交换又由简单商品交换发展到简单商品流通，进而发展到发达商品流通，都是随着生产力水平的发展而发展的。④生产的发展规模和结构决定交换的广度和深度。所谓交换的广度，系指交换的范围，包括进入交换的产品种类多少和交换的地域范围大小。生产发展的水平越高，规模越大，提供的产品数量和品种越多，交换的数量规模和地域范围也就越大。所谓交换的深度，系指人们对交换的依赖程度。生产越发展，越是专业化、社会化，生活消费、生产消费就越依赖交换。如果说在自然经济条件下人们离开了交换还可以生存的话，那么，在商品生产时代人们离开了交换则已难以生存。⑤生产的社会性质决定着交换的社会性质。在不同的生产方式下，由于生产资料所有制不同，生产的性质不同，交换的性质也就不同，即"私人交换以私人生产为前提"。例如，资本主义生产是剩余价值的生产，资本主义的交换过程既是剩余价值生产的前提，又是剩余价值的实现过程。上述可见，交换的产生和发展、交换的对象和方式、交换的社

会性质，都是由生产决定的。

生产决定交换，丝毫不意味着交换只是消极被动的因素，交换也同样能对生产起决定作用。正如恩格斯所说："生产归根到底是决定性的东西。但是，产品贸易一旦离开本来的生产而独立起来，它就循着本身的运动方向运行，这一运动总的说来是受生产运动支配的，但是在单个的情况下和在这个总的隶属关系以内……并且也对生产运动起反作用。"

交换对于生产的反作用，并在一定条件下对生产的发展起决定作用，主要表现在：①交换是将生产分工组织起来的要素，生产分工的存在和发展，都必须以交换的存在和发展为条件。马克思曾经指出："当市场扩大，即交换范围扩大时，生产的规模也就增大，生产也就分得更细。"所以，分工使生产者相互分离，而交换又使生产者相互联系，交换的出现是人类社会发展史上的一项制度发明。②交换是生产过程得以重新开始并连续进行的基本条件。在存在生产分工的情况下，社会再生产过程总是生产过程和流通过程的统一。如果只有生产过程而无流通过程，不仅产品不能进入消费而成为现实的产品，而且已消耗的生产资料、生活资料也无法得到补偿，这样，生产过程也就不能重新开始。正如马克思所说："生产过程如果不能转入流通过程，就要陷入绝境。"③交换将消费的信息反馈给生产，引导生产按社会消费需要的方向发展。正如前述，没有消费就没有生产，但是，除了纯粹的自然经济状况，消费对生产的反作用要通过交换才能"反馈"给生产。显然，这对生产的结构和规模都有重大影响。就商品交换来说，则是产品生产向商品生产转化的决定性因素。这不仅表现在人类历史上商品交换的出现先于商品生产的产生，而且尤其强烈地表现在商业的发展对于自然经济转化为商品经济所具有的决定性作用上，并由此进而对生产方式的变革起促进作用。

交换对生产的能动作用，在自然经济占统治地位的条件下通常是起影响作用，但在社会化大生产条件下，当交换的发展、商业的发展成为生产发展的决定性条件时，这种影响作用就转化为决定作用。无论在历史上，还是现实经济生活中，无论从宏观上看，还是从微观上讲，这一点都是不乏其例的。我国改革开放以来经济总量成倍地上升，无不以国内外市场的扩展亦即交换的扩大为条件。

交换对生产的决定作用有两种可能：既可能起促进作用，也可能起阻碍作用。究竟起什么作用，关键在于交换与生产是否同一方向发展，是否在合乎比例的水平上相适应。如果交换的发展能够适应生产发展的要求，就会对生产的发展起到积极的促进作用；反之，则会对生产的发展产生消极的阻碍作用。

综上所述，生产与交换"是两种不相等的力量的相互作用"的关系，是一种辩证的关系。正是在这个意义上，恩格斯指出："生产和交换是两种不同的职能……这两种职能在每一瞬间都互相制约，并且互相影响，以至它们可以叫作经济曲线的横坐标和纵坐标"。不仅如此，唯物主义历史观还认为："生产以及随生产而来的产品交换是一切社会制度的基础……一切社会变迁和政治变革的终极原因，不应当在人们的头脑中，在人们对永恒的真理和正义的日益增进的认识中去寻找，而应当到生产方式和交换方式的变更中去寻找；不应当到有关时代的哲学中去寻找，而应当到有关时代的经济中去寻找。"

正确认识生产和交换的上述辩证关系，深刻理解交换、流通、商业在社会再生产中的地位和作用，对于科学制定宏观经济发展规划、企业发展战略，以及调控宏观、微观经济行为，都具有重大的现实意义。在这个问题上，我国计划经济时期存在的主导倾向就是不能充分认识交换对生产的能动作用，甚至几乎完全否定了交换对生产的能动作用，"重生产、轻流通""重产值、轻实现"，给商业工作和经济建设带来很大危害。改革开放特别是确立社会主义市场经济体制以来，这样的状况已有根本性变化，但吸取历史上的上述经验教训仍极具现实意义。

三、交换与分配、交换与消费的关系

在马克思主义经典著作中，生产与交换、生产方式与交换方式、生产资料与交换手段常常并提。在社会再生产的四个环节中，交换与生产一样，自身要耗费一定的物化劳动和活劳动，这是交换不同于分配和消费的一个显著特点。正确认识交换与分配、消费的关系，既要放在四个环节的总体关系中去考察，也应当注意到这一特点。

交换与分配都是社会再生产的中间环节，总的说来都为一定的生产所决定。但这两者之间也存在相互制约、相互影响的关系。恩格斯说："分配方式本质上毕竟要取决于有多少产品可供分配，而这当然随着生产和社会组织的进步而改变，从而分配方式也应当改变。"但是，"分配并不仅是生产和交换的消极的产物；它反过来也影响生产和交换"。一方面，交换对分配具有制约作用，主要表现在：①在一定的生产条件下，交换的形式决定分配的形式。在只是交换劳动而无产品交换的情况下，共同生产中的分配采取产品分配形式；在物物交换的情况下，采取的是实物分配形式；在交换采取以货币为媒介的商品流通形式时，分配则采取货币形式，或者是货币形式与实物形式相结合的分配形式。②在存在生产分工的情况下，交换影响可供分配的数量。这是指：交换可将某一局部的无用之物变成另一局部的有用之物，从而直接增加分配量。③货币出现以后，商品价格的高低变动，会引起交换双方收益的变动，引起国民收入的再分配。④只要有社会分工，分配都要依靠交换才能最终实现。另一方面，分配对交换也有很大影响，主要表现在：由于分配确定社会产品的不同用途及其比例，包括扣除已消耗的生产资料、确定积累和消费的比例、确定

公共消费和个人消费的比例，这样，在一定的生产条件下，分配就对交换的规模和结构起着一定的决定作用。

交换与消费同样是一种相互制约、相互影响的关系。一方面，交换依存于消费：交换作为生产与消费的中介环节，如果说生产为交换提供物质基础，那么消费则为交换提供现实需求，亦即交换是由人们的消费需求引起的，因此，没有消费就没有交换；既然如此，消费的水平和结构必然要求交换的规模和结构与之相适应；而且，交换的发展也必然依赖于消费需求的扩大。另一方面，消费又依存于交换：在商品生产条件下，没有交换，无论是生活资料还是生产资料，都不可能进入消费而成为现实的消费对象；交换的规模和结构对消费需求的满足程度有很大影响；交换活动还可以起到指导消费、调节消费、改善消费的作用，例如，交换的范围越广，人们的消费对象就越多样化，生活也更加丰富多彩。

对以上分析如果做进一步引申，可以看到，交换不仅会直接决定生产，而且还会通过对分配、消费的作用来间接地影响生产。例如，交换能否使分配得以最终实现，会直接影响生产者的积极性，从而影响到生产的发展速度和水平；交换对消费需求的满足程度，必定会对新的生产的水平和结构产生重要影响，等等。

四、商业在当代国民经济发展中的先导地位

通过以上分析，商业在社会再生产过程中的地位便一目了然了。简要的结论是：既然交换处于社会再生产的中介地位，作为商品经济中交换的一种特殊形式亦即商品交换的发达形式的商业，当然也就如同交换一样，是生产以及由生产决定的分配一方同消费一方的媒介要素，商业也就成为联结生产与消费的桥梁和纽带，由此，商业必然在国民经济中占有重要地位，并对经济的发展发挥着重要作用。

商业在社会再生产中的地位和商业在一个国家国民经济中的地位，其含义是不一样的。由于商业的职能是充当媒介完成商品交换，因此它在社会再生产过程中应始终处于中介地位，始终是联系生产和消费的"桥梁"或"纽带"。而商业在国民经济中的地位，会因处于不同的经济发展阶段及其发展水平，以及运行其中的不同的经济体制，产生差异甚至很大的差异，因而在不同时代会扮演不尽相同甚至很不相同的经济角色。

在建立社会主义市场经济体制的过程中，随着社会生产力的迅速发展和体制的改革，我国原有的那种供给约束型经济、资源约束型经济逐渐向需求约束型经济、市场约束型经济转变。社会再生产过程的"瓶颈"在很大程度上已从生产逐步转为消费，交换主导权也相应地由卖者转向了买者。这就说明，市场经济条件下我国整个国民经济已在很大程度上是通过市场、通过商品交换来组织运行了。正是在此种意义上，流通、商业被赋予了市场

经济先行者的地位。在现实经济生活中,一个流通引导生产的格局已经初步形成,这就使得商业的贡献超越了原有的桥梁、纽带作用,立足于中介地位在引导生产、启动需求的先导性作用越来越得到强化。所以,在现阶段的社会主义市场经济体制下,我国的商业已从传统计划经济体制下国民经济体系中的末端行业,升位为社会主义市场经济体制下的先导产业。先导产业是指一个国家在经济发展的某一阶段,处于优先发展并对其他产业起导向作用的产业。在把不断的即期需求、潜在需求转化为消费行为的过程中,在先导产业的地位特征日渐突出的过程中,商业也就不再仅是商品经济社会中"经济生活的试金石",而且也是反映国家经济发展和社会繁荣程度的窗口,是观察国家综合国力和人民生活水平的晴雨表,是拓展市场、促进需求和消费不断升位的助推器。

第二节 商业在国民经济运行中的作用

如前所述,商业是商品经济中联系生产及由生产决定的分配一方和消费一方的中间环节,因而必然会在现实的国民经济运行中发挥无可替代的重大作用。

一、促进工农业生产的发展

生产是人类社会赖以存在和发展的基础,努力发展工农业生产是不断提高人民物质文化生活水平的根本保证,对商业来说,也为扩大商品流转提供雄厚的物质基础。商品生产过程的前后两端都与商品流通相联系,生产的发展又以扩展的商品流通为必要条件,因而,商业能够而且应当成为工业与农业发展的有力促进者与引导者。

商业促进工农业生产发展的作用表现在多方面:①供应生活资料。劳动力是生产得以进行的人的要素。商业部门及时向工农业生产部门提供所需要的生活资料,使生产中的活劳动耗费在实物形态上及时获得补偿,才能保证劳动力的再生产。这是工农业生产顺利发展的一个基本条件。②供应生产资料。生产资料是生产得以进行的物的要素。商业部门及时向工农业生产部门提供所需要的生产资料,使生产中的物化劳动耗费在实物形态上及时获得补偿,并为扩大再生产追加生产资料做好准备,这是工农业生产得以顺利发展的另一个基本条件。③及时采购社会需要的产品。商品生产得以顺利发展的又一个必要条件,就是必须及时地销售其产品,使商品资金转化为货币资金,以从价值形态上补偿生产中的耗费,并实现一定的积累。这样,商业部门及时采购社会所需要的产品,就是对生产的极大支持和促进。④打开、扩大产品销路,不断为生产的发展开拓市场。在商品生产条件下,没有销路，生产就不能进行；没有扩大的销路，生产也就不能发展。一种商品是否有销路，固然要取决于产品自身多方面的条件，如使用价值的大小、质量的高低等，但这种商品能否最大限度地与消费者或用户见面，能否迅速被广大消费者或用户接受，则与商业活动充分与否、恰当与否有密切关系。

商业在引导工农业生产沿着社会消费需要的方向健康发展方面也发挥着积极作用。商业集中了千门万类的商品购销活动，点多面广，"腿长、眼宽、耳灵、反应灵敏"，对于市场供求状况及其发展变化趋势有较为全面的了解，因而商业企业可以通过提供市场信息、签订产销合同等手段促进生产在品种、规模、款式、质量、数量等方面按照消费需要去发展，不断提升社会生产的适销度。这种作用在产能不足、供给紧缺的情况下往往是有限的，但也是存在的。随着社会生产的发展、卖方市场向买方市场的转变和消费者主权时代的到来，市场上的商品供应品类日益丰富，消费者对商品的挑选性大大增强，在信息化水平和竞争性程度均不断提高的市场环境中，生产如何适应市场消费需要的问题就变得非常突出。当产业链条的有效运作方式不再局限于以"产—供—销"为序的"生产统筹＋营销推动"的传统模式，而是逐步转化为从"销—供—产"的角度去组织社会再生产时，商业引导生产的作用就日益明显、日益重要。加强市场调查和市场预测，尽可能多地向生产企业提供准确的市场信息，为产品的生产决策提供可靠依据，是商业引导、促进社会生产发展的越来越重要的责任。

二、满足城乡居民有支付能力的消费需求

在我国社会主义市场经济条件下，社会生产的目的在很大程度上依然是满足人民日益增长的物质文化的需要，而满足这种需要的消费品只有经过商品交换才能进入生活消费。因而，商业能够在实现生产目的、为人民生活服务方面发挥主体性作用。

首先，在主体方面实现个人消费品的分配，满足城乡居民生活消费的需要。在我国现阶段，城乡居民通过多种形式的分配取得的货币收入中属于个人消费的份额，最终都要通过市场才能实现，亦即只有当他们用分配所得到的货币收入购买到相应的消费品和作为服务性费用支出以后，劳动者按劳分配所得以及其他形式分配用于个人消费部分才最终实现。而消费品供应主要是由商业承担的，这样，商业也就成为实现个人消费品分配的主要形式，成为与人民生活息息相关的事业。当然，一些生产者的直销也可以起到这样的作用，但比较利益机制会使其所占份额很小；商业作为专业化的社会经济职能部门，可以使商品销售更好地适应消费者的需要，给消费者以更大的选择自由，消费者购买更方便且节省购买时间。

其次，商业部门在指导、影响、调节消费方面也具有重要作用。商业部门独自或者联合生产企业通过宣传、试销、展销等活动，可以在现有的生产条件下扩大消费的范围，或者为新的生产开拓消费路径，促使新的消费需求和新的消费习惯的形成，把居民的消费引向新的水平，乃至起到参与塑造新的生活方式的社会作用。

最后，如前所述，商业部门发挥引导、促进工农业生产沿着社会消费需要的方向良性发展，可以在消费品的品种、款式、数量、质量、价格、供应时间等方面更好地满足城乡居民多方面、多层次的生活需要，使人民的生活更加美好，更加丰富多彩。

商业在充分满足消费者市场需求方面发挥作用的关键是如何正确认识和处理好生产与消费的关系。组织社会再生产有两种完全不同的思路：一种是按照"生产—流通消费"的公式去认识商品流通在社会再生产中的作用；另一种则是按照"生产—流通"的公式来说明商品流通在社会再生产中的作用。思路不同，流通政策就会不同，产生的结果也就会很不一样。前一种思路紧紧扣住了"流通只是生产与消费的媒介要素"这一原理，把握住了商品流通在社会再生产中的职能作用乃是实现生产与消费的动态联系和有机统一，强调了消费需要的决定意义，强调了要动态而不是静止地、联系而不是割裂地认识社会再生产全过程。商业企业按照这一思路组织商品流通，也就是按照要以社会产品的市场实现为中心来组织商品流通，亦即按照反映在市场上的社会消费需要来组织商品流通，力求产品适销对路，那就能够更好地满足多方面、多层次的消费需要，增进城乡居民的福祉。在后一种思路中，消费需要从视野中消失了。这样孤立地去认识商业对生产的作用，就会失去正确认识和处理商业与生产相互关系的"准星"，商业企业只是被动地充当生产者的销售代理人，商业满足城乡居民消费需要的作用就不可能充分发挥出来，甚至会出现一部分产品在流通领域沉淀下来而得不到实现。

三、在实现国民收入的分配再分配，保障国家收支平衡和商品供求基本平衡方面具有重要作用

国民收入的分配和再分配，都离不开由商业充当媒介完成商品流通的作用。这主要表现在：商业部门的商品采购是国民收入初次分配的前提条件，而商品的最终销售则可保障初次分配中形成的国家财政收入成为真正的"实收入"。国民收入，就是一个国家一定时期内生产劳动所创造的新价值。国民收入的初次分配是在物质生产部门内部进行的。以全民所有制的国有企业为例，企业所创造的国民收入，经过初次分配分解为职工工资和企业纯收入（盈利）两大部分。企业纯收入的一部分以税金形式集中到国家财政手中，余下的形成企业（利润）。商业在这里的作用是：只有当生产部门的产品卖给商业部门、换回

货币以后,初次分配才能进行,即才能形成工资基金、国家集中的纯收入和企业基金。但是,初次分配至此还没有最后完成。因为,商业部门收购产品后,生产部门取得的只是商业部门垫支的货币,产品的价值并未实现,即产品还没有为社会所承认。只有当商业部门通过商品销售使产品最终进入消费领域,产品的价值才最终实现,初次分配也才随之最后完成。如果产品货不对路,滞销积压在商业部门,那么,初次分配中国家集中的纯收入则会形成虚假的财政收入。而一经形成财政收入,就会转而成为财政支出,其中大部分又会转化为市场商品购买力。这种"空收入"转为"实支出"的状况如果持续下去,不仅会导致财政赤字,而且会导致市场商品供不应求。同样道理,初次分配中形成的工资基金等,也必然要成为供不应求的因素。这就是所谓"仓库积压,财政虚收""生产发展,供不应求"的局面。可见,商业的购销活动特别是最终销售,对于完成国民收入的收入分配具有重要作用。

商业在国民收入的再分配中也发挥一定作用,这就是商业购销价格的变动,是国民收入再分配的一条途径。再分配主要通过国家预算实现;而价格背离价值,则会在交换双方之间引起国民收入的再分配,从而会引起不同部门、不同地区、不同经济利益集团、不同阶层的收入发生变化。价格对国民收入的这种再分配作用,很大程度上是通过商业活动来实现的,因为商业是组织商品流通的主要承担者。

国民收入经过初次分配再分配,形成的是价值形态的积累基金和消费基金,这两部分基金只有转化为相应的生产资料和消费资料,分配和再分配才能最终实现。因此,商业部门按适当比例组织好生产资料、消费资料的供应工作,对于在实物形态上保证国民收入分配再分配的最终实现,发挥着重要作用。

此外,商业作为国民经济的一个部门,本身也要参与国民收入的分配再分配,取得合理盈利,以税金形式向国家提供一部分积累基金和社会消费基金,保证国家财政供给。

四、实现国民经济各生产部门之间、全国各地区之间的经济联系,促进国民经济协调发展

商业实现国民经济各生产部门之间、全国各地区之间经济联系的作用,是商业作为联结生产与消费的桥梁和纽带作用的必然的综合体现。这一作用的一方面,就是体现为实现各生产部门之间的经济联系亦即经济结合。马克思的社会再生产理论告诉我们,就整个社会再生产过程来讲,第一部类所生产的产品必须供应给第二部类,用以补偿第二部类在生产过程中所发生的物资消耗;与此同时,第二部类所生产的生活资料必须供应给第一部类,用以补偿第一部类在生产过程中所发生的活劳动消耗。而两大部类之间的交换,在商品经济条件下,无论实物形式还是价值形式的补偿通常都要经过商业,各部类内部的交换

及其补偿也大多要经过商业。随着社会分工的发展，生产的社会化程度日益加深，生产部门不断增多，每一个生产部门又都有成千上万的生产者，在这种社会分工日益细化的情况下，各部门、各行业、各环节之间只有实现最合理的联系与结合，再生产才能顺利进行，国民经济才能正常运转，而能起到这种联系与结合作用的，在多数情况下只能是商业。正是由于商业的连接生产与消费的纽带作用，使分散在各方的生产单位、分立于不同侧面的各个生产部门，结成一个有机整体，组成具有内在联系的复杂而有序的国民经济运行。这也就意味着，商业部门的相对独立性，是同国民经济各部门之间的统一性相互联系的。第一部类、第二部类都是既有工业部门，也有农业部门；在我国现阶段，工业品生产主要集中在城市，农副产品生产主要集中在农村。所以，商业作为联结两大部类生产、联结生产和消费之间的桥梁或纽带，实际上又是通过组织城市和乡村之间、工业和农业之间的物资交流来实现的。正是在这个意义上，商业又是城市和乡村之间、工业和农业之间经济联系的桥梁或纽带。

这一作用的另一方面，则是体现为实现各地区之间的经济联系。我国幅员广大，人口众多，资源丰富。各个地区由于自然条件、社会经济条件不同，经济发展也就只能根据扬长避短的原则发挥各自的优势，每一个地区都不应当也不可能建成"小而全""大而全"的封闭式经济体系。这样，每一地区生产消费、生活消费所需的产品，一般都不能靠本地生产来满足，而本地生产的发展又不能只限于满足本地区的需要。为了促进各地区经济的共同发展，充分、合理地利用各地资源和技术力量，变资源优势为经济优势，就必须沟通地区之间的经济联系，互通有无，调剂余缺，这种经济联系在我国现阶段主要是通过商业所组织的商品流通实现的。需要特别指出的是，商业部门对于促进落后地区、少数民族地区的经济发展，对于灾区经济的恢复和发展，往往起着更为明显的积极作用。例如，从经济角度讲，商业给落后的少数民族地区带去了现代物质文明；商业为开发山区、建设山区提供了必要条件。所以，商业又是联结地区经济的桥梁和纽带。

综上所述，商业在国民经济中具有十分重要的作用，社会经济的运转一时一刻也不能离开商业活动。这些作用实质上是社会主义制度下交换对生产、消费、分配发挥作用的体现。从另一种意义上讲，这些作用又是商业部门工作的基本任务，也就是商业为生产建设服务，为人民生活服务。

第三节　商业活动规律

商业在国民经济运行中的重要作用，只有在其活动符合客观规律要求的情况下才能充分且正确地发挥。商业活动作为市场经济中的一项主体经济活动，当然要遵循一般的经济规律和相关的其他规律，而认识并遵循它自身固有的规律或规律性，是开展好商业活动更为直接的客观要求。恩格斯曾经指出："产品贸易一旦离开本来的生产而独立起来，它就循着本身的运动方向运行，这一运动总的说来是受生产运动支配的，但是在单个的情况下和在这个总的隶属关系以内，它毕竟还是循着这个新因素的本性所固有的规律运行的，这个运动有自己的阶段，并且也对生产运动起反作用。"

一、商品等价交换

"交换规律只要求彼此出让的商品的交换价值相等"，商品按照价值量相等的原则交换，亦即按照符合商品价值量的价格进行交换，是价值规律在流通过程中的表现。

商品交换，归根结底是商品生产者相互之间的产品交换。商品生产者的产品经过交换过程，都要求从销售价格中实现等量的价值补偿。在交换过程中，生产者不仅要收回商品价值中的 C+V 部分，以补偿生产的消耗，还必须得到 M 部分，（商品价值 w=c+v+m，即商品价值＝不变资本＋可变资本＋剩余价值，是马克思《资本论》中著名的公式。）以扩大生产规模，增加个人消费和提供社会集体消费。

不过，由于劳动生产率的不断变化、市场商品竞争的存在和商品供求态势的不断转化，价值量完全相等的实际交换是极其偶然的；等价交换只是一种总的趋势，是在亿万次价格与价值相背离的交换中贯彻自己的基本要求。正如马克思所说："在商品交换中，等价物的交换只是平均来说才存在，不是存在于每个个别场合。"

在简单商品流通中，只要商品的销售价格大体符合其价值，等价交换的原则就已得到遵循。但在以商业为媒介的商品流通中，商品是在两次以上的相继销售中完成其流通过程的，因而也就存在后者包含前者的两个以上的销售价格，那么，怎样制定这种系列销售价格才算贯彻了等价交换原则？应当明确，只有最终销售活动（即商品出售给消费者或用户的那一次销售活动）的销售价格即最终价格，才是符合商品价值量的价格，此前各次销售活动中的销售价格都是中间价格，都应当适当低于商品的价值量。这就要求，商业部门的商品收购价格即生产者的销售价格，应当在高于成本价格的前提下适当低于商品的价值量,亦即包括C+V和M的一部分;M的剩余部分则要体现在最终价格中,以补偿商业部门的纯粹流通费用和形成纯粹商业利润。只有根据这样的道理来制定流通过程中各次买卖行为的价格,才真正体现了等价交换的要求,既能保证商品生产在扩大的规模上进行,也有利于以商业为媒介的商品流通实现货畅其流,使商品的生产者、经营者、消费者三方面的利益都能得到兼顾。

困难的问题在于,商品的价值量如何确定。恩格斯说过:"商品价格对商品价值的不断背离是一个必要的条件,只有在这个条件下并由于这个条件,商品价值才能存在。只有通过竞争的波动从而通过商品价格的波动,商品生产的价值规律才能得到贯彻,社会必要劳动时间决定商品价值这一点才能成为现实。"这就表明,只有在市场开放、价格开放的条件下,商品等价交换才能作为一个"平均数规律"得到贯彻。在社会主义条件下,国家制定某些重要商品的价格是必要的,但这只能在开放的市场环境中参照市场价格的波动不断调整,才有可能比较科学,使商品的价格大体符合价值。而要形成开放的市场环境,国家计划分配、供应的商品只能控制在极少数重要品种范围之内是一个必要条件,并且在数量和价格上可以有多种组合选择:或"定量不定价",或"定价不定量",或"量定价浮(幅度内浮动)",或"量价双浮动(幅度内浮动)",当然也可以有"量价双定"这些均应因时、因地、因品种而异选择使用。

二、商品自愿让渡

商品自愿让渡是商业活动必须遵循的又一重要原则。

商品交换中的自愿让渡,是指交换双方在愿买愿卖的情况下完成商品交换过程。马克思指出:"为了使这些物作为商品彼此发生关系,商品监护人必须作为有自己的意志体现在这些物中的人彼此发生关系,因此,一方只有符合另一方的意志,就是说每一方只有通过双方共同一致的意志行为,才能让渡自己的商品,占有别人的商品。"这就是说,所谓自愿让渡,或者叫作自愿成交,实质上就是保障商品的所有权,也就是保障交换双方的经济利益,在商品交换中贯彻自愿让渡原则,一般情况下意味着卖者、买者自主选择交易对象和交易方式,通过这种双向自主选择和平等协商来完成各种买卖行为,而不允许用超经济的力量强制别人购买自己的商品或强行购买别人的商品。

商品自愿让渡,是保证商品交换得以正常进行的客观要求,只要存在商品交换,这项原则就应得到遵循。这是因为为了维持商品生产的持续进行,交换双方都要求一方面要在货币形态上实现自己商品的价值,另一方面又要在实物形态上取得他人的、适合自己需要的使用价值,而这只有在愿买愿卖的情况下才能实现。如果强买强卖,其后果必然是:

被强制的一方或者不能合理地实现自己商品的价值（这也就意味着不能取得等值的使用价值），或者得不到适合自己需用的使用价值，或者取得这种使用价值时付出了过高的代价。这种侵犯被强制一方经济利益的结果，显然会阻碍商品生产的发展，影响消费需求的满足。主要由于这个原因，我们才在流通体制改革中废除了计划经济时期长期实行的、难以一贯体现自愿让渡要求的工业品统购包销制度、农产品统购派购制度，尽管这种制度在特定历史条件下起过积极作用。也是由于这个原因，应当禁止一切强买强卖行为，禁止伪劣假冒商品进入流通，以保护消费者或用户的利益。

以我国市场流通体制改革为例，社会主义市场经济下的工农业生产者、商品经营者，具有不同的所有制形式，是相对独立的经济实体，是自主经营、自负盈亏的商品生产经营者。由于社会主义制度的确立而消灭了剥削制度，商品交换双方的根本利益是一致的；如果一方用超经济手段强买强卖，实际上也就否定了交换双方根本利益的一致性。因此，组织社会主义商品流通，必须根据社会主义经济关系决定其内容的自愿让渡原则，正确处理好各种交换关系。在工商、农商、商商之间以及生产企业相互之间，通过普遍实行体现自愿让渡的经济合同制度或者其他自由购销措施来建立交换关系，使工农业产品的收购以及整个商品流转建立在有经济依据的可靠的基础上，以利于商品流通和社会再生产的顺利进行。

三、商品供求规律

马克思说：“如果供求决定市场价格，那么另一方面，市场价格……又决定供求。"商品供求规律，就是指商品供求变动和商品价格变动相互作用、相互影响、相互决定的规律，或者是供求变动和价格变动互为因果的规律。它的核心是：多数商品的供给与需求，通过市场价格的波动会在一定周期内自动趋于平衡。

对具有供给价格弹性（指供给对价格变动的反应性）和具有需求价格弹性（指需求对价格变动的反应性）的商品来说：①价格对供给：价格上涨，会刺激供给增加，反之，则会刺激供给减少；供给对价格：供给增加，会导致价格下降，反之，则会引起价格上涨。②价格对需求：价格上涨，会刺激需求减少，反之，则会诱发需求增加；需求对价格：需求增加，会引起价格上涨，反之，则会导致价格下跌。③从供给商品的卖方来看，如果价格太低，他就会停止供给；从需要商品的买方来看，如果价格太高，他就不会去购买。以上就是商品供求规律的基本内容。

显然，商品供求规律是从商业领域调节生产与消费的矛盾的规律，是商品流通领域特有的经济规律。因而商业的运行应当贯彻这一规律的要求。这一规律要求商品价格的形成，既要以价值为基础，也要以供求为条件，应当根据市场上不同的商品供求局势灵活地调整商品价格。当商品滞销积压时，应当适当调低价格，以刺激需求，扩大销售，同时用以约束生产，减少供给；当商品供不应求时，则应适当调高价格，以刺激生产，增加供给，同时用以抑制消费，减少需求。价格调低或调高的幅度，则应以生产者、消费者能够接受的程度为界限，体现商品等价交换的原则。只有这样，才能保持商品供求在矛盾运动中力图相互适应的变动趋势，增强商品流通的流畅性，形成生产与消费的良性循环。因此，在我国新型商业体制中，必须高度重视发挥商品供求规律的作用。

四、商品自由流通

商品生产，本质上是商品价值的生产；商品流通，本质上是商品价值的实现过程。价值实现，是商品的天然本能，是商品面向消费运动的内在冲动之所在。因此，商品总是流向能够及时、充分地实现其价值的地方。由于商品的价格是商品价值的货币表现，因而商品也就要求流向能够以更高价格出售，从而能够实现更多货币收入的地方。所以，商品自由流通是商品的本性。

不仅如此，商品自由流通也是商品性消费的要求。商品性消费是自由的。消费者手持的货币是物质财富的一般代表，能够随时直接转化成任何商品；而消费者用他们一定量的货币购买什么，购买多少，何时购买，何地购买，在什么价格水平上购买，都由消费者自主决定，任何人不能强求。这样，消费者的消费自由必然要求商品自由流通。商品实现其价值的本能与消费自由的要求相结合，就形成了商品自由流通的无限力量，它能冲破一切人为的限制（只接受竞争的强制），自由地流遍国内市场乃至国际市场。

诚然，"商品不能自己到市场去，不能自己去交换……商品是物，所以不能反抗人"，但"这里涉及的人，只是经济范畴的人格化，是一定的阶级关系和利益的承担者"。商品要求自由流通以充分实现其价值的内在本性，也就必然化为商品生产者实现更多货币收入的本能，商品生产者必定会为维护自身合理的经济利益而按照商品自由流通的本性去完成交换过程。因此，只有商品的监护人即商品所有者才能成为商品的流通的主体。

商品自由流通，一方面要求企业（或其他商品生产经营者，如为市场生产农副产品的农民）成为流通的主体，另一方面要求形成开放的市场环境。企业作为流通的主体，其标志就是能够独立行使商品流通的职能，为此，它们必须是拥有流通资料支配使用权、拥有经营活动自主权、具有自身独立经济利益的商品经营者。开放的市场环境，则是指国内市场上不存在任何人为的封锁和分割，是各个地方市场相互开放的统一市场，并且这种统一市场也是对外开放的，可以根据需要与可能的市场开展内外交流。

在社会主义市场经济条件下，为了顺应商品流通的要求，确认企业是商品流通的主体，巩固和发展社会主义统一市场，始终是我国正在进行的深化商品流通体制改革的两个重要方面。在我国计划经济时期的流通体制中，流通的主体不是企业而是国家，企业成了国家机构的附属物，成了国家实现商品分配的组织机构；而商品的调拨，又必定是按行政区划、行政系统、行政层次进行的。由此，商品流通行政化，逐渐形成了以行政权力为基础的分配式、封闭型的商品流通体系，形成了由行政建制制约的条块分割式的国内市场。实践证明，这种体制违背了商品自由流通的本性要求，产生了许多弊端，必须进行革命性变革。随着我国社会主义市场经济体制的确立，这种变革已经取得了决定性的阶段性成就，现在仍在深化进行之中。

五、流通体制、商业体制要符合流通运行的规律性

由上述不难看出，商品等价交换、商品自愿让渡、商品供求自动趋于平衡，都是由商品经济条件下市场运行的基本规律——价值规律派生出来的，而商品自由流通则是它们发生作用的共同基础。有了商品自由流通，才会有市场商品竞争；而市场商品竞争，则是商品经济中最基本的利益竞争形式，是商品经济中推动社会生产力发展的一种激动人心的社会经济力量，它不仅是商品生产发展的推动力，也是商品市场价值形成与实现的推动力。只有在商品自由流通、存在市场竞争的情况下，商品的生产者、经营者才有选择交换对象、交易方式的可能性，商品所有权才能在商品运动中顺利实现，由此才谈得上商品自愿让渡；才会出现商品供求与商品价格的相互作用，使得供过于求的商品迅速被吸收，供不应求的商品能有新增货源及时投入，这才谈得上商品供求规律的作用，也只有有了自由流通，市场出现利益主体之间的竞争，从而出现价格围绕价值上下波动，等价交换原则才能在一个较长时期的价格与价值不同方向的背离中贯彻自己的基本要求。

因此，社会主义市场经济条件下的商品流通体制、商业体制，首先应当是围绕商品等价交换并以商品自愿让渡、商品自由竞争、商品供求自动趋于平衡为主要内容的，商品能够自由流通的体制，亦即以微观经济利益为基础的、开放式的商品流通体制。

不过，应当注意的是，把自由贸易、自由流通理想化、绝对化，已是过时的教条且事实上也不存在。必须看到，微观经济利益与社会整体利益和长远利益既有相一致的一面，也有相悖的另一面。商品自由流通体制并不是商品经营者可以随意侵占消费者或用户利益的流通体制。在社会主义市场经济条件下，应当而且能够建立一种国家宏观调控发挥实际作用的、一定程度上体现社会主义生产关系的商品流通体制（商业体制），亦即开放式、可控型的商品流通体制。

商品流通、商业自身所固有的运行规律性，当然不于上述几方面。商品流通与货币

流通相互制约，商流与物流相互制约，商品储存量与商品流通规模相互制约等，也都是一些普遍存在的、经常起作用的必然联系。商业体制、商业活动遵循和体现上述客观经济规律的要求，才能正确履行自己的经济职能，参与并促进国民经济的良性运行。

第三章 商业主体、客体及其运行

第一节 商业主体及其运行

一、商业主体的内涵与运行要素

（一）商业主体的内涵

所谓商业主体，是指商业活动的行为主体，即商业经营者，一般简称为经营者，常常与生产者、消费者相对称。商业主体在组织形式上可以是个体商人，也可以是商业企业，还可以是商业企业集团；在规模上，既可以指单个的商业经营者，也可以指整个社会的全部商业经营者。

商业主体在商业活动中的作用是充当商品监护人和商品流通组织者的角色。因为"商品不能自己到市场去，不能自己去交换。因此，我们必须找寻它的监护人"。商业出现之后，充当商品监护人的主要是商业主体即经营者，而不是生产者。商业主体的作用是通过其在组织商品流通过程中所履行的职能而表现出来的。商业主体职能分为基本职能和派生职能，其基本职能就是充当媒介完成商品交换，组织商品流通，并通过其购买与销售等活动加以实现。

（二）商业主体的运行要素

商业主体的运行要素是指构成商业主体运行的物质的与非物质的、有形的与无形的各种因素，主要包括商业人员、商业资本、商业物质技术设备、商情信息、商业人员教育培训、商业经营管理等要素。根据商业主体运行要素特征与功能的不同，可分为3个层次。

1. 实体性要素

主要包括商业人员、商业资本与商业物质技术设备。商业人员是实体性要素中的主导力量。这是因为：第一，商业人员支配与控制商业资本与商业物质技术设备；第二，商业运行中的具体商业活动,如商品的采购、运输、储存、分类、编配、销售、管理等,都是由商业人员来完成的;第三,商业的发展主要由商业人员来推动。

商业资本是指商业劳动资料与劳动对象的价值形态,可以将其区分为固定资本与流动资本两部分。商业资本的特点是:流动资本比重占绝对优势,一般为80%左右;流动资本中商品资本又占绝对优势,一般也为80%左右。根据商业资本来源的不同,可以将商业资本分为自有资本与信贷资本两部分,而商业资本大部分是信贷资本,因此,商业资本经营成本较高,利息支出是一个相当大的负担,这就要求商业主体具有较高的财务管理能力,同时还要不断提高商品资本的周转速度和使用效益。

商业物质技术设备主要是指商业活动中的经营设施与经营手段,包括建筑物、营业用具、运输工具、储藏设施、技术装备等,它们是商业活动中必需的劳动资料,商业经营者正是通过物质技术设备开展商业经营活动的。商业物质技术设备具有两个特点:①有机构成低。商业专业化地充当媒介完成商品交换,自身不从事生产,而是为社会实现商品价值服务,主要表现为服务于人与人之间的交易,不涉及人与自然之间的物质变换关系,因此活劳动比重大,物质技术设备居于辅助地位。②发展变化缓慢。商业活动具有相当的分散性与复杂性,与生产部门相比,不易采用高度复杂的、定型化的物质技术设备,而那些相对简单、适应性强的物质技术设备则被长期、广泛地运用。不过,随着经济与科技的发展与进步,商业物质技术设备水平也在不断地提高。

2. 非实体性要素

主要包括商情信息、商业人员教育培训等。其中商情信息是最重要的非实体性要素。这是因为,随着商品经济的发展,市场范围迅速扩大,消费需求复杂多变,于是商情信息的重要性大大提高。因此,商业主体开展商业活动,必须注意商情信息的收集、整理、分析与利用。

商情信息,即市场信息,它是对市场商品供求状况与商品经营状况变动的客观描述,一般表现为市场上能够被传递、接收、理解和评价的各种有用的新消息、数据、情报、信号和指令等。

3. 运行性要素

主要指经营管理。其中经营主要协调商业主体与外部环境之间的关系,实现商业主体的外部均衡;管理主要协调商业主体内部各要素之间的关系,实现商业主体的内部均衡。商业主体通过运行性要素将实体性要素与非实体性要素有机地结合起来,使之成为一个整体,产生整体效应,从而形成商业主体的运行活力,实现商业主体所承担的各项职能。显然，这要求商业主体具有较高的经营管理水平。如果经营管理水平不高，那么各项实体性要素与非实体性要素就很难有效地配合，很难形成整体的合力，商业主体也就难以保持生机与活力。

二、商业组织

（一）商业组织的内涵

组织是人类社会所特有的社会现象。人类只要有集体活动的存在，就会出现组织。组织有实体性组织和过程性组织两重含义。所谓实体性组织是指根据一定的目标、按照一定的原则建立的，具有一定的环境改造能力、一定的规范和秩序的群体，如家庭、机关、团体、企业等。所谓过程性组织，是针对管理而言的，是指组织管理中的一项重要职能，即组织职能，指围绕一定的目标，在一定时间和空间内合理配置各种资源，从而提高生产率和工作效率。

从商学的角度来讲，商业组织即商业主体组织，是指以商品经营活动为内容，以市场交易方式为基础，以实现交换并获得利润为目的，以一定的经营要素的聚合为形式的实体性经济组织。它是商流、物流、信息流与资金流运动的具体承担者，也是将商品从生产领域带入消费领域的社会载体。

（二）商业组织的产生与发展

商业组织是商品经济发展的产物。它的存在与发展，不仅受制于商业所承担的社会职能，而且受制于整个经济环境。在商品经济不发达的状态下，个体或家庭的商业经营组织（即夫妻店）占大多数，其商品交换数量有限，范围狭小。随着商品经济的发展，那种原来分散、零星与规模较小的个体商人活动，已不适应市场不断扩大的趋势，不能满足大批量、多品种、远距离的商品流通发展的需要，从而产生了组织化和社会化程度较高的商业组织。随着社会经济的发展与市场环境的改变，商业组织将进一步发展。由于不同的商业组织具有不同的特点和功能，因此，新的商业组织的出现，并不是完全取代原有的商业组织，而是共同为组织商品流通服务。正因为如此，在现代商业活动中，个体商业这种规模小、存在历史最长的商业组织仍有生存的空间。

任何一种商业组织的产生和发展，必须同时满足这样几方面的条件：一是有利于促进生产力的发展；二是有利于扩大商品流通；三是有利于社会分工协作和专业化程度的提高；四是有利于方便消费者购买；五是有利于降低交易费用，提高经济效益。

(三)商业组织的类型

通常地,依组织化、体系化与社会化程度的不同,商业组织可分为商人、商业企业、商业企业集团和综合商社等形式。

1. 商人

商人是最原始、最简单的一种商业主体,具有以下几个特征:

第一,商人仅以自己的名义从事商业活动,无其他可以识别的主体标志,不具有法人资格。因此,从严格意义上来讲,商人称不上是一种商业组织。

第二,商人没有一定的社会规模和明确的组织体系,往往以家庭或作坊为单位,血缘关系、师徒关系与雇佣关系区分模糊。

第三,商人的所有权与经营管理权高度统一,没有发生分离。在自然经济占统治地位时期,商人是典型的商业主体形式,在现代经济生活中,商人的数量与作用大大萎缩,个体商贩成为典型的商人。

由商人的基本特征可以看出,商人的组织化、体系化、社会化程度极低,这有两方面的原因:一方面,商人的资金、信誉、管理等均受商人个人因素限制,故其规模、能力、活动范围、发展前景均相当有限;另一方面,商人的资本规模与人员素质的要求宽松,经营管理灵活而有效,适应能力强。由于商业活动的复杂性与分散性,商人这种商业主体形式如果能够扬长避短,还是可以获得生存空间的。

2. 商业企业

商业企业是社会生产力提高与商品经济发展的产物,是现代经济生活中最重要的一种商业主体组织形式,其组织化、体系化、社会化程度相当高。一般而言,商业企业具有这样方面的基本特征:第一,商业企业是专门充当媒介完成商品交换、组织商品流通的经济组织,其直接目的是追求商业利润;第二,商业企业有一定的社会规模,即商业企业中各项主体要素如人员、资本、物质技术设备、信息、经营管理等均达到一定的数量或水平,可以获得规模效益,具有较强的活动能力;第三,商业企业有比较完善的组织体系,对组织章程、机构设置、人员配备、管理权限、自我约束的要求较高,是一定环境中的自我适应系统,能够自觉追求、实现并保护自己的利益,能够适应环境的变化,抵抗外部因素的干扰。

由以上特征可以看出,商业企业这种商业组织权责明确、组织规范、规模经济、运行有序,是组织商品流通的基本力量。

3. 商业企业集团

（1）商业企业集团的含义与特征

商业企业集团是指以组织商品流通为基本职能，以大型商业企业为核心，由不同经济部门和行业的若干法人企业，按控股、参股或契约关系结合而成的一种具有多层次组织结构、多种经营功能、大型而又稳定的企业联合体。

世界经济发展的历史进程表明，许多国家都经历了资本和生产的集中化阶段。这种资本与生产的集中对于企业组织的影响反映在两方面：一是企业规模的不断扩大；二是企业间联合的加强。许多大企业以自身为核心，联合一批企业，以期共同发展。通过企业联合体控制产品的生产和销售，减少中间环节，降低经营成本，使各企业相互得利，以减少竞争压力，产生协同效益。这些都无疑是形成本国企业集团乃至国际性企业集团的必由之路。

（2）商业企业集团的类型。商业企业集团的类型主要包括：

第一，按股权组织结构的形态和集团内部支配方式的不同，可分为金字塔形商业企业集团和环形商业企业集团两种类型。所谓金字塔形商业企业集团，是指商业企业集团有一个处于顶峰或核心地位、具有雄厚实力的大型控股公司，它以母公司身份控制着为数众多的子公司、孙公司。在这些公司外围还有与核心企业以及紧密层企业有中长期优惠协作关系的企事业单位，形成了金字塔形垂直支配状的结构。所谓环形商业企业集团，是指由若干大型商业企业、金融机构相互持股构成企业集团核心层，股权呈环状（即找不到最终股东）。股票的互持成为强化集团整体性最基本的手段。出于一定结盟需要，核心层企业又通过收购其他企业的股票，将其置于自己的控制之下。

第二，按集团内部核心企业的多少以及组织结构的不同，可分为单元辐射型商业企业集团和多元复合型商业企业集团两种。所谓单元辐射型企业集团，是指以一个大型骨干企业为依托，以该企业所具有的可供辐射的商品加工、购销和服务为"龙头"，联合其他专业化协作企业，形成多层次的配套网络系统。这种企业类型的优势在于：集团成员可以围绕有雄厚资金、名牌店名、名牌产品或独到经营技巧和特色的大型骨干企业按流通环节分工协作，经营关系较密切，有利于扩大经营商品的市场覆盖率。例如，连锁集团经营便是其中的一种形式。所谓多元复合型企业集团，是指其内部拥有若干核心企业，其协调、办事与服务机构一般由核心企业协商产生，主要从事集团决策、开发和服务工作。这些核心企业按结合的方式又可分为两种，一是水平发展式，即形成集团核心层的各企业同属于一个经营事业领域，这些企业组合在一起，一般是为了提高整体竞争能力，加强对市场的控制；二是垂直发展式，即形成集团核心层的各企业属于不同的经营事业领域，这些企业组合起来，一般是为了满足多种市场需求，实现全方位经营，使经营向纵深发展。

第三，按核心企业行为归属和集团成员的主要功能范围不同，可分为主导经营型商业企业集团和综合经营型商业企业集团两种。所谓主导经营型商业企业集团，是指以大中型批发企业或零售企业为核心，主业经营范围十分突出的一种商业企业集团形式；所谓综合经营型商业企业集团，是指集团成员经营范围十分广泛，主业经营范围并不十分突出的一种商业企业集团形式。

（3）商业企业集团的作用。商业企业集团的作用表现在：

第一，有利于强化商业网络体系的功能和提高市场的组织化程度。因为，商业企业集团以大型商业企业为核心，把优势互补的中小企业联合在一起，改变了商业企业小型分散、结构不佳的状况，通过实行跨地区、跨部门、跨行业的经营，打破了阻碍商品流通中的条块分割和地区封锁，并以资产纽带巩固购销关系，从而强化了商业网络体系功能。把商业企业与工业企业联成一体，使产销衔接，有利于减少流通环节，有利于企业之间进行合理的资本、技术、人才等流动，从而利于形成多层次、全方位、大跨度、横向与纵向联系、立体交叉的市场体系。

第二，有利于构造市场经济下的商业微观基础，提高企业的规模效益和综合效益。

第三，有利于加强宏观调控，促进经济结构的调整。企业集团对加强宏观调控所起的作用，主要有两方面：一是国家可以通过与若干大型企业集团进行对话，直接影响集团成员的企业行为；二是国家可以通过各种经济杠杆对若干个大型企业集团进行调控，间接影响一大批集团成员的企业行为。特别是通过对集团的投资行为的引导和控制，制止重复投资，重复建设，使总供给与总需求达到基本平衡，使经济结构合理化。

第四，有利于发展外向型经济，参与国际市场竞争。

4. 综合商社

（1）综合商社的含义与特征

综合商社是在日本首创的。它是指以商业职能为主导，兼具金融、信息、服务、组织等功能为一体的国际化、实业化、多元化、集团化的综合性商业组织。

综合商社具有如下特征：

第一，以贸易为主导，经营综合化。综合商社在与其紧密联系的企业集团中，以充当媒介完成集团内各成员之间的交易为基本任务，承担了大量的商品流通业务，同时还打破集团界限与集团外的企业发展商业关系，并积极开展第三国的贸易。综合商社的其他业务领域有商业信用、仓储服务、组织对外投资等，开展这些业务的主要目的是获得各种贸易的中介权，以增加其经营额。因此，综合商社被人们认为是以贸易为主导的跨国公司。

其经营综合化,首先是经营产品综合化,涉足钢铁、有色金属、机械产品、石油化工产品、通信产品以及食品、农产品原料等,用日本人的语言形容则是"从方便面到导弹"无所不包;其次是经营地区综合化,即综合商社的触角延伸到世界各个国家和地区,在各地设置办事处、事务所或分店等分支机构;再次是经营活动综合化,即经营活动触及第一产业、第二产业、第三产业的所有领域,而且对新兴的产业领域往往也捷足先登;最后是功能综合化,即不仅从事中介活动,而且从事金融、物流、咨询、建筑以及组织协调等多项业务,并将各种业务职能有机结合起来。

第二,内外贸相结合,业务规模巨大。综合商社实行内外贸相结合,以内贸作为外贸的后盾,以外贸作为内贸的补充。其国内业务是国外业务发展的基础,也是国外业务在国内的延伸,二者相得益彰,从而有效地利用国内和国际两个市场、两种资源,因而其业务规模巨大。在世界五百强中,许多综合商社不仅榜上有名,而且名列前茅,成为国际上的特大型企业。

第三,以综合商社为中心形成企业集团,并与企业集团紧密依托。以日本的综合商社为例,综合商社在财团中占据着核心位置,它通过与财团中金融机构的紧密联系,获得大量的资本支持,并以融通资金和提供企业之间的信用为开端,通过派遣经营者及管理人员或与厂商共同承包工程项目等多种途径,使对方企业的产品在生产过程和流通过程中增大对其的依赖程度。与此同时,综合商社还与财团集团中的中小企业存在广泛的贸易代理关系,负责组织协调财团集团中各方面之间的关系,因而综合商社在日本被称为财团的枢纽。此外,在综合商社的周围还有一个凝集商业资本、金融资本、产业资本的企业集团。所以,综合商社在发展中不仅形成以自己为中心的企业集团,而且还紧密依托企业集团。可以这样说,综合商社在发展过程中是依靠大企业集团和大银行的支持逐步发展起来的。综合商社一方面要按照大企业集团的要求,承担向企业集团所属企业提供原材料和销售其产品的任务;另一方面又要按照大银行的要求,代银行向企业提供信贷和担保,为银行承担风险,特别是在海外资源开发投资上要承担更大的风险。

第四,综合商社作为政府实施内外经济政策的重要工具而与政府关系密切。在当代,无论是日本的综合商社,还是韩国的综合商社,其生存与发展都离不开政府的扶持或支持。政府把扶持综合商社作为实施产业政策的首要因素予以考虑,把商社作为其推行内外经济政策的重要工具。

(2)综合商社的功能

综合商社主要具有以下几项功能:

第一,贸易功能。这是综合商社最基本的功能。它决定了综合商社以贸易为主体的特征,也是综合商社中"言商"的体现。贸易功能实则是使综合商社充当贸易中介商的角色。

第二,金融与投资功能。以日本为例,各大综合商社被人们称为"准银行家"。其金融与投资功能主要体现在:一是商品的赊购与赊销,票据的支付与收取的信用活动;二是通过金融机构和金融市场筹集资金,然后向企业提供信贷或承担保证业务;三是利用自己的资产开展全资或参股企业的投资活动和从事租赁业务。

第三,信息功能。在当代,信息成为一种战略资源,也是一种"无形财富"。人类社会发展到今天,已经有了一个基数非常庞大的信息资源,并正以等比级数的方式迅速增长着。为了适应当代信息竞争,各国都在花大力气发展信息搜集系统,而日本的综合商社就是这方面的佼佼者。综合商社一般都设有巨大的贸易情报网络,广泛地搜集与分析各方面的信息,起着"国际天线"的作用。

第四,组织协调功能。这是指综合商社以协调人的身份,调整那些跨部门、跨行业的企业之间的协作关系,并筛选合作伙伴,同它们一起参与规模巨大的国际性贸易与大型投资项目。这种功能通过如下两种类型体现出来:一是下游经营者型,又称"变换者型"。这是指为扩大经营范围,综合商社不仅为广大中小生产企业提供商业代理服务,而且按生产各个环节,从事采购原材料、产品设计和市场营销以及签订合同引进技术等各项工作。有了这种功能,综合商社可以与广大中小企业生产厂家结成良好的合作关系或工商关系。同时,为中小企业转换生产结构,不断适应市场需要发挥了重要作用。二是上游经营者型,又称"开拓者型"。综合商社在国内与一些大工业集团和联合体开展协作,参与这些集团或联合体的部分企业建设和管理工作,从而取得或拥有这些企业产品的独卖权。

第五,开发功能。主要指市场开发、资源开发、技术开发、产品开发、新事业的开发等。综合商社的开发功能是其各种功能的综合表现。以综合商社在海外投资和向发展中国家出口成套设备为例,首先,综合商社利用全球信息网络搜集到的情报,明确与投资有关的法律政策、投资环境,进行市场调研,为企业提供完整的投资信息,并加以决策;其次,在大型项目确定后,向企业招商,并筹集资金,协助企业的经营管理;再次,负责采购和运输所需原材料与设备等;最后,项目投产后,再利用其全球销售网络推销产品,开拓国内外市场。

第六,服务功能。综合商社还为企业和社会提供各种仓储、运输、咨询、房地产等多种服务。例如,综合商社与世界各国、各地区的运输组织有着广泛的联系与密切关系,同时自己投资物流设施,为子公司或客户提供物流服务。

所以,综合商社的功能是多样化、全方位的。在日本,没有哪一个企业或组织拥有像综合商社这样多样化的功能,这正是综合商社生命力旺盛之源。

由于综合商社功能多样与齐全,具有竞争优势,即有集团优势、综合经营优势、规模经营优势、信息优势、人才优势、资金雄厚优势等,所以,它能够在国际竞争中保持强大生命力,并成为一些国家或地区移植与研究借鉴的重要对象。

(四)现代商业组织创新

1. 商业组织创新

创新理论最早是由美籍奥地利经济学家约瑟夫·熊彼特提出来的。他认为,"创新"就是建立一种新的生产函数,也就是说,把一种从来没有过的关于生产要素和生产条件的"新组合"引入生产体系。这个"新组合",即他所说的"创新",主要包括以下五种情况:①引进新产品;②引进新技术,即新的生产方法;③开辟新市场;④控制原材料或半制成品的新的供应来源;⑤实现企业的新组织。

由此可见,约瑟夫·熊彼特所说的"创新",内容十分广泛,组织创新就是其中之一。商业组织创新是指为适应社会经济的发展与社会的进步,以及市场环境和宏观经济的变化而出现的商业组织的新组合。具体来讲,通过商业组织的创造、集中、分散、融合与协作等途径,改变商业组织的形态,提高商业组织的运行效率。

商业组织创新是现代商业发展的重要原因。它不仅推动现代商业的发展,而且对整个国民经济和社会发展都具有十分重要的影响。就我国现阶段的商业产业而言,商业组织创新的意义在于:第一,商业组织创新有利于建立现代企业制度。因为,商业组织创新有利于深化商业企业产权制度的改革,有利于政企分开,从而有利于建立以"产权清晰、权责明确、政企分开、管理科学"为特征的现代企业制度。第二,商业组织创新有利于商业企业组织结构的优化,从而有利于企业从粗放式经营转变为集约式经营。通过组织创新,优化企业组织结构,可以提高企业的组织化程度和规模经营能力,使其转换经营机制,节约交易成本和流通费用,取得规模经济效益。第三,商业组织创新有利于培育商品市场主渠道。发展现代市场经济,需要现代化的商业主体组织,需要培育经营规模大、实力雄厚的骨干企业,以稳定市场,提高经济运行效率和取得规模经济效益。这种要求对我国来讲更为迫切。第四,商业组织创新有利于我国内外贸一体化经营。通过商业组织创新,开展全方位经营,促使内外贸企业交叉经营和融合,冲破内外贸分割的局面,使内外贸企业经营一体化。

2. 现代商业组织创新的若干特征

(1)现代商业组织中大公司占支配地位

随着市场经济的发展,生产和资本出现了不断集中的趋势。所谓生产集中,是指在追逐利润的竞争中，使生产资料、劳动力和产品由为数众多的企业分散掌握而逐步聚集到少数大企业的一种自发的过程。所谓资本集中，是指通过合并与兼并来扩大资本数额，使大量的资本越来越为少数大资本所支配。资本集中是生产集中的重要条件之一，两者往往相伴而行。生产集中和资本集中发展到相当高的程度，就必然导致垄断。居于垄断地位的巨型企业和企业联合体，形成一种垄断组织。其组织形式多种多样，在当代，如大公司、跨国公司、综合商社等就是其中的重要表现形式；其存在领域也十分广泛，商业领域就是其存在的领域之一。

（2）商业领域中跨国公司组织迅速崛起

随着经济全球化的不断发展，社会分工逐渐越出一国的范围，现有的国际分工已经从原来的垂直分工迅速地向水平分工和产业内部分工扩展。国际分工的这种发展，使世界资源得到了更合理的分配和利用，从而对世界经济的发展起到了很大的推动作用。其突出表现在两方面：一是国际贸易有了巨大的增长。第二次世界大战后，世界进出口贸易额仅有 500 多亿美元，而经过 50 多年的发展，进出口贸易额增长了 80 多倍；二是跨国公司不断发展壮大。目前，全球 4 万多家跨国公司，占据着世界生产总值的一半，控制着世界贸易总额的 50% 左右。其中，在商业领域也产生了一批大型跨国公司，它们对世界商业的发展起到了巨大的推动作用。

随着信息技术、网络技术和电子商务的发展，一方面产生了虚拟企业这类新的商业组织形式，另一方面又加快了原有商业组织结构的变化，促进了网络式组织结构的产生。20 世纪 90 年代以来，世界经济的最大变化就是，随着信息技术和网络技术的发展，电子商务得以产生并在世界范围内迅速传播。与此相适应，企业组织形式也发生了巨大变化，其中最明显的表现形式就是虚拟企业不断产生。与此同时，由于信息技术和网络技术的发展，加快了企业组织结构的转化，促进了一些新的网络式结构的出现。例如，美国的沃尔玛、凯玛特、西尔斯等大型商业企业，与供应商之间形成了巨大的网络，从而使市场、服务、制造紧密地连为一体。这就打破了行业界限，大大提高了整个社会的生产效率和流通效率。

（3）混合经营的商业企业成为发展主流

随着工商、农商和农工商一体化进程的发展，在市场经济发达的国家，纯零售或纯批发的商业企业有所减少，混合经营的商业企业不断增多。这一特征在我国商业组织发展过程中也已显现出来。

三、商业主体运行

商业主体运行就是指商业主体的经营活动。它既受主体内部因素的制约，又受主体外部因素的制约。商业主体在内外部因素的作用下，按照自己的运行轨迹运行。

（一）商业主体运行的目标与基本特征

1. 商业主体运行目标

商业主体运行目标包括两方面的内容：一是利润目标，这是商业主体运行的自身要求，表现为追求自身的经济效益；二是满足消费需求的目标，这是社会对商业主体运行的客观要求，表现为追求相应的社会效益。

商业主体运行目标的两重性是由商品流通的两重性决定的。商品流通是商品价值流通与使用价值流通的统一。对商业主体而言，关注的是商品的价值流通，即通过商品交换不但要收回投入的资本，而且要取得增值即商业利润，这是商业主体开展经营活动的原动力。然而，商品的价值流通又受到商品使用价值流通的制约。对商品的需求者或消费者而言，首先关注的是商品的使用价值。如果商品的使用价值不适合其消费需要，那么商品价值量的大小对他也就没有意义，即不论价格高低，需求者对商品都不会问津。在商品流通过程中，价值的实现与使用价值的实现表现于具体的商品交换行为中，即商业主体让渡商品的使用价值，获得商品的价值，而需求者或者消费者让渡商品的价值，获得商品的使用价值。在这一过程中，商业主体获得商业利润，而需求者或消费者满足消费需要，这两方面互为前提、互为条件，体现了商业主体运行目标的统一。

2. 商业主体运行的基本特征

商业主体运行的基本特征就是自主经营，这是由商业主体运行的目标所决定的。从商业主体运行的利润目标来看，自主经营反映了商业主体运行的本质规定。商业主体是从预付资本开始，经过商品交换获取商业利润的，其全过程都体现了商业主体的意志，无论在哪个环节否定了自主性，商业主体运行就将中断或者变质，利润目标就难以实现。从商业主体运行满足消费需求的目标来看，要使商品适销对路，最大限度地满足消费需求，实现消费者或需求者效用的最大化，不能以非市场的方式强制进行，而只能在健全市场体系、规范交易行为的基础上，充分发挥市场机制的调节作用，将消费需求信息传导给商业主体，并通过市场竞争将满足消费需求内化为商业主体的运行目标。换言之，只有在自主经营的前提下，商业主体才能够发挥积极性、主动性、创造性，才能够按照消费需求组织商品流通。

（二）商业主体运行的客观要求

商业主体要发挥自己的职能和实现自己的运行目标，需要具备一定的客观条件。从商业主体运行的内部条件来看，商业主体必须是自主经营的市场主体，同时必须是具有竞争活力的市场主体。从商业主体运行的外部条件来看，主要包括：

1. 经济运行必须实行市场经济

因为只有在市场经济条件下，商业主体才能正常地发挥自己的职能，商业主体的运行目标才能真正地得以实现。在自然经济条件下，由于商品交换是有限的、狭窄的、偶然的，因此，有些商人经常在信息非对称的条件下以欺骗、诈骗等手段损害需求者或消费者的利益。这就意味着，在自然经济条件下，由于商品流通不发达、不规范，市场主体不成熟、不健全，难以实现平等自愿的互利交换，从而使商业主体运行目标难以真正实现。同样，在传统的计划经济条件下，由于商业主体不具备市场主体资格，没有经营的自主性，当然就不可能产生追求利润目标的动机；而消费需求与生产、流通一样，被纳入国家计划的统一控制之下，受各种政策、规定、票证的约束，表现出强烈的行政性、分配性、封闭性，商业主体运行满足消费者需求的目标也不可能得以实现。理论与实践经验表明，只有在市场经济条件下，商业主体与生产者、消费者作为平等的市场主体，才能正常地开展商品交换活动，确保商业主体职能的发挥和运行目标的实现。

2. 市场环境竞争有序，市场态势相对均衡

因为只有市场竞争有序，交易规则明确，市场供求态势相对均衡，商业主体运行才能正常地发挥其作用和职能；反之，如果不具备这些条件，垄断、特权、不正当竞争、场外交易等充斥市场，或者长期的结构性甚至总量性的供求矛盾存在，就会使商业主体运行无序，主体行为扭曲、变异，从而影响商品流通的顺畅进行。

3. 购销关系相对稳定

所谓相对稳定的购销关系，是指商品生产者与经营者之间、经营者相互之间以及经营者与消费者之间的交换关系应该保持某种稳定性。这种相对稳定的商品购销关系是现代商业活动运转的一种客观要求。那种偶然性或者不规则的随机性的交易是与简单商品经济或不发达的、原始的商业相适应的。在社会化大生产的条件下，社会化的大批量的商品生产要求有稳定的销售渠道，否则其不断扩大的再生产就无法进行。在市场经济发达的国家中，绝大部分产品一般都按既定的订货合同生产，即所谓"按单排产"，只有少量的试制品或新产品无事先固定的顾主。这表明相对稳定的购销关系是社会化大生产的要求，也是

商业主体运行的基本保证和商业主体运行的前提条件。购销关系的变动表现为商品的购销量、品种、交易方式、成交条件、成交对象等方面的变化。这些变化要求商业经营者采取相应的措施，调整资金、人员、设备和管理方式等。这些方面的调整，往往会使商业主体运行过程出现某种停顿或停滞。因此，购销关系相对稳定有利于商业主体高效运行，购销关系的频繁变动会对商业主体运行产生不利的影响。当然，购销关系的相对稳定，并不是要购销关系固定不变乃至僵化。只要合理地进行调整，在购销关系不稳定的条件下同样可以实现商业主体的高效运行。

4. 商业主体与客体运行比例协调

也就是说，商业主体的经营能力、经营规模、经营范围与商品流通规模、流通时空差异、流通服务水平等能够相适应，二者之间能够保持适当的比例关系。

第二节　商业客体及其运行

一、商业客体的含义与分类

（一）商业客体的含义

所谓客体，是相对主体而言的，是指主体活动的对象或受体。动态地看，客体就是在主体作用下的运行物。商业客体即商业活动的客体，是指在生产领域与消费领域之间由商业主体组织流通的商品。

商业客体具有两方面的内涵：一是商业客体只能是商品而非产品。商品与产品的区别可以从两方面来认识：从社会经济形式来看，商品是用来交换的劳动产品，是价值和使用价值的统一，是与商品经济相联系的范畴；而产品仅是人类劳动的成果，并不涉及交换范畴，是与自然经济或产品经济相联系的范畴。从交易活动类型来看，商品依托于市场，是与市场化交易相联系的范畴，是在平等主体之间自愿、公平地让渡价值与使用价值的前提下存在的；而产品依托于组织，是与组织化交易相联系的范畴，是在上级与下级、政府与公民之间单向地、指令式地转移与分配货物或劳务的前提下存在的。二是商业客体只能是有形商品而非无形商品。无形商品虽然也有价值与使用价值，也是用来交换的劳动产品，但是无法储存与转卖，其生产和消费是同时进行的，边生产边消费，难以区分出独立的流通过程，因此不能成为商业客体，只能成为服务业客体。当然，在商业活动中服务不仅存在，而且某些情况下还是商业活动的重要内容，但是商业活动中的服务是附加于有形商品之上的，是为促成和便利有形商品的流通而发生的，并不是脱离有形商品而独立进行的服务。

成为商业客体必须同时具备三个方面的条件。一是必须具备效用性。所谓效用性，是指商业客体必须能够满足消费者的某种需求欲望。二是必须具备稀缺性。所谓稀缺性，是指商业客体的供给是有限的。三是必须具备流通性。所谓流通性，是指商业客体在交易过程中当事人的关系是不确定的。

（二）商业客体的分类

商业客体的分类即商品的分类。商品有广义和狭义之分。广义上的商品，泛指一切可供买卖的经济物品，包括农产品、工业品、不动产、信息、有价证券、劳务等。狭义上的商品则是指经过生产，具有满足消费者需求的使用价值，并能在市场上进行交换的有形经济物品。简言之，就是指用来交换的劳动产品。商学中所指的商品，一般是指狭义上的商品。

二、商业客体运行过程

商业客体运行是指商业客体在商业主体的推动下，由生产领域向消费领域转移、实现商品的价值并替换商品的使用价值的活动，也就是商业流通。商业客体运行过程即为商业流通过程，在实践上也往往将其扩大到商品流通过程，以利于指导社会贸易活动。

商业客体运行过程是一个复杂的社会经济过程，是商品价值流通过程、商品实体流通过程、货币（资金）流通过程和信息流通过程的统一。这些流通过程并非孤立、分离地发生，往往彼此交织、纠结在一起，使商业客体运行过程呈现出复杂的面貌。

商品价值流通过程也简称为"商流"，是商品所有权的转换或让渡过程。商品是用来交换的劳动产品，在商品交换过程中，如果没有商品所有者向商品需求者转让商品的所有权以实现商品的交换，商业就不可能存在。因此，商流是商业客体运行过程的本质方面，没有商流也就无所谓商业客体运行过程。商品价值流通过程在现实经济生活中表现为商品与货币相交换，商品只有顺利售出，取得了相应的货币，其价值才能实现，因而在商品价值流通过程中必然同时伴随着货币流通过程，也简称为"货币（资金）流"。在商业客体运行过程中，货币流是由商流引起的，商流决定货币流。然而货币流对商流也有反作用，特别是在经济货币化、信用化的条件下，货币流通过程直接影响着商品流通过程。在商品交换过程中，卖方追求的是商品的价值，而为了实现商品的价值，卖方不得不让渡商品的使用价值；买方追求的是商品的使用价值，而为了获得商品的使用价值，买方不得不支付货币。因此，在商业客体运行过程中，货币流是由买方到卖方，而与之方向相反的则是由卖方到买方的商品实体的流通过程，也简称为"物流"。物流往往是与商流相伴发生的，但是也有例外，如不动产交易或期货交易，商品实体或者没有发生物理运动，或者被置于商流之外，实际发生运动的是商品所有权证书。在商品交换过程中，与商流、物流、货币流同时发生的还有信息流通过程，简称"信息流"，即关于商品的性质、用途、规格、功能、价格、使用方法等方面信息的流动。商业客体运行过程中的信息流不同于商业主体运行过程中的信息沟通与传播活动，后者发生于商业主体之间，以促销或实际完成交易为目的；而前者则是关于商业客体自身的信息的运动过程，是商业客体运行过程的有机组成部分。

三、商业客体运行原则

商业是专业化的充当媒介完成商品交换的经济部门，其基本职能是组织商品流通。商业的性质和职能决定了商业客体的运行目标：以最少的劳动消耗和最短的时间，高效率地完成商品从生产领域到消费领域的转移。商业客体运行目标在一定的环境中，须遵循一定的运行原则才能实现。因此，所谓商业客体运行原则实际上是商业客体运行目标在一定环境约束下的体现。商业客体不仅具有自然属性，而且具有经济属性与社会属性，因而环境约束也就相应地表现在这三个方面。依环境约束的不同方面，我们将商业客体运行原则归纳如下：

（一）自然约束性原则

自然约束性原则是由商品使用价值的流通引起的，它要求商业客体的运行遵循商品物理、化学或生物变化等方面的自然规律，在商品从生产领域到消费领域的转移过程中最大限度地保存使用价值。具体地说，自然约束性原则表现为以下四个具体方面：

1. 使用价值中心原则

商业客体运行以其使用价值运行为载体，如果使用价值受损，那么商品交换就会发生困难，就难以满足消费者的消费需求，生产者也就难以实现价值补偿。因此，使用价值是商业客体运行的中心。商品的使用价值必须适应消费需求，这就要求商品在从生产领域到消费领域的全部运行过程中，一切活动必须以保存和顺利实现使用价值为前提。

2. 生产—消费趋近原则

商业客体运行过程是商品从生产领域不断趋近消费领域的过程，也是不断克服生产与消费之间的时间矛盾与空间矛盾的过程。因此，商业客体运行一方面要通过商品储存，使生产与消费的时间差距缩短；另一方面要通过商品运输，消除生产与消费的空间距离。在商品储存与运输过程中，要根据商品的自然属性，确定合理的储存方式，选择适当的运输手段，以提高商业客体运行效率，有效地联结生产与消费。

3. 合理流向原则

商品在从生产领域到消费领域的转移过程中，每一步骤都应该是生产不断趋近消费的运动，而不应有迂回或倒流。这就要求商业客体运行必须坚持正确的流向。当然，商业客体运行不是一个纯粹的自然过程，商品流向受流通体制、流通环节、交易方式等因素的影响，往往复杂多变，这就要求商业客体运行充分利用市场信息，实施一定程度的商流与物流相分离，尽量减少不合理流向，不断提高流通效率。

4. 路线最短原则

商业客体运行流向只是调节性、指导性的，在具体的运行路线中才能体现出来。商业客体的运行路线不仅与商品流通环节有关，而且与运输状况、仓储条件等技术性因素密切联系。商业客体运行要在既定的商品流通环节下，选择最佳的运输路线与仓储地点，使商品实体快捷、高效地从生产领域向消费领域转移，避免积压、停滞或迂回，尽量保存商品的使用价值。

（二）经济约束性原则

经济约束性原则是由商品价值流通引起的，要求商业客体运行遵循价值规律，在商品从生产领域到消费领域的转移过程中，尽量节约劳动耗费，提高流通效益。具体地说，经济约束性原则表现为以下几方面：

1. 价值主体原则

商业客体运行过程既然是商品价值流通过程，就要遵循价值规律的要求，在从生产领域到消费领域的流通全过程中始终按价值量进行交换，在等价交换的基础上实现商品所有权的变换。价值主体原则的实现是靠市场机制的调节作用完成的，要使市场机制充分发挥作用而不扭曲、变形，就必须健全市场体系，规范市场行为，保护公平竞争，完善交易秩序，保障商品流通高效、有序、开放、顺畅地进行。

2. 时间节约原则

社会再生产过程是生产过程和流通过程的统一，流通时间对社会再生产的速度和效益有重要影响，流通时间越短，生产与消费的衔接就越紧密，经济运行的效率就越高。时间节约原则要求商业客体运行在每一个区间内均只耗费必要运行时间,避免积压或停滞,在不断提高流通效率的基础上保障社会经济的持续、稳定发展,避免资源的闲置浪费。

3. 最大利润原则

商业客体运行是由商业主体推动的,主体目标必然制约着客体运行。商业主体运行以获取最大限度的商业利润为直接目标,这就要求商业客体运行在从生产向消费的转移过程中贯彻主体利益,即一方面节约运行成本,提高单位流量的经济效益;一方面缩短运行时间,提高单位时间的流量。只有如此,在商业客体运行过程中商业主体才能实现利润最大化。

4. 环节适度原则

商业客体运行过程中要经过一次以上的买卖行为,也就是说商品的价值形态要经过若干次变换,每次买卖或变换称为一个流通环节。流通环节多少对商业客体运行至关重要,如果环节过多,流通费用增加,流通效益就会下降。如果环节过少,一方面,违背了专业化分工的客观要求,难以提高流通效益,不能扩大商品流通范围;另一方面,流通职能并不因流通环节的减少而减少,每个环节分担了过多的流通职能,劳动耗费将会增加,运行时间反而会延长。因此,确定适度的运行环节必须综合考虑上述因素,统筹安排,以取得最佳经济效益。

5. 成本最小原则

商业客体运行需要耗费和占用一定数量的物质资料和社会劳动,其价值形态构成商业客体运行成本。商业客体运行必须减少成本,提高流通效益,节约社会总劳动。这就要求首先确定适当的运行环节,然后在每一环节上降低耗费。成本最小原则是商品价值流通的客观需要,它规定着商业主体的微观和宏观效益,也关系社会经济运行的总体效益,因此是商业客体运行的基本原则之一。

(三)社会约束性原则

商业客体运行不仅是商品实体的自然转移与商品价值变换的经济流通运动,而且还是其所涉及的各环节、各方面的社会关系的调整活动过程。

1. 商业客体运行要以维护社会稳定、促进社会进步为基本原则

商业客体运行需要社会良性运行与协调发展作为其运行环境,而商业客体运行的过程与结果也要有利于社会良性运行与协调发展。因此,商业客体运行首先要维护社会稳定,避免引起社会动荡,具体表现为网络布局合理、商品供应充足、商品价格适中、质量可靠、防止囤积或抢购、杜绝黑市等;其次要传播商品知识,指导消费行为,倡导健康的生活方式,不断提高整个社会的文明程度,促进社会的繁荣进步。

2. 商业客体运行要有利于协调生产者、经营者、消费者三方面的关系

对生产者来说,商业客体运行应当贯彻保护生产者利益的原则,尽快实现商品的价值,完成"惊险的一跃"。同时做到等价交换,以使生产过程能在价值补偿的基础上顺利进行。对经营者来说,商业客体运行一方面要有利于保存商品的使用价值,以便完成潜在交换,满足消费需求;另一方面要尽量节省运行时间,减少运行成本,以便提高流通效益,实现利润最大化。对消费者来说,商业客体运行既要满足自身的消费需要,获取适用的使用价值,又要等价交换,防止自身受到欺诈和盘剥。生产者、经营者、消费者三方面的利益要求均有其合理性,其实现是在商业客体的运行过程中各方力量博弈的结果,前提则是商业客体运行必须同时贯彻生产者主权、消费者主权与经营者主权。

3. 商业客体运行要有利于国家实施宏观调控

国家作为社会利益的代表,一方面要维护市场机制的平稳运转,提高社会经济运行的效率;另一方面又要弥补市场机制的不足之处,促进社会公平程度的提高。反映在商业客体运行过程中,国家一方面要健全市场体系,规范市场行为,促进公平竞争,以不断提高商业客体运行的效率;另一方面又要反对垄断行为,制定保护价格,平抑市场物价,以保护市场机制作用下相对弱者的权益,提高社会公平程度。

四、商品流通渠道

近年来,随着流通地位的不断提高,尤其是分销商力量的日益增长,流通渠道的重要性日益突出,因此,要搞好商品流通,必须了解商品流通渠道的有关内容。

(一)商品流通渠道的含义

商品流通渠道,即商业客体运行渠道,是指商品从生产领域向消费领域转移过程中所经过的流转线路和经济组织。

(二)商品流通渠道的分类

商品流通渠道的类型有多种分类方法。这里从商业主体所承担的不同职能来看,可

以把商品流通渠道分为：

1. 产销合一渠道

即生产者把商品直接销售给消费者，不需要中间商的介入，生产者承担商品流通所需的全部职能，如集市贸易。

2. 产销结合渠道

即生产者与中间商先后有序地共同组织商品流通过程，生产者以其推销或销售机构分担一部分流通职能，然后由中间商分担其他流通职能。如生产者经营产地批发，中间商经营中转地批发、销地批发及零售等。

3. 产销分离渠道

即中间商组织商品流通的全过程。中间商通过批发与零售环节，承担了运输、仓储、加工、编配、信息、融资、交易、风险承担等全部流通职能。如大部分日用消费品的流通就是如此。

（三）影响商品流通渠道的因素

商品流通渠道不是天然形成的，也不是一成不变的，而是受生产、消费、市场等众多因素的影响，经常处于变动、调整之中。一般而言，影响商品流通渠道的因素主要包括：

1. 商品因素

这主要包括商品的体积与重量、易腐性、单位价值、标准化程度、技术性和非技术性，以及崭新度等。

（1）体积与重量

一般来说，体积大且分量重的商品其装卸和运输费用较高，为了降低相应的流通费用，往往需要大批量的运输方式来实现。同时，要求商品流通环节减少，流通渠道结构通常越精简越好。

（2）易腐性

商品品质容易变质和过期的产品属于易腐产品。像这类商品，流通渠道就应该很短。

（3）单位价值

一般来说，产品的单位价值越低，其所需的渠道就越长，这是因为单位价值低的商品所能提供的分销费用也较低。如，日常便利商品就是如此。

（4）标准化程度

一般来说，产品的标准化程度越高，其对应的渠道就越长，所需的中间商也越多；反之，所对应的渠道就越短，所需的中间商就越少。例如，日常用品一般高度标准化，通常是多个中间商组织商品流通。而完全定制的产品，如工业机械，通常由制造商直接提供给用户。

如果用横轴代表标准化程度，其范围表示从定制产品到完全标准化的产品，纵轴代表渠道长度，其范围表示从无中间商到拥有多个中间商，则标准化程度与渠道长度的关系。

（5）技术性和非技术性

一般来说，在工业品市场中，高技术性的产品通常采用直接分销的方式。这主要是因为制造商需要将其产品的技术性介绍给潜在客户，并能在产品出售以后，继续提供联系、建议和服务的销售服务人员。同样，在消费品市场中，一些相对技术含量较高的产品，如个人电脑等，也采用短渠道的方式进行分销。而技术含量低的产品，则可以多渠道进行流通。

（6）崭新度

无论是消费品市场还是工业品市场，许多新产品都须在上市初期采用大规模、强有力的促销活动，以初步建立市场需求。通常情况下，渠道越长，越难通过所有的渠道成员达到此促销目标。因此，在初上市阶段，短渠道常常能使产品更好地为市场所接受。

2. 市场因素

它主要包括市场区域、市场规模、市场密度和市场行为等。

（1）市场区域

市场区域指市场的地理规模，包括生产厂家之间、厂家与商家之间、商家与消费者之间的距离。一般来说，市场区域越大，流通渠道越长、越宽，中间商就越多；反之，市场区域越小，流通渠道就越短、越窄，中间商就越少。

（2）市场规模

市场规模指顾客的数量。一般说来，顾客数量越多，市场规模就越大，流通渠道就越长、越宽，中间商就越多；反之，市场规模越小，流通渠道就越短、越窄，中间商就越少。

（3）市场密度

市场密度指每一单位区域内购买者(消费者或用户)的数量。一般说来，市场密度越低，流通渠道越长，使用中间商的可能性就越大；反之，市场密度越高，流通渠道越短，使用中间商的可能性就越小。

（4）市场行为

市场行为指顾客的购买行为，包括顾客如何购买、何时购买、何处购买和由谁购买四个方面。

3. 厂商因素

厂商因素包括厂商的规模、经济实力、管理能力和市场的目标与策略。

（1）厂商的规模

总的来说，企业规模的大小决定了它对渠道结构的选择范围。大企业对渠道能进行有力的管理，也使它们在选择渠道结构时比小企业有更多的余地，而且一般会比小企业做得更好。

（2）经济实力

一般来说，公司的资本越雄厚，它对中间商的依赖性就越小。为了能直接向最终消费者或工业用户销售产品，企业通常拥有自己的销售队伍和各项支持性服务。

（3）管理能力

管理能力弱的厂商，对中间商的依赖性大，流通渠道结构层次就多；反之，对中间商的依赖性小，流通渠道结构层次就少。

（4）市场的整体目标与策略

如果厂商试图高度控制产品和服务，就可能会限制中间商的使用，流通渠道结构的层次就少；反之，流通渠道结构的层次就多。

4. 中间商因素

中间商因素包括中间商的可得性、使用中间商的成本、中间商所能提供的服务以及中间商的规模和实力。

第一，中间商的可得性，即能否得到适宜的中间商将商品送达顾客手中。有时可能找不到适宜的中间商，需要新的流通渠道。

第二，使用中间商的成本。使用中间商所需的成本是选择流通渠道必须考虑的一项重要内容。如果为提供一定的商品或服务而使用中间商所需的成本过高，就要减少使用中间商。

第三，中间商所能提供的服务。如果中间商能够提供多方面的服务，中间商在流通渠道中的作用就大，流通渠道中使用中间商的机会就多。

第四，中间商的规模和能力。如果中间商规模大，实力强，就可以形成产销分离的流通渠道，承担全部流通职能；反之，则易于形成产销结合的流通渠道，分担一部分流通职能。

5. 其他因素

如交通运输与仓储技术发达，使原来只能直接销售的鲜活易腐商品也可能以经过较长的渠道；如在经济不景气情况下，为减少流通费用，倾向于采用较短的渠道；如政府为了反垄断，禁止独家分销渠道；如市场竞争激烈，避免采用传统渠道而独出心裁，也可能形成新的渠道，凡此种种，不一而足。

（四）商品流通渠道的主导权

1. 商品流通渠道主导权的含义

商品流通渠道主导权，是指控制商品流通渠道，并使该流通渠道上的构成者为自己的市场销售策略效力。行使这种权利的生产者或商业者，一般被称为流通渠道的主导权者。

2. 商品流通渠道主导权产生的原因

商品流通渠道主导权产生的原因，从根本上来讲，是由商业产业的市场结构决定的。在自由竞争的市场结构中，各流通主体一般不会考虑只让自己的产品而不让别人的产品在市场上流通。因此，一般各流通主体间有着平稳的合作关系，不会发生由谁来掌握商品流通主导权的问题。

但是，在垄断竞争的条件下，由于生产者和商业经营者都希望确保自己的竞争地位，以产品的差别化和促进销售为核心展开竞争，商品流通便迅速地得以推进，各主体普遍注重开发更好的、更适合消费者需要的商品，设计、确定自己的商标，订立各种营销策略，以便更好地将商品转移到消费者手中。这时，流通领域中的各个主体，就开始要求流通渠道上的各个构成者采取与自己的市场营销策略相配合的方式来为之效力。这样，流通渠道中的主体地位和利益就大不相同了。于是，各流通主体便开始了流通主导权的追逐和争夺。

3. 商品流通渠道主导权的类型

在现代市场经济条件下，流通渠道主导权主要有三种类型：

（1）生产者主导型

这是指生产者掌握流通主导权的类型。具体表现为四种流通形式：①生产者控制批发商的形式；②生产者控制批发商、零售商的形式；③生产者控制零售商的形式；④生产者直接销售形式。生产者主导型常见于生产资料的流通，尤其是技术性强、服务要求高的大型机器设备的流通中。

（2）批发商主导型

这是指批发商掌握流通主导权的类型。一般有三种表现形式：①批发商控制生产者进行销售的形式；②批发商控制生产者、零售商进行销售的形式；③批发商控制零售商进行销售的形式。消费品流通中，在由批发商主宰的自由连锁店中常可看到这一类型。

（3）零售商主导型

这是指零售商掌握流通主导权的类型。通常也有三种形式：①零售商控制生产者与批发商的形式；②零售商控制批发商的形式；③零售商控制生产者的形式。消费品流通中，在大型零售商店，特别是在各类大型连锁商店中可看到这种类型。

此外，还存在着消费者主导型。这是指由消费者组织的商业企业控制流通主导权的类型。其形式有两种：①消费者控制批发商的形式；②消费者控制生产者的形式。这种流通渠道主导权类型一般不多见，主要出现在消费者合作社的经营形式中。

在上述流通渠道主导权类型中，过去是生产者主导型占主流，近来随着流通现代化的发展，流通组织化程度的提高，大规模连锁商店、超级市场的出现，批发商与零售商主导型大大增加。因此，在商品流通渠道主导权的争夺中呈现出纷繁多样的局面。西方商业理论认为，流通主导权的争夺，会促使各流通主体在经营上、管理上更加积极和细致地开展工作，使其开拓出更多更有效的市场销售策略，促进更加公平有效的竞争，从而极大地提高流通效率。

4. 取得流通主导权的方法

流通主导权者为了支配流通渠道，掌握流通渠道的主导权，主要采取垂直联合法和流通系列法两类方法。

（1）垂直联合法

这是指流通主体为了使自己的市场营销战略更容易、更有效地发挥作用，而让流通渠道上的各个环节联合起来。广义上讲，各环节联合是一种不涉及资金，主要靠职能上联合起来进行的合作；狭义上讲，是指某一流通主体出资50%以上，将其他主体置于自己的管辖之下的联合。按垂直联合法形成手段的不同，又可以分为企业系统、合同系统与管理系统三类。

所谓企业系统，是指将生产和流通各个环节联合起来，由某一企业管理的系统。具体有两种表现形式：一是大工业企业拥有和统一管理若干生产单位和商业经营企业，采取工商一体化的经营方式；二是大型零售企业拥有和统一管理若干批发机构、工厂等，采取工商一体化的经营方式，综合经营零售、批发、加工生产业务。

所谓合同系统，是指位于流通渠道各环节上的生产者和经营者，为了实现其单独经营所不能及的经济性，基于某项合同而实行的联合体。

所谓管理系统，是指不利用所有权统治和合同约束的办法，而是利用与某些企业协商达成一致意见的办法形成的垂直联合。这主要指一些厂商与零售商协作，利用协作关系来促进自己的产品销售。

利用垂直联合法控制商品流通渠道主导权,要花费一定的交易成本,也就是说,垂直联合法存在着使资本固定化、丧失经营弹性的隐患。

(2)流通系列化

这是指流通主体选择与自己特别合作的生产者或经营者,构成自己的流通渠道的方法,也称为有目的垂直联合法。这种方法主要是生产者在推销其产品时采用。其手段有两种:一是利用合同;二是利用投资。利用合同手法,是生产者选择销售自己产品的批发商或零售商,使他们成为自己的销售网络,并从各方面给予其积极的援助。通过缔结合同,让他们优先努力地销售自己的产品。如共同设立销售机构、指定代理商、成立由厂商或批发商主宰的连锁店等多种形式。利用投资手法,是生产者向批发商或零售商直接投资,使其成为自己销售网络的一员。一般投资多集中在批发环节。在投资形式上,不少生产者采取让批发商拥有自己企业的一部分股票的方法,以获得批发商的特别合作与支持。生产者在资产较少的情况下,可以采取这一方法。

5. 流通渠道主导权理论的指导意义

流通渠道主导权理论,是西方商业理论的一部分,对指导我国商业体制改革具有一定的现实意义。

经过20多年的改革,我国的市场经济得到了长足的发展,工业品与消费品市场已基本形成了垄断竞争的市场格局,从而客观上产生了对流通主导权的追逐。如工业自销、批发兼零售、零售兼批发等现象,就是厂商、批发商与零售商追逐流通主导权的表现。

在现代市场经济条件下,流通主导权的产生具有客观必然性,而且已出现多元化的趋势。这种现象在国内外已经得到充分的体现。在流通渠道主导权的争夺中,必须明确其实质是对头道批发权的争夺。因此,在我国商业体制改革中出现的批发主体多元化现象,尤其是工业自销大量涌现、与大型批发公司相抗衡的现象,值得认真对待,冷静分析。不应只用"商业从产业中独立出来是社会分工的进步,反之,便是历史的倒退"这种观念来剪裁现实,而要承认工业自销有其存在的客观必然性。在承认现实的基础上,商业批发企业要转换经营机制,扩大服务职能,重塑运转高效的新型批发商业体制。

(五)商品流通渠道行为

商品流通渠道行为主要表现为渠道成员之间的竞争、冲突与合作。其中,渠道成员之间的竞争是最普遍的渠道行为,渠道成员之间的冲突是时有发生而必须化解的渠道行为,渠道成员之间的合作是新型的具有战略眼光的渠道行为。这里主要介绍渠道成员之间的冲突和合作行为。

1. 渠道成员之间的冲突

（1）渠道成员之间冲突的含义

渠道成员之间的冲突是一种直接的、受个人情感因素影响的、以对手为中心的行为。它与渠道成员之间的竞争有所不同，二者之间最大的区别在于是否有干预对方的活动。

现以食品市场上的竞争和冲突为例加以说明。例如，零售超市销售自己的自有品牌，厂商销售自己的公众品牌，这就是一种竞争关系，而非矛盾冲突。因为它们都在努力扩大各自品牌的接受度，双方并未直接干预对方，并妨碍对方实现其增加顾客接受度的目标。消费者对零售商的自有品牌和对厂商的公众品牌的接受程度完全取决于消费者的偏好。但是，零售超市与厂商为了扩大销售，共同搞促销活动，给消费者发放零售折扣券，零售超市为了吸引消费者经常光顾，不管消费者购买何种产品都可以接受折扣券，数量也不限，对此，厂商认为，零售超市的做法是对其当初使用折扣券的目的进行愚弄。结果，厂商要求赎回一定的折扣券，这样，零售超市与厂商之间就产生了激烈的冲突，这就是渠道冲突行为。因此，渠道成员之间的竞争与冲突最大的区别就在于是否有干预对方的活动。

（2）渠道成员之间冲突产生的原因

从根本上来讲，由于流通渠道是一个社会体系，因而就难免会存在一切社会体系中所固有的基本行为——冲突行为。因此，渠道成员之间的冲突是很正常的事情。

渠道成员之间冲突的原因主要有七方面。它们分别是：角色对立、资源稀缺、感知差异、期望差异、决策分歧、目标不一致和沟通障碍。

（3）渠道冲突和渠道效率

不难看出，渠道冲突的存在，肯定会对渠道成员之间的关系产生一定的影响。这种影响的好坏关键要看它是否影响了渠道的效率。

所谓渠道效率，是指为实现分销目标所需资本投入的最优回报率。在实现分销目标的过程中，投入的最优化程度越高，效率就越高；反之，效率就越低。投入包括任何实现分销目标所需之物。

2. 渠道成员之间的合作

20世纪90年代以来，随着经济全球化进程不断加快，市场竞争日趋加剧，越来越多的企业开始认识到，要提高市场的竞争力，绝非由一个企业自身的能力来决定，而是由产品的供应链来决定。于是，越来越多的企业开始重视渠道成员之间的合作，并且有的渠道成员之间已经形成战略伙伴型渠道关系。人们把这种渠道成员之间形成的战略伙伴型渠道关系称之为流通渠道的变革。这是一个重要的发展方向，下面加以介绍。

（1）伙伴型渠道关系的内涵

伙伴型渠道关系就是渠道系统内的成员在相互信任和存在共同长远目标的基础上，致力于建立共同发展的长期、紧密的合作关系。这种渠道关系本质上是渠道成员之间的一种合作或联盟，这种关系虽没有达到一体化程度的长期联合，但制造商无须花太大的成本，就可获得如同一体化一样的渠道优势。

（2）伙伴型渠道关系的构成要素

这主要包括以下几项：

第一，共同的远景目标。作为长期的合作关系，伙伴型渠道关系需要一个有吸引力、为渠道成员所追求的共同目标，使渠道成员均着眼于未来和大局，竭诚合作，为实现共同的目标而努力。一般而言，短期的目标很难具有一致性，因为并非每个渠道成员都对其有所期望。而长期目标则能分散大家的短期利益纷争，使目标趋向一致。

第二，相互信任。合作伙伴之间的信任是发展长期稳定合作的基础，它既是合作关系发生的前提，又是合作成功的重要推动力。合作失败的原因往往就是缺乏信任。美国宝洁和沃尔玛公司之间虽然没有产权关系，但其关系能够得到长期稳定的维系，究其原因就是双方的高度信任。沃尔玛充分信任宝洁，让宝洁分享销售和价格信息，并将一部分订单处理和存货管理的控制权授予宝洁；而宝洁也充分信任沃尔玛，认同其天天低价的经营哲学，并投资于专门的信息网络，时刻关注沃尔玛的订货量，宝洁的销售队伍想方设法寻找提高产品在沃尔玛的销售业绩的途径，使双方的利润最大化。

第三，行动上互相配合。渠道成员间的合作不同于企业内部的分工协作，后者可以依据企业内部的管理机制来展开协作，而前者由于没有权威的调整系统，合作依据的是信息、契约等平台以及良好的信任、理解，其企业行为的调整是主动的。因此，这需要双方在共同目标实现过程中相互配合，统一行动。

第四，信息与利益的共享。伙伴型渠道关系要达到彼此行动上的完美配合，必须做到信息共享，这一点非常关键。例如，沃尔玛与其分销商之间的合作，完全建立在信息共享的基础上。只有实现了信息及时、准确的双向流动，才能使双方的配合协调、高效率。同时，拥有共同远景目标的渠道成员，在行动上的相互配合，其分配模式也必然是利益共享。为了不断激励合作伙伴为共同的目标而努力，这种共享最好是阶段性的共享。

（3）伙伴型渠道关系的作用

在伙伴型渠道关系中，以往的客户和交易对象变为合作伙伴，通过一定的纽带将渠

道成员结成一个利益共同体,共同致力于长期发展。这种伙伴型渠道关系具有如下几方面的作用:

第一,节约渠道成本,降低渠道风险。渠道成本主要来自两方面:一是渠道建设和运用成本;二是渠道维护成本。伙伴型渠道关系不同于企业自建营销渠道,是与独立的分销商密切合作进行分销,因而可以为企业节省大量的渠道建设和运营成本。伙伴型渠道区别于传统分销渠道的最大特点是,它改变了传统渠道中厂商之间"零和博弈"的关系,而通过厂商之间的战略性合作,将厂商与分销商变成一个利益整体,在共同发展的基础上实现"双赢",从而有效降低了企业渠道运作中的风险。

第二,改善渠道物流、资金流和信息流。伙伴型营销渠道是个有着明确分工并能密切配合的"超组织",渠道的信息共享机制使企业的信息流、物流和资金流得到明显改善,这可使整个渠道系统实现更大的价值。

第三,良好的渠道控制。在传统渠道关系中,渠道控制权取决于各成员渠道实力的大小,实力相对较强的一方将能够获得对整个渠道的控制,而处于被控制的一方又会千方百计地增强自身的渠道权力来与之抗衡。由于厂商之间渠道权力分布不均,所以渠道的控制与反控制永不会停止。伙伴型渠道关系将厂商由一个利益矛盾体变成了一个利益统一体,促使渠道权力在厂商之间均衡分布,由这个统一体共同实现对渠道的良好控制。

第四,减少或消除渠道冲突。在传统渠道关系中,渠道成员对各自最大利益的追求往往导致无处不在的渠道冲突,伙伴型渠道关系使各渠道成员的根本利益趋向一致,可以从根本上防止渠道冲突的产生。战略上的合作和长期目标的一致性,有效降低了渠道冲突的频率。渠道系统明确的分工和紧密的合作使各个渠道成员角色明确,高效、及时的信息共享机制也有效地减少了渠道冲突产生的可能性。

五、主要商品的流通特点

(一)日用工业品的流道特点

日用工业品流通特点是由日用工业品的生产和消费特点决定的。日用工业品具有品种繁多、规格复杂、档次不一、生产稳定、相对集中、消费分散、可替代性强等特点,决定了日用工业品的流通有着自身的运动特点。

1. 日用工业品流通的多向性

日用工业品是工业产品,布局集中,主要集中在大中城市生产,而消费则遍布城乡角落。这就决定了日用工业品的流通是从集中到分散,从城市到广大城乡角落,呈多扇面向外辐射。每一类（种）产品一般都有特定的流通区划和流转环节，并且这种区划会随着生产力布局的变动和产业结构的调整而改变。

2. 日用工业品流通的相关性

这是由需求的相关性决定的。不少商品的消费是互相配套的，必须形成合理结构，才能充分发挥商品的使用价值，满足多层次的消费需求。如整机配零件、主机配附件、主产品配副产品（如录像机与录像带、收录机与磁带、电筒与电池）等。加之供应中要求品种、规格、花色、档次齐全，这决定了日用工业品流通从收购、运输、销售、服务必须做到结构合理化、系列化、配套化。

3. 日用工业品流通的购销差异性

这是采购的稳定性与消费的多变性矛盾的反映。由于工业生产能力的形成有一定的周期，并进行规模生产，一旦形成生产能力就具有相对的稳定性，批量生产，周期均匀。因此，商品采购比较稳定。而消费则受到各种因素的影响，制约性较大，选择性强，弹性较大。在组织其流通中应注意产需衔接，调节供求平衡。

4. 日用工业品流通的替代性

由于日用工业品品种繁多，新旧产品不断交替更迭，一物多能，不少商品具有同一或相近的使用价值，如钢笔与圆珠笔、毛笔、铅笔，布鞋与皮鞋，洗衣粉与肥皂，化纤织品与棉毛丝织品等，它们之间既具有替代性，又具有互补性，既有同向发展的可能，也有逆向发展的因素。要利用这些特点，深入分析消费需求发展变化的趋势，安排和组织好替代商品的经营。

应当指出，在日用工业品中，小商品亦是不可忽视的组成部分。所谓小商品主要是指一些品种众多，零星分散，但却关系千家万户日常生活的日用工业品，它们是人民生活中的必需品。如发卡、奶嘴、针、线等。经营这些商品利小面广，产品花色、品种、规格、数量经常变化，容易被人忽视，从而造成断档脱销，给消费者的生活带来不便。因此，搞好小商品经营，是组织日用工业品流通中一个不可忽视的内容。

（二）农产品流通的特点

农产品流通的特点主要是由农业生产的特点决定的。

1. 农产品流通的季节性

由于农业生产受自然条件的制约并具有鲜明的季节性，从而决定着农产品流通随着季节的变化有较大的差异性。不同季节的农产品流通，有不同的规模和结构，旺季与淡季差别很大。有许多产品只在特定的季节中出产，因而也只能在它们收获的季节大量收购。有的产品还有大年、小年之分。每一种农产品都有自己的季节特点，这就要求我们必须掌握各种农产品的生产规律，做好各项准备工作，采取相应的经营策略，不失时机地组织好农产品流通。

2. 农产品流通的层次性

农产品品种繁多，性能多样，作用大小不同，对国计民生的影响程度亦有所不同。有的需要政府进行计划指导，有的可以完全放开，所以应根据农产品的不同特点采取多种流通形式。这样就形成长短不一、宽窄不同、经营形式多样和多层次的农产品流通体系。因此，商业经营者应该根据农产品流通的不同层次，采取不同的购销政策和经营形式。

3. 农产品流通的分散性

一般来讲，农业生产具有分散性的特点，这在我国表现得尤为突出，这是由我国的生产力发展水平和生产形式决定的。目前，我国农产品生产分散在 2 亿多的农户手中。由于农业生产点多面广，这就决定了农产品流通的分散性。其流通方向是由分散到集中，由农村到城市。因此，开展农产品经营，收购网点的设置、人员的配备、商品的运输和接收以及贮存设施的建立，都必须适应这个分散性的特点。

4. 农产品流通的不平衡性

就农业生产而言，由于受气候、日照、地势等条件的制约，在地区、季节和年度之间存在很大的不平衡性。有集中产区和分散产区之分；有丰收地区和歉收地区之分；有丰年和歉收年之分。针对这种不平衡性和不稳定性，在组织农产品流通中，必须贯彻统筹兼顾，全面安排，留有余地，以丰补歉的原则。

现阶段我国农产品流通的现状是，小生产和大市场的矛盾非常突出，从而制约着农业生产的发展。随着农村经济体制改革的深化，农业生产商品化和专业化的提高，以及适度的规模经营，必然要求农产品流通的社会化、多样化、系列化。这就要求建立和完善农副产品流通体系，为农业生产提供产前、产中和产后服务。同时，要为促进农产品大规模流通创造条件。

（三）生产资料流通的特点

1. 生产资料流通具有生产性

生产资料不少属于中间产品，作为一个部门或企业的产品经过商品流通进入另一个部门或企业后作为生产要素被使用、被消耗，其消费是直接与生产合一的，消费过程与生产过程同时发生，消费的物质同时又被生产成新的物质。

2. 生产资料流通具有相对稳定性

这是由生产资料技术性、配套性、专用性较强的特点决定的。生产资料在选用上比较严格，选择性较小，不如生活资料可替代性与互补性强。因此，这使生产资料在流通方向、规模和结构上相对稳定，产销关系较为固定，有些生产资料流通不经过中间环节，而是以产需直接交易和直达供应形式进行流通。

3. 生产资料流通具有批量性

这主要从工业生产资料流通中反映出来。这是因为工业生产资料的主要需求者都是具有一定规模的企业，需要进行相对稳定的批量生产。为了保证生产的正常进行，它们在购买生产资料时不同于个人购买消费品那样频繁、零星、分散，而是需要频率小、数量大、成批交易，相对集中，从而具有批量性的特点。

4. 生产资料流通具有较强的技术性

各种生产资料都有特定的用途，结构复杂，性能不一，都有不同的技术要求，对于产品的品种、规格、质量都有严格的规定。这就要求在生产资料流通过程中，商业人员不仅要具有一定的生产知识和技术知识，而且要懂得所售商品的使用、维护和维修，进行必要的售后服务。同时，随着科技的进步，新的设备、新材料、新工艺的应用，要求经营单位充分掌握和了解科技信息与发展趋势，以提高市场竞争力，确保潜在需求的实现。

5. 在生产资料流通中，无形损耗所造成的损失比较大

在市场上，常见到某些商品有削价处理或降价出售的情况。这方面原因复杂，有些是由于质量差，花色品种单调，货不对路或定价不合理，有些是因为错过了时令，或保管不善造成了残损。这些原因主要可归结为工作上的失误。但是，即使工作上不失误，例如产品是对路的，定价是合理的，保管储存是完好无损的，等等，商品流通一定时间后，也仍然存在削价或降价的可能性，这就是无形损耗所造成的损失。就生产资料而言，如新型的设备投入批量生产后，同类型的旧的型号设备便无销路，使用某种零配件的设备被淘汰后，这些零配件也就无人问津等。由于生产资料技术性及专用性强，更容易发生无形损耗，因此，与一般商品相比，生产资料流通中，无形损耗所造成的损失比较大。

第四章 货币、信用与商业

第一节 货币与商业

人类社会虽有着漫长的发展演进史,但货币的出现只是几千年前的事情。货币一出现,便与交换联系在一起。商业作为商品交换的发达形式,就是以货币为媒介连续不断地进行商品交换的活动,因此,商业与货币密不可分。

一、交换呼唤货币

前面提到,人类历史上的交换经历了两个阶段:先是物物交换,然后是通过媒介的交换。物物交换具有局限性,因此,人类在交换的不断发展过程中,逐渐摸索出了通过媒介的交换,即先把自己的物品换成作为媒介的物品,然后再用所获得的媒介物品去交换自己所需要的物品。在历史上,作为媒介的物品很多。其中,牲畜是世界上很多地方都使用过的媒介物品。在我国历史上,最早的、比较定型的媒介物品是"贝"。关于货币的起源,在理论上虽有不同的说法,但到目前为止,马克思是第一个从交换的价值形式的演变过程中,对货币问题进行系统的理论阐述,从而揭开了"货币之谜"。

二、货币的演变

在几千年的岁月中,货币的形态经历了由低级到高级的不断演变过程。

(一)古代的货币

据历史记载及考古发现,我国最早使用的货币是贝。它出现的时间大约在公元前2000年,退出流通领域的时间大约在金属铸币广泛流通的春秋时期之后。作为货币的贝,其单位是朋,一朋十贝。由于长期以来,贝是我国古代商品交换的媒介,因此,我国很多与财富相关的文字,其偏旁部首都为贝,如财、货、贩、购、贷、贸、贾、资、赊、账、赌、赎、赔、赚等。在世界其他地方,如东亚的日本、美洲和非洲等地历史上也曾用贝作为货币。当然,除了贝以外,在古代,世界上用作货币的还有牲畜、烟草、可可豆等。

（二）币材

一般说来，作为货币的商品要同时具备四个方面的条件：一是价值比较高。这样可用较少的媒介物完成较大的交易。二是易于分割。商品分割之后不会减少其价值，以便同价值高低不等的商品交换。三是易于保存。商品在保存过程中不会损失价值，无须支付费用等。四是便于携带。可以在广大的地区之间进行交易。我国古代最早使用的货币"贝"，在很大程度上就同时具备这几方面的条件。它产于南方的海里，是当时夏、商、周等中原王朝使用的货币，作为外来品，其价值较高，作为计量单位无须分割，易于保存，也便于携带。而牲畜等物，就没有那么理想。随着交换的发展，对货币的要求越来越高，使得金属日益成为货币商品。金属充当货币的优点非常突出。它可以多次分割和按不同的比例任意分割，且分割后还可以冶炼还原。同时，金属还易于保存，尤其是金、银、铜都不易被腐蚀。因此，历史上比较发达的地区，都先后将金属作为货币，充当货币的金属主要有金、银、铜等。在我国，最早的货币金属是铜和金。自周以来至20世纪30年代，铜一直作为货币金属使用，是我国流通时间最长的币材。东汉以前，黄金也曾作为货币，但后来很快就失去了货币的地位。白银在西汉时就开始成为币材，但直到宋代才逐渐成为广泛使用的币材。此后，白银与铜并行流通，成为我国最主要的币材之一。19世纪以来，在西方，很多国家都曾经实行过金本位的货币制度，而我国实行的是银本位的货币制度。从币材的发展史来看，正如马克思所言："金银天然不是货币，但货币天然是金银。"

（三）铸币

金属货币最初是以块状流通的，交易起来很不方便。因为每笔交易都需要称量重量，鉴定成色，有时还要按交易额的大小把金属块进行分割。随着商品生产与交换的发展，一些富裕的、有名望的商人开始在货币金属块上打上印记，标明重量和成色，以方便交易。而当交换的空间突破地方市场的限制时，就要求金属货币的印记更具有权威性，以确保交易方便、安全地进行。而最能让交易者放心的印记当然是国家所印的印记，于是便出现了由国家所做印记来证明金属重量和成色的金属块，这就是铸币。最初的铸币有各种各样的形状，但后来都逐步过渡到圆形，因为圆形最便于携带且不易磨损。

中国最古老的金属铸币是铜铸币。主要有三种形制：一是"布"，是铲形农具的缩影；二是"刀"，是刀的缩影；三是铜贝。铜币在我国流通了2 000多年，由于流通时间最长，因此，人们长期把铜和货币等同起来。在西方，银元是最主要的金属铸币，圆形、无孔、铸有统治者的头像是其主要特点。在历史上，无论我国还是西方国家，铸造劣质货币是流通中反复发生的事情，因而都出现了劣币驱逐良币的现象，严重地扰乱了流通秩序。

（四）银行券与纸币

进入资本主义社会以后，随着商品交换和资本主义银行业的发展，在欧洲最先出现了由商业银行发行的用纸印制的货币，即银行券。最初，一般商业银行都可发行银行券，发行银行券的银行保证随时可按面额兑付金币、银币。到19世纪，各工业化国家的政府都先后禁止商业银行发行银行券，并把银行券的发行权集中于中央银行。19世纪末20世纪初，在银行券广泛流通的同时，贵金属铸币的流通数量日益减少，此时已经表现出纸币流通将要取代铸币流通的趋势。

在银行券流通的同时，还出现了一种由国家发行并强制流通的纸制货币，这就是通常所讲的"纸币"。在这两种货币流通工具同时流通的过程中，二者的分工和区别在于：银行券多是大面额的钞票，而纸币则多是小面额的。银行券和纸币的出现，是商品交换发展的结果，反过来又极大地促进了商品交换的发展。

（五）信用货币

信用货币是信用关系下的产物。

1. 信用货币是商品交换的一种"信物"

商品交换过程是当事人双方权利和义务的消长过程。具体为：购买商品的一方取得支配商品的权利，同时承担着偿付等价物的义务；让渡（或销售）商品的一方有取得等价物的权利，同时承担转移商品的义务。如果把这种权利和义务的关系建立在信用的基础上，就会产生享受权利与应尽义务的时间分离。例如，卖者把商品赊销给别人，买者已取得了享受商品的权利，但还没有履行支付等价物的义务，而卖者已经履行了转移商品的义务，还没有取得拥有等价物的权利。在享受权利与应尽义务存在着时间分离的情况下，就发生了债权债务关系，即让渡商品的一方拥有债权，而购买商品的一方承担债务。这种债权债务关系无论是有形的（如通过契约、票据），还是无形的（如达成口头协议），都需要以信用做担保，即债务人保证债权人在一定的时间内能够得到补偿。在以信用为媒介的商品交换条件下，这种补偿是以债务人的"承诺"来实现的。这种"承诺"如通过"契约"来进行，即表现为一定的凭证。信用货币也就是债务人开出的保证债权人能够得到补偿的凭证。如这种凭证由债务人直接开出，则是商业信用货币；如这种凭证由债务人请求银行开出，则是银行信用货币。前面提到的银行券就属于这一种。总之，信用货币是商品交换存在着时间隔离的情况下的"信物"，起着"担保品"的作用。

2. 信用货币的流通以价值物为基础

信用货币是一种价值符号，本身不具有多少价值，凭什么能被人们接受而用于流通呢？这是因为它以价值物作为基础。这种价值表现为创造信用货币的银行机构的准备金。设置准备金的意义之一就在于保证信用货币的购买力稳定，使它能在流通中正常地发挥货币的各种职能。资本主义银行曾经建立并实行过银行券兑现制度，即允许银行券持有者向银行兑换金银。这里，信用货币的流通是以价值物的兑现为条件的。为了满足兑现，需要多少准备金（即价值物）呢？历史上发生过两派观点之争。"货币流通派"认为，银行券的发行必须有十足的贵金属做保证，银行拥有的贵金属增加，银行券的发行量就可以增加；反之，银行券的发行量就应减少。只有这样，才能保证银行券的"兑现"。"银行派"则认为，银行券的发行不需要十足的贵金属做保证，只要有一部分黄金做担保就足够了。如果要十足的贵金属做保证，就会把银行券的发行量限制在贵金属储备的框框里，从而阻碍商品流通。争论虽以"货币流通派"的胜利而结束，但实践中以其失败而告终。对此，马克思认为，"银行派"比"货币流通派"要高明一些。其高明之处在于，"银行派"懂得信用货币与金属货币之间是有差别的。银行券的发行之所以不需要十足的贵金属做保证，是因为：第一，作为信用货币的银行券在流通中不过是交换手段，人们利用它是为了交换商品，而主要不是用它来保存价值。第二，流通中需要的银行券，在正常情况下是不会向银行兑现的。也就是说，银行发行的银行券总有一定的数量存在于流通中。第三，银行券的持有者即使向银行兑现，他们也不会同时拿来向银行兑现，而是陆续地拿来向银行兑现。第四，允许银行券的持有者向银行兑换金银，其目的是稳定币值，而一旦币值得到了稳定，实际上就不需要兑现了。因此，银行券的发行量不需要有十足的贵金属做保证。银行券的发行量需要设置多少准备金，完全由客观经济条件来决定。

3. 信用货币与纸币

在经济学中，纸币是一个特定的概念，它不是泛指纸制的货币，而是指由国家发行并强制流通的纸制货币，是不能保证"兑现"的价值符号。因此，纸币的价值高低与国家的强弱和社会的稳定与否密切相关。一旦国民对政府的信任发生动摇，纸币就会贬值。如果发行纸币的政府不能再统治国家，纸币便可能成为废纸。可以说，纸币是一种回流缺乏保证的货币。正因如此，它的流通有别于信用货币的流通。信用货币流通的特点是：信用货币从一个中心（一般是中央银行）辐射到周围各点，再由周围各点回到这个中心，因为信用货币的发行条件包含着它的回笼条件。纸币的流通则表现为一个分散的运动，因为纸币的发行条件不包含回笼条件。纸币只能在社会成员之间不断地转手运动，是一种分散的运动。

（六）无纸货币

随着电子技术和网络技术的迅速发展，当今的货币形态出现了巨大的变化，那就是货币的无纸化。这主要表现在两方面：一方面，由于电子计算机广泛运用于银行的经营业务，使得各种银行卡取代现金和支票，日益成为社会广泛运用的支付工具。另一方面，由于网络技术的迅速发展，网络银行已经出现，电子货币已经成为货币结算的一种工具，而且很有可能成为未来货币的主要形态。货币结算的无纸化，极大地促进了现代市场经济和商品交换的发展，这种趋势已经引起了社会各界的广泛注意。

三、货币与商业

前面已经提到，货币的产生是商业得以产生和发展的前提条件。从货币的演变来看，货币的形态不断变革是商业和商品交换发展的结果；而货币形态的变革，反过来又极大地促进了商业和商品交换的发展。因此，从历史的角度和相互的作用来看，二者具有双向因果关系。

从流通的角度来看，商业与货币的关系可以表现为商品流通与货币流通的关系。简单地讲，这种关系表现为：商品流通直接赋予货币的运动形式，就是货币不断地离开起点，从一个商品所有者手里转到另一个商品所有者手里。具体地讲，主要表现在以下四个方面：

第一，商品流通是货币流通的前提，货币流通是商品流通的表现。当商品从卖者手中转移到买者手中时，货币则从买者手中转移到卖者手中。如果没有商品所有者出卖的要求，或者说没有商品流通，就不会引起货币的转手或货币的流通。因此，货币流通是由商品流通引起的，并为商品流通服务。

第二，商品流通的数量、规模和速度制约着货币流通的数量、规模和速度。一般来说，商品流通数量增加，规模扩大，流转速度加快，货币流通的数量和规模也随之扩大，流通速度随之加快；反之，商品流通数量与规模缩小，流通速度减缓，货币流通的数量与规模也会缩小，流通速度就会减缓。如果商品流通的数量、规模和速度与货币流通的数量、规模与速度不相适应，那么，在市场上就会造成商品积压、市场疲软、通货紧缩或通货膨胀等不良后果。

第三，商品流通的发展，带动着货币流通形式的不断创新。如前所述，在商品流通的低级阶段，货币形态也比较低级。随着商品流通的发展，货币的形态也不断地由低级形态向高级形态演变。这种演变主要表现为货币形态日益朝着轻便化方向发展。

第四,在某些情况下,商品流通与货币流通并不同步进行,而会出现不相一致的现象。这主要表现在商品投机交易与期货交易中。在这些情况下,货币可能已经过多次的转手位移,而商品并未发生位移。在现代市场经济条件下,这种现象经常发生。因此,对这些交易要客观地进行分析,不应过分地加以指责。

第二节　信用与商业

信用和货币一样,是一个很古老的经济范畴。信用的原意是"相信""信任""声誉",在中国的传统概念中,与之相对应的是借贷或债等。因此,在经济学上,信用指的是一种借贷行为。这种经济行为的特点是以收回为条件的付出,或者是以归还为义务的取得。商业信用是历史上最早出现的信用,早在奴隶制和封建制时期,在简单商品生产条件下,商品生产者和经营者之间就发生了相互赊欠,商业信用就已出现了。商业信用是信用制度的基础,是各种信用得以发展的源泉。为了深入了解信用与商业活动的关系,下面不妨先介绍一下信用的基本理论。

一、信用概述

(一)信用的含义

经济学中的信用与一般社会关系上所谓的信用不同。经济学中的信用要从社会再生产过程即人们的经济活动去考察,从这个角度考察,信用是社会产品分配和交换的特定形式;而一般社会关系上所谓的信用则要从道德标准和心理因素方面去考察。从道德标准方面考察,信用具有诚实和信誉的意义,从心理因素方面考察,信用具有信任和信心的意义。在《资本论》中,马克思把信用定义为价值运动的特殊形式。这一定义是对借贷货币资本运动的概括。在商品经济条件下,货币是价值的表现形式,把货币的借贷规范为价值运动,表明信用是与商品经济相联系的范畴。同时,把货币的借贷规范为价值运动的特殊形式,表明信用这种价值运动有别于再生产过程中的其他价值运动。社会再生产过程中的价值运动包括价值积累、价值创造、价值实现、价值分配、价值补偿等形式,这些价值运动在社会再生产过程中是一个相互连续的循环过程。从当事者的行为看,这些价值运动只是价值在货币形式上的一重支出和一重归还。而货币的借贷是价值在货币形式上的二重支出和二重归还。这二重支出和二重归还,反映出信用这种价值运动,既要以商品生产过程中价值的创造和实现为基础，又不表现为价值的创造和实现；它只是转移价值的使用权，而不转移价值的所有权。

在当代，货币借贷只是信用的一种形式，除了货币借贷以外，还有商品的赊销、货款的预付、实物的租赁等。这样就难以用价值在货币形式上的二重支出和二重归还来说明信用是价值运动的特殊形式。因此，要给出经济学中的信用定义，还需要剖析信用的特征。从经济行为上看，无论是货币的借贷，还是商品的赊销、货款的预付、实物的租赁等，都是两个或两个以上当事人资产的相对转移，这种转移与商品交换不同的地方在于，资产的转移不是同时进行的，而是有一定的时间间隔。为了保障在一定的时间间隔中，当事人能够享受权利和履行义务，当事人双方必须达成协议或缔结契约。因而，我们可以把当代的信用定义为：以协议或契约为保障的不同时间间隔的经济交易行为。

（二）信用的要素

信用作为特定的经济交易行为，必定有交易行为的主体，即当事者双方。一般把转移资产的一方称为授信者，而把接受资产转移的一方称为受信者。授信方要取得一定的权利，受信方要承担着一定的义务，因此，具有一定的权利和义务是信用得以存在的要素之一。

在信用的交易行为中，双方的权利和义务的关系，需要通过一定的载体表现出来。这种载体就是信用工具，信用工具是信用关系的载体。没有载体，信用关系就无所依附，因此，信用工具是信用得以存在的要素之二。

信用作为特定的经济交易行为，就应当有交易的客体（或交易的对象）。这种交易的客体，就是授信方的资产，它既可以以货币的形式存在，也可以以商品的形式存在。没有交易的客体，就不会产生交易行为，因此，交易的客体——授信方的资产，是信用得以存在的要素之三。

由于信用的交易行为是在一定的时间间隔下进行的，没有时间间隔，信用行为就没有栖身之地，因此，时间间隔是信用得以存在的要素之四。

不难看出，只有同时具备上述四个方面的要素，信用行为才有可能发生。

（三）信用产生的条件

1. 从宏观的角度来看，信用的产生是商品流通的需要

因为商品流通需要货币，货币通常是由权威机构创造和供给的，由于货币的供给数量有多有少，供给时间有早有迟，因而难以适应广大社会成员千差万别的各种形式的商品流通的需要。特别是在商品生产得到了巨大发展，商品流通大批量进行的情况下，更需要借助信用去代替货币流通，以实现大批量的商品交换。因此，在批发商业中，信用交易极为必要。

2. 从微观的角度来看，信用的产生是各个经济主体融通资金的需要

因为通过信用，可以使闲置的货币资金与商品资金流转起来，调剂资金的余缺，发挥资金应有的作用。如果不能把闲置的资金动用起来，就是损失，因为闲置的资金是不可能增值的。

当然，上述两方面的条件，只是信用得以产生的必要条件，而非充分条件。事实上，信用的产生还需要具备一定的客观经济条件。这些客观经济条件主要包括：生产力要有较大的发展；企业要有比较充裕的商品资金和货币资金；企业间的商品交换关系比较密切；权利和义务关系有比较健全的法规约束等。没有这些条件，信用就难以存在。例如，信用卡的产生，就需要具备这些客观经济条件：人们的消费水平和构成要有很大变化；商品交换与货币收支的网络已经建立且关系比较密切；保密和保险的技术有足够的保障等。没有这些条件，信用卡交易就难以产生。

总之，信用产生的条件是必要性与可能性的统一。客观经济条件不具备，即使有必要性，也没有可能性。必要性与可能性相结合，才是信用产生的现实性。

（四）信用行为

信用行为是指信用主体所进行的交易活动。这些交易活动概括起来主要有信用媒介、信用变形、信用替换、信用转让、信用创造、信用强化与信用抵销。

1. 信用媒介

信用媒介是指一方面接受别人的信用，另一方面又授予他人信用。这种行为最典型的表现形式就是银行吸收存款和发放贷款。此外，商业信用中的赊销赊购也属于信用媒介。信用媒介的特征是，一方面承担债务，另一方面获得债权，它是以负债去换取债权。

2. 信用变形

信用变形是指将同一种信用形式的流通工具变换成另一种信用流通工具。这种行为最典型的表现是以支票形式从银行提取存款，然后把现金存入银行。支票和现金都是银行信用的流通工具，但它们的流动性、盈利性和安全性是有差别的。在我国，它们的流通范围和服务领域也有所不同。因此，同一种信用形式的流通工具进行变形，是为了适应不同的需要。这种信用变形的特征是，它不涉及债权债务关系的消长，而是一种负债变成另一种负债，或者是一种资产变成另一种资产。

3. 信用替换

信用替换是指以一种信用形式去替换另一种信用形式。这种行为最典型的表现是以商业票据向银行贴现。贴现实际上是银行信用替换商业信用，经过这样的替换改变了债权人与债务人。贴现以前，商业票据反映的是企业之间的债权债务关系，贴现以后，商业票据反映的是企业与银行之间的债权债务关系。因此，信用替换的特征是把债权转移给别人。

4. 信用转让

信用转让是指将同一种信用流通工具转让给别人。这种行为最典型的表现是票据转让。票据是债权所有的书面证明，将票据转让给别人，也就是转移债权。与信用替换不同的是，这种转移是在不改变信用形式的条件下进行的。

5. 信用创造

信用创造是指新创造一种信用流通工具，增加对别人提供信用。这种行为最典型的表现是商业银行在吸收原始存款的基础上所进行的派生存款。原始存款形成商业银行的准备金，是中央银行创造的信用流通工具，商业银行以中央银行提供的信用流通工具为基础，另外创造一种流通工具供顾客使用，这种创造是通过它的资金业务，即发放贷款和购买有价证券来实现的。银行贷款和购买有价证券是获得债权，但用于贷款和购买的是自己创造的信用流通工具。创造的信用流通工具能够被借款者和出卖有价证券的人接受，意味着银行同时对他们负了债。因此，信用创造也是以负债去取得债权。但与信用媒介不同，信用创造是以对同一人的负债去取得对同一人的债权。而信用媒介是以对这一人的负债去取得对另一人的债权。另外，从时间顺序角度来说，信用创造是先取得债权后承担负债，信用媒介是先承担负债后取得债权。

6. 信用强化

信用强化是指利用别人的信用加强自己的信用。这种行为最典型的表现是承兑和背书。承兑表明承担付款的责任，无论是商业承兑票据，还是银行承兑票据，一经企业或银行承兑，都表明承兑者有保证票据到期如数付款的责任。经过承兑的票据，债权人才能接受，而且银行承兑票据的接受性又优于商业承兑票据的接受性。这表明出票人借助于另外的企业或银行强化票据的信用。背书，或者是转让被背书票据的所有权，或者是转让被背书票据的使用权，经过背书人背书也表明承担付款责任。票据经过背书才能转让，也表明强化票据的信用。因此，信用强化是表明共同承担债务以增强信用工具的流通性和可接受性。

7. 信用抵销

信用抵销是指以债权去抵销债务。这通常发生在相互提供信用中。这种行为最典型的表现是企业之间的赊购赊销。赊购者欠了赊销者的债，赊销者反过来向赊购者赊购，这样债权者又成为债务者。在相互既是债权者又是债务者的情况下，债权债务关系就可以抵销。因此，信用抵销是创造债权去清偿债务或者是减少债务去获得债权的行为。

（五）信用的类型

信用的类型可以从以下不同的角度划分：

第一，根据信用主体（授信者）的不同，可将信用分为商业信用、银行信用、财政信用、股份信用等。商业信用的授信者是从事商品生产经营的企业；银行信用的授信者是从事货币资金经营的银行；财政信用的授信者是具有管理国家职能的政府；股份信用的授信者是具有社会资本性质的股份公司。

第二，根据信用客体用途的不同，可将信用分为生产信用、流通信用、消费信用等。生产信用、流通信用和消费信用的客体，既可以是商品，也可以是货币。商品可以用于生产消费和生活消费，货币可以用于购买。如果生产信用的客体是商品，则直接形成固定资产和流动资产，即现实的生产要素；如果生产信用的客体是货币，则增加生产者的货币资本，货币资本是可能的生产要素。如果流通信用的客体是商品，则直接形成商品资产，即现实的流通要素；如果流通信用的客体是货币，则增加流通企业的货币资本，即可能的流通要素。如果消费信用的客体是商品，则直接形成消费者生活消费的财产；如果消费信用的客体是货币，则增加消费者的货币收入，货币收入是可能的消费要素。

第三，根据信用期限的不同，可将信用分为长期信用、中期信用、短期信用和不定期信用。按惯例，一年期以内的信用属于短期信用，三年期以内的信用属于中期信用，三年期（不含三年）以上的信用属于长期信用，不定期信用则期限不定。从理论上说，信用期限的长短取决于再生产的周期。因为信用活动是从属于物质产品再生产的。因此，按期限长短划分信用，有利于考察信用服务于再生产过程的情况。

第四，根据债权债务关系性质的不同，可将信用分为公对公、公对私、私对私以及私对公的信用。在我国现阶段，公对公的信用有国有商业银行对公有制企业提供的信用，以及公有制企业之间相互提供的信用；公对私的信用有国有商业银行对私人经济、个体经济提供的信用；私对私的信用有私人经济、个体经济相互之间提供的信用；私对公的信用有私人经济、个体经济对公有制企业提供的信用。

第五，根据信用关系载体的不同，可将信用分为口头信用、书面信用和挂账信用。

口头信用反映在相互的承诺之中,一般是无形的;书面信用反映在凭证上,是有形的;挂账信用反映在账簿上,也是有形的。口头信用的授受信用双方要以信实、信誉、信任、信心为条件,很显然,这种信用明显地包含着道德和心理的因素。书面信用和挂账信用的授受信用双方虽然也需要信实、信誉、信任和信心,但因有文字记载,这两种信用不明显地包含着道德和心理因素,而更多地包含着法律因素。

(六)信用的效应

信用的效应,既可以从各种类型的信用去评价,也可以从信用制度方面进行分析。所谓信用制度,就是指有关人们信用关系的理论、道德、政策、行动的规范。这些规范在人们经济生活中产生着重要的影响。这里主要从信用制度方面对信用的效应进行分析。

从积极方面来看,信用制度的效应包括:①代替货币流通,实现商品价值;②节约流通费用,提高结算效率;③为社会提供金融资产,便于人们选择保存价值;④分配社会产品,为发展市场经济积累资金;⑤在利润平均化运动中起到中介作用;⑥为股份公司的成立创造条件。

从消极方面来看,信用制度的效应包括:①在生产领域,会导致生产过剩和过多地占用资金;②在流通领域,会导致商业的过度投机和虚假购买力的产生,从而发生支付危机和债务锁链;③在分配领域,容易导致国民收入的超分配;④在消费领域,容易导致超前消费和高消费。

因此,在发展信用的过程中,一方面要充分发挥信用的积极作用,另一方面又要抑制信用的消极作用。

二、商业信用

(一)商业信用的含义

所谓商业信用,就是指企业之间在商品交易中自发产生的一种直接信用,是一种直接的融资方式。从这一定义中不难看出,商业信用必须同时具备两方面的条件:一是商业信用必定发生在企业之间,企业是商业信用的主体;二是商业信用必须与商品交易直接相联系,或者说与企业的商品再生产过程紧密结合在一起。这一方面的条件也正是商业信用不同于其他信用的一个重要特点。正因如此,企业之间的货币借贷,虽然也以企业为信用主体,但由于它与商品交易并不直接发生联系,离开了企业再生产总资金循环的周转过程,是闲置的货币资金的借贷,所以,它不属于商业信用,只属于货币信用,并且是一种真正的货币信用。

(二)商业信用的形式

在各种信用形式中,商业信用是一种最古老的信用形式,但在社会经济不断向前发展的过程中,商业信用的具体形式也在不断地发展变化。由于多种因素的影响,商业信用并非都是自愿的和规范化的。因此,从自愿和规范化程度来讲,我们可以把商业信用形式分为正常的商业信用形式与非正常的商业信用形式两大类。所谓正常的商业信用形式是指建立在信用关系双方自愿的基础上的、符合金融制度规范的、有利于经济发展的商业信用形式。主要有赊销商品、预付货款、分期付款、延期付款、经销、代销、汇付贸易、托收贸易、补偿贸易等具体形式。所谓非正常的商业信用形式是指不是建立在信用关系双方自愿的基础上的、不符合金融制度规范的、不利于经济发展的商业信用形式,主要表现为拖欠货款。这种非正常的商业信用,又被称为"强制商业信用"。很显然,这种"强制商业信用"违背了市场经济条件下交换与借贷的基本原则——平等与自愿,构成了拖欠方对被拖欠方财产的侵犯,因此,它不是真正的信用。这种非正常商业信用形式的存在,意味着工商企业在开展商业信用时,必须注意防范和化解信用风险。这里主要对正常商业信用的具体形式进行介绍。

1. 赊销商品

赊销商品是典型的商业信用形式。信用的授体是赊销者,信用的受体是赊购者,信用的客体是商品,这是一种由赊销者以商品形式授予赊购者的信用。将商品赊销给赊购者,既是借贷,也是买卖,也就是赊销者借信用关系把商品出卖给赊购者。按商品交换原则,赊购者应按商品价格支付货款,但是现在赊购者应付未付,这意味着赊销者将应收的货款贷给赊购者。所以,虽然信用的对象是商品,但仍然是以货币计量的。以这种形式授予信用,利息通常包含在商品价格中,不再额外计付。因此,以赊销方式购买商品的价格一般要高于以现金交易方式购买商品的价格。

2. 预付货款

预付货款是常见的商业信用形式。信用的授体是预付货款者,信用的受体是接受预付货款者,信用的客体是货币资金,因而这是一种由预付货款者以货币形式授予接受预付货款者的信用。将货币资金预付给接受预付货款者,既是借贷,也是买卖,也就是预付货款者借信用关系去订购接受预付货款者的商品。按商品交换原则,预付货款者应按订购的商品计价付款,但是,现在商品还未生产出来,只能以预付货款的形式交纳预购定金。预购定金具有提前支付货款的性质,在已交纳预购定金的情况下,销货方必须优先保证购货方的需要。由于多了这一层信用关系,所以预付货款不只是单纯地提前付款,而具有商业信用的性质。预付货款是要承担利息的,这种利息也反映在价格中。如果预购商品的价格看涨,而预购商品的价格是按预付货款时的物价水平确定的,则销货方承担利息;如果预购商品的价格看跌,而预购商品的价格是按预付货款时的物价水平确定的,则购货方承担利息。这表明,商业信用的利息负担会随着物价水平的变动而转移。

3. 分期付款

分期付款是在商品交易的条件下发生的,一般按交货批量分期付款。信用的授体是商品供给者,信用的受体是分期付款者,信用的客体是商品,它是商品供给者以商品的形式授予分期付款者的信用。这种信用形式类似于赊销商品,但以赊销商品形式存在的商业信用,通常是在商品的使用价值已全部转移到赊购者手里的情况下发生的,而以分期付款形式存在的商业信用,通常是在商品的使用价值未形成或未全部转移到分期付款者手中的情况下发生的。

4. 延期付款

延期付款与分期付款相同,都是在商品交易的条件下发生的,只不过延期付款不存在按交货批量分期付款的情况,而通常是在商品全部发运以后。延期付款的时间比较长,有的可长达若干年,因而它不同于赊销。延期付款的利息一般由延期付款者承担。在国际贸易中,延期付款的利息一般由进口方负担。

5. 经销、代销

从商品销售的角度来讲,经销、代销都是代卖方推销产品,但两者有质的区别。经销是自行购销、自负盈亏,而代销则是接受他人委托销售商品,收取佣金。经销是买卖关系,代销不是买卖关系,而是委托代理关系。但从信用关系角度来说,二者都具有商业信用的性质。在经销方式中,卖方给予了经销商独家经营的权利,以及价格、折扣和货款支付等方面的优惠权利,因而经销实际上提供了一种权利信用,信用授体是卖方,信用受体是经销商,信用的客体是独家经营权和其他方面的优惠权利。在代销方式中,卖方(或称委托方)给予了代销商(或称被委托方)代理销售商品的权利,实质上提供了一种商品信用。信用授体是卖方,信用受体是代销商,信用的客体是委托代销的商品。代销与赊销商品也有所不同,代销没有转移商品的所有权,商品的所有权仍然属于委托代销者,代销商也不承担支付货款的义务。因此,代销不是买卖关系,而是委托代理关系,是一种信用关系。

在这种信用关系中，代销商虽不承担商品销售的风险，但要承担代销的义务，而且要负责代销商品的安全无损，并享有获取佣金的权利。从这个意义上说，代销也是债权债务关系。

6. 汇付贸易

汇付贸易是国际贸易中进口方与出口方运用商业信用，采取汇付作为支付手段的一种贸易方式。汇付贸易有两种基本做法：一是先付款后交货，如预付货款、随订单付现等；二是先交货后付款，如交货付现、记账交易等。汇付贸易中买卖双方直接承担付款与交货的责任，且交货与付款是分开进行的，银行只起着服务性的作用，因此，它属于商业信用交易形式。在国际贸易中，由于汇付风险比较大，因此不是普遍使用的货币形式，一般只用于小额交易。

7. 托收贸易

托收贸易是国际贸易中出口方发运货物后，委托银行向进口方收取货款的一种贸易方式。托收贸易也有两种基本做法：一是付款交单；二是承兑交单。托收贸易中买卖双方能否按合同规定交款收款，是买卖双方本身应承担的责任，银行只起代理代办的作用，不承担付款的责任，也不承担核查货运单据是否齐备、正确的义务。因此，它属于商业信用范畴，而不属于银行信用范畴。

8. 补偿贸易

补偿贸易是指贸易一方向另一方提供机器、设备等产品和技术、服务等项目，而另一方则按照对等的金额提供商定的产品或劳务给予补偿的一种贸易方式。补偿贸易虽然有时也发生在国内贸易中，但通常用在国际贸易中。补偿贸易有多种形式，但从偿还的方式来看，主要有三种：一是直接补偿贸易，又称为"返销"，是指进口方用引进的技术设备等生产出来的直接产品补偿给出口方；二是间接补偿贸易，又称为"互购"，是指进口方不是用所进的技术设备等生产出来的直接产品，而是用双方商定的其他产品补偿给出口方；三是综合补偿贸易，是指进口方用一部分产品、一部分外汇，或者用一部分直接产品、一部分间接产品，综合起来补偿给出口方。无论哪种形式，补偿贸易都具有二重性，即既存在借贷关系，又存在买卖关系。这是补偿贸易中存在的商业信用的特点。补偿贸易可大可小，但大型的补偿贸易，由于金额大，时间长，因此，为了解决资金来源问题，往往有银行参与，即银行提供卖方信贷或买方信贷。这又是补偿贸易的一个特点。

（三）商业信用的性质与特点

商业信用虽然形式多样，但总的来说，商业信用都属于直接融资的性质。直接融资是资金盈余者与资金短缺者不通过金融媒介而直接发生关系、调剂资金余缺的一种金融活动。商业信用的直接融资与通过买卖股票、债券等进行的直接融资相比,有这样几方面的特点:

第一,它是从事再生产的企业之间进行的直接融资活动。因此,它一般不通过金融市场或交易所进行。

第二,由于这种融资活动一般不经过金融市场或交易所,因而是否要收付利息(或报酬),完全由当事人双方协商确定,不直接受金融市场上货币资金价格的影响。

第三,它与社会再生产过程的资金活动有直接的联系,即它的产生要以再生产过程中商品资金的余缺、货币资金的余缺为条件,因此,它会导致一些企业资金占用的增加,另一些企业资金占用的减少;而通过买卖股票、债券的方式进行直接融资,可以与社会再生产过程中的资金活动不发生直接联系。

第四,它能够把多个债权债务关系联结起来,形成债权债务关系锁链,赊销商品、预付货款通常都是相互的,拖欠货款中的"三角债""线性债"更是如此;而买卖股票、债券一般不会出现这种情况。

第五,商业信用的建立和消除完全决定于信用双方的意志,不经过有关部门的审批,不需要公布财务状况和评定信用等级;而买卖股票、债券要经过主管部门审批,要按规定公布财务状况和评定信用等级。

第六,在某些情况下,商业信用可以不需要流通工具,如挂账的商业信用就是如此;而通过股票、债券进行直接融资,必须有流通工具。

第七,以商业信用直接融资,除可转化为银行信用外,一般不会更换当事人,即商业信用关系的建立和消除一般由相同的当事人履行;而由于股票、债券可以流通转让,因此,通过股票、债券进行直接融资,当事人可以经常发生变化。

(四)商业信用存在和发展的原因

商业信用是一种古老而又常新的信用形式。从历史上看,通过票据使商业信用规范化是从西方国家开始的。据记载,12世纪时,商业票据在意大利的商业城市中便已相当广泛地使用了。在我国历史上,工商企业之间开展的商业信用,习惯上不使用定规形式的票据,而是采取"挂账"的方法,即在账簿上记载债权债务关系。这是由我国长期以来商品货币关系不发达决定的。1929年,国民政府颁布了票据法,明确规定商业票据是法定的票据之一,此举对我国商业信用的发展起到了一定的推动作用。新中国成立后至改革开放之前,在中央计划管理体制下,1949年—1956年,对商业信用实行的是"利用与限制"

政策，1957年—1979年，对商业信用实行的是"禁止与取消"政策。但实际上，在对商业信用实行"禁止与取消"政策期间，商业信用并没有被完全禁止和消除，而始终存在着。20世纪80年代以来，随着改革开放的不断向前发展，商业信用开始不断地运用于商品交易中。但到20世纪90年代初，我国的商业信用仍然很不规范，这在很大程度上阻碍了商业信用的进一步发展。1995年5月10日，《中华人民共和国票据法》颁布，新票据法明确规定了在商业票据开出与使用过程中各当事人的权利和义务，规定了商业票据中必须记录的条款。新票据法的实施，对我国商业信用的规范化发展起到了非常重要的作用。

为什么古今中外商业信用会存在并得到发展呢？从宏观方面来讲，主要因为：

第一，企业在社会再生产过程中的相互联系为商业信用的存在提供了经济基础。在社会再生产过程中，各个企业的生产与经营活动都是相互联系的。就生产企业而言，一些企业的产品是另一些企业的原材料；就流通企业而言，生产企业的产成品就是流通企业的商品。它们在生产技术上相互补充，在供产销活动中相互衔接，在市场信息上相互提供，在为消费者服务上目标一致。可见，由于各个企业都需要在相互联系中求生存求发展，从而为商业信用的存在提供了条件。

第二，企业资金在循环、周转过程中的余缺是商业信用存在的直接原因。在市场经济条件下，企业作为一个独立的商品生产者和经营者，其资金的循环和周转包括从货币资金转化为商品资金，从商品资金转化为生产资金，从生产资金转化为商品资金，再从商品资金转化为货币资金的过程。整个社会再生产过程是由若干个企业的生产经营活动组成的，每个企业的资金运动都密切联系，互为条件，只有当每个企业的资金循环和周转都能顺利进行时，社会再生产才能顺利进行。可是，影响企业资金循环和周转的因素很多，生产规模的大小、生产周期的长短、自有资金和借入资金的比例、市场供求的变动、价格的涨落、运输条件的变化、生产技术水平的改变等，都会使资金不能顺利回流。这样，就必然会使一些企业的商品资金不能转化为货币资金，也必然会使一些企业的货币资金不能转化为商品资金；同时，也会出现一些企业货币资金或商品资金闲置的情况。这种资金运动的不平衡性，除了可以借助银行信用来解决以外，还可以借助商业信用来协调。

从微观方面来看，商业信用得以存在和发展主要是因为：

第一，通过商业信用，可以提高企业的竞争力。市场经济离不开竞争，企业要靠竞争去开拓市场，占领市场，提高自己的声誉，从而获得较好的效益。就企业内部而言，要提高企业的竞争力，主要靠加强企业管理，适应市场需要，改进生产技术，改变产品构成，提高产品质量等措施。而从企业外部的关系来看，要提高企业的竞争力，主要靠及时捕捉市场信息，而要及时捕捉市场信息，就必须建立健全商业网络，善于与各种机构和人员打交道。而商业信用正是建立健全商业网络的手段、联系各种机构和人员的重要渠道。

第二，通过商业信用，可以融通资金，开拓市场。一般来说，商业信用具有二重性，即一方面是借贷，另一方面又是买卖。就受信企业来说，既是买者，又是债务人，它通过商业信用，既买到了商品，又解决了货币资金暂时不足的困难，保证了生产和流通的继续进行；就授信企业来说，它既是卖者，又是债权人，它通过商业信用，既推销了商品，又融通了货币资金，为扩大再生产创造了条件。

需要指出的是，由于信用既具有积极效应，又具有消极效应，因此，在运用商业信用时，必须控制商业信用的规模和范围。

例如，从赊销商品角度说，一个企业有多少商品能够以赊销的形式出售，必须考虑这样一些因素：①企业自有资金的多少。企业自有资金多，提供赊销的商品资金就可以多些，反之，就应该少一些。②企业经济效益的高低。企业经济效益高，追加资金的能力一般比较强，提供赊销的商品资金就可以多些，反之，就应该少一些。③借入资金的难易。企业借入资金容易，贷出的商品资金就可以多些，反之，就应该少一些。④资金周转的快慢。资金周转的速度快，把商品赊销给别人后，很短的时间内便能回流资金，就能够提供较多的商业信用，相反，就只能提供较少的商业信用。⑤商品资金的品种构成。一般来说，企业商品品种繁多，就可以提供较多的商业信用，反之，就应该少一些。⑥商品的使用寿命。商品的使用寿命较短，就可以较多地提供商业信用，反之，就应较少地提供商业信用。

总之，一个企业有多少商品能够以赊销的形式出售，必须综合自身情况和各种因素加以考虑。

三、商业信用与银行信用的关系

商业信用与银行信用的关系，可概括为：商业信用是银行信用的基础；银行信用需要引导商业信用；商业信用与银行信用可以相互转化。

（一）商业信用是银行信用的基础

第一，商业信用关系的建立和发展，为银行信用关系的建立和发展奠定了基础。如前所述，商业信用是与社会再生产过程紧密联系的，直接服务于社会再生产过程。商业信用的扩大，意味着进入生产流通领域的要素增加，从而为扩大再生产创造了条件，而社会再生产扩大，社会产品增加，往往会增加对银行的贷款。可见，商业信用可以带动银行信用。

第二，商业信用票据的产生和流通，是银行信用票据产生和流通的基础。商业信用产生了商业票据，即期票和汇票。期票和汇票按《票据法》的规定，通过背书可转让给第三者。但商业票据的流通受商业信用的局限，使得它的流通对象、流通范围、流通时间，都受到商业信用关系的制约。为了克服商业票据流通的局限性，票据的持有者可以通过一定的方式把它转换为银行票据，这就是将商业票据贴现或以它作为抵押取得银行贷款。将商业票据转换为银行票据（钞票或存款），能够克服商业票据的局限性，因为银行票据具有良好的担保性、很高的权威性和广泛的流通性。但不难看出，银行票据是由于商业票据流通的局限性而产生出来的。

第三，商业信用关系的确立表明信用关系双方有一定的资本，为银行授受信用提供了起码的条件。一个人要取得信用必须先拥有一定的资本，或社会公众承认他拥有一定的资本，否则就不能取得信用。同样，银行对企业进行贷款，也要求企业必须拥有一定的自有资金，否则便不符合贷款要求。怎样考察企业是否实际拥有一定的自有资金呢？通过有关部门的信用评估、征信考察自然是必要的，但是企业是否存在商业信用也是很重要的证明。因为一个企业如果能够取得商业信用，表明它在社会公众中有实力、有信誉，或者说，社会公众认为它拥有一定的资本。因此，银行可否对该企业提供银行信用，可以以企业的商业信用为基础。

第四，商业信用关系的普遍化和经常化，要求信用关系制度化，而信用关系制度化又为银行信用的建立和发展创造了条件。随着商业信用的发展，客观上要求信用关系制度化。信用关系制度化有利于规范人们在流通中的信用活动范围，有利于促进人们遵守信用活动准则，从而有利于商品流通的发展。同时，也为银行信用的建立和发展创造了条件。

（二）银行信用要引导商业信用

如前所述，商业信用有一定的消极效应，为了有效地发挥商业信用的作用，一方面，企业要主动地控制商业信用的规模和范围；另一方面，银行信用要发挥其引导作用。一般来讲，银行引导商业信用的方式主要包括：

第一，依据《票据法》，确保商业票据规范化，保障债权债务关系正常化。票据是管理和引导商业信用的工具，在不同的国家、不同当事人之间，商业信用体现着不同的经济关系，但票据作为一种商业信用的流通工具，有其共同的管理技术。银行在处理商业票据的过程中，要使之置于自己的服务和监督之下，合理地引导商业信用的使用。

第二，制定正确的贴现政策，开展贴现业务。商业信用的规模和范围，在一定程度上取决于是否能够向银行进行贴现。银行对商业票据贴现的态度和贴现率的高低，对商业信用的产生和发展有一定的影响。如果银行对贴现掌握过严，且贴现率过高，就会抑制贴现，相反，则会激励贴现。因此，在保障审查票据的真实性、规范性和合法性的基础上，要制定适当的贴现率，以使商业信用保持适当的规模。

第三，开放金融市场，搞活票据流通，引导商业信用进行合理的流动，同时改变人们金融资金的构成。商业票据一般不能作为有价证券买卖，但能够背书转让、转移或抵销债权债务关系，还能够作为抵押品取得商品或货币。在国外，商业票据还可转让为其他有价证券，如股票、债券。因此，开放金融市场，允许票据流通，也是银行信用引导商业信用的一种方式。

（三）商业信用与银行信用相互转化

商业信用转化为银行信用，主要是将商业票据拿到银行进行贴现。此外，补偿贸易中银行提供卖方信贷也是商业信用转化为银行信用的一种形式。同样，银行信用也可转化为商业信用，如向银行贷款、预付货款、补偿贸易中的买方信贷等。这表明商业信用与银行信用间的相互转化，既可以正常进行，也可以隐蔽地、迂回地转化，因为这种转化有时相互交织，难以分清，有时往往有第三者、第四者插手其间。

第五章 消费与商业

第一节　消费与商业的关系

消费是人类社会存在的前提条件，也是人类社会发展的一个永恒主题，人类社会不可能停止生产，同样，也不可能停止消费。在社会再生产过程中，生产是起点，消费是终点，交换表现为中间环节。生产决定分配、交换和消费，分配、交换和消费对生产又具有反作用。同时，分配、交换、消费各环节之间也相互影响，相互制约。商业作为商品交换的发达形式，自然与消费密不可分。它不仅通过生产、分配影响着消费，而且商业自身的行为也会直接影响到消费。当然，反过来，消费对商业也具有很大的影响作用。

在市场经济条件下，商业与消费的关系是多层次和多方面的。满足消费是商业存在的前提条件和最终目的，以消费为中心是商业发展的永恒主题，因此，商业的发展受到消费的制约。同时，消费只有通过商业活动才能得到实现和满足，商业又从多方面制约着消费水平的提高。二者之间互相依赖、互相制约、互为条件。

一、消费对商业的影响

一般来讲，消费对商业的影响和制约作用主要表现在以下几方面：

（一）消费是商业存在和发展的前提条件

消费直接引起交换。生产资料的交换是由生产过程中生产资料的消费需要引起的；生活资料的交换是人们生活消费的需要而产生的。很显然，没有消费，就没有交换，当然也就不会有商业；没有消费的发展，已经引起的交换就不可能继续进行下去，商业也就不可能存在和发展。因此，消费为交换提供了现实的需求，为商业的存在和发展提供了前提条件。

（二）消费是商业活动的目的，也是商业活动的动力

任何社会经济形态下，消费都是生产的目的。商业作为生产和消费的纽带，它的任

务就是把商品从生产领域带入消费领域，从生产者那里送到消费者手中，商品只有进入消费，生产的目的才能最终实现，商业的任务才算最终完成。可见，消费也是商业活动的目的。马克思说："商品交换的目的是直接占有已交换的商品，是消费这种商品（不论这种消费是把商品当作产品来直接满足需要，还是把商品本身当作生产工具）。"又说："商品交换归根到底是满足质上不同的需求。"为了及时把商品送到消费者手中，商业在组织商品流通的过程中，要尽量减少其在流通过程中的滞留时间。这样，不仅可以保证社会再生产的顺利进行，而且还可以取得自身较好的经济效益。这又为商业的发展提供了动力。当然，要做到这一点，前提条件是必须以消费需求为出发点来组织商品流通。

（三）消费的规模、水平、结构制约着商业的规模、水平和结构。同时，消费的速度制约着商业组织商品流通的速度

商业的发展受到供给和需求两方面的制约。在供给一定的条件下，消费的水平、发展速度决定着交换的深度和广度，决定着交换的总量、结构和发展速度。消费的水平越高，交换规模就越大。因为随着消费水平的提高，不但现有的商品性消费部分的消费水平会提高，规模会更大，而且自给性消费部分，也会逐渐向商品性消费过渡，这样，更多的消费内容就被卷入商品流通中，交换规模就会相应扩大。消费增长越快，交换的发展也就越快。同样，消费的结构决定着交换的结构和物质内容。交换的结构必须适应消费结构的变化，才能满足不同地区、不同民族、不同职业、不同收入水平的人们具体的消费需要。消费结构，是社会中一定时期内人们消费状况的重要标志，它包括生产资料消费和生活资料消费的种类和构成。其中，生活消费资料又包含着商品消费和服务消费的种类和构成。这些都构成了交换的物质内容，直接影响和决定交换的规模和结构。当然，也就影响和制约着商业的规模、水平和结构。

（四）消费需求的变化要求商业业态的变革和发展

随着社会生产力的不断向前发展和消费水平的不断提高，消费需求经常会发生一系列的变化。主要表现为消费需求的多样性和差异化、选择性的增强、消费的科学性及消费方式的文明程度不断提高等。这些变化必然要求商业的发展与之相适应。其中最主要的就是要求原有的商业业态进行变革和出现新的商业业态。例如，随着大量消费时代的出现，便出现与之相适应的百货商店；随着消费者需求个性化的增加，便出现了各种类型的专业店；近年随着休闲消费的发展，在一些大城市又出现了集购物、休闲、娱乐为一体的购物中心等。

（五）消费方式和消费行为影响着商业经营方式的变化

消费方式是指在一定社会形态下消费者所采取的消费方法和消费形式。也就是说，消费者是采取社会消费还是家庭消费，是集团消费还是个体消费。消费行为是指个人或家庭为满足生活消费需要而购买商品的心理、习惯和方法的统称。正如马克思所说："消费者花费自己收入的方式以及收入多少，会使经济过程，特别是资本的流通和再生产过程发生极大的变化。"这就意味着，不同的消费方式和消费行为，往往要求有不同的交换形式和交换内容，从而要求有不同的商业经营方式与之相适应。

（六）消费还会通过对生产和分配的作用间接影响商业产业的发展

在不同的市场条件下，消费对商业的影响会有所不同。这主要是因为在不同市场条件下，供求双方的力量对比状况不同，消费者在市场上的地位不同，因而受重视程度也就不同。在卖方市场条件下，产品短缺，供不应求，产品生产出来不愁销路，因而消费者在市场上处于被动地位。连接生产与消费的商业部门，往往处于有利地位。因为在这种情况下，商业经营者往往采购什么，就能销售什么，没有多大的竞争。但必须指出，消费仍是生产和商业活动的最终目的。或者说，从本质上来讲，产品的生产和流通仍然以消费需求为前提。只不过在这种市场条件下，生产者和商业经营者没有必要过多地考虑消费需求问题。而在买方市场条件下，由于产品供过于求，卖方之间的竞争激烈，因而生产者和商业经营者往往处于不利地位，而消费者则占据有利地位，有了更大的消费选择权。这样，消费对商业的影响和制约作用就更加显现出来了。由此可见，在买方市场条件下，消费对商业的影响更明显，作用也更大。

二、商业对消费的影响

商业作为商品流通的发达形式和独立的产业，其自身的运动对消费也产生着巨大的影响。一般情况下，商业对消费的影响主要表现为：

（一）商业是实现消费的条件

在任何社会中，消费需求得以满足的根本途径是发展生产。但在商品货币关系的条件下，商品性的消费要得以满足，必须通过交换才能实现。这是因为，只有通过商品交换，劳动者所得的货币收入才能转化为其所需要的各种消费品，才能使他们的消费需求变为现实。可见，在商品经济条件下，消费需求是否实现，能在多大程度上实现，取决于商品交换的发达程度。在商品经济社会中，商品交换主要通过商业来完成。因此，消费的实现程度，主要取决于商业的发达程度和商业的服务水平。一般来讲，商业越发达，商品流通越快，消费需求就越能得到满足。因此，要提高人们的消费水平，必须大力发展商业。

（二）商业的规模和结构制约着消费的规模和结构

消费的规模和结构要受多种因素的制约，其中生产与交换的规模和结构是两个最重要的因素。在商品经济条件下，交换的规模和结构主要表现为商业的规模和结构。一般来讲，商业的规模越大，消费的规模也就越大，消费需求的实现也就越快。同样地，商业结构合理，消费结构也就容易合理。因为，合理的商业结构可以满足不同层次的消费需要。商业结构具有多方面的内容，主要包括商业的主体结构、客体结构、组织结构、规模结构、行业结构、地区结构和所有制结构。可以说，如果能够有效地建立和发展这些不同层次的商业结构，各种内容、各种层次与各种形式的消费需要都能够得到必要的满足。

（三）商业引导消费方式的形成与发展

商业对消费方式的引导作用主要表现为：

第一，商业经营者通过各种媒介和促销手段，向消费者传递商品知识、介绍消费方法，引导他们进行合理的购买和消费，改变不合理的消费习惯，提高消费者的消费能力和消费素质。在引导消费者正确合理地使用新产品方面，商业的引导作用表现得尤为明显。

第二，商业为消费水平的提高和消费的现代化提供实现的手段。例如，通过商业活动为消费者提供新式的炊事用具和设备，能够加速全社会厨房现代化的步伐。

（四）商业影响着消费效益

消费效益包括经济效益和时间效益，它要受到商业活动的制约。商业对消费效益的影响表现为：

第一，提高消费的时间效益。商业活动可以使消费者及时、适时和用尽可能少的时间购买到所需要的商品，提高消费的时间效益，增加消费者的闲暇时间。

第二，节约消费的劳动耗费。商业活动可以提供节时、省能、高效的产品，可以节省消费领域的劳动耗费，为社会节约财富。

第三，降低消费成本。商业活动可以提供价廉物美、经久耐用的商品，可以节省消费支出、延长使用时间，降低消费成本。

第四，增加商品消费寿命。商业活动通过向消费者传授商品知识和使用办法，进行售后服务，可以指导消费者进行科学消费，提高消费质量，增加商品的使用寿命。

应当指出，消费与商业的相互作用是在动态中实现的。因此，要发展商业，有效地开展商业活动，必须研究消费的发展变化趋势，研究消费的发展变化对商业活动的影响。

三、现代商业活动中如何处理好消费与商业的关系

从消费与商业的一般关系来看，现代商业活动中，必须以消费需求为导向，以保护消费者的利益为核心，树立现代消费观。同时，要充分发挥商业对消费的引导作用。这是因为：

（一）消费对商业的影响决定了商业经营者必须了解市场需求

消费与商业的关系表明，消费是商业存在和发展的前提条件，是商业活动的目的和动力。实践经验也表明，能否及时掌握消费需求的变化，组织适销对路的商品，不仅关系商业经营者的微观经济效益，而且关系商业经营者的长远利益。因此，现代商业活动，必须以市场消费需求为导向，掌握市场需求情况，研究消费变化的趋势和不同时期、不同地区消费的特点，及时组织适销对路的商品以满足消费者的需要。

（二）商业与消费关系的核心是维护消费者的权益

消费与商业的关系表明，消费是商业活动的目的。这就决定了商业与消费关系的核心是维护消费者的权益。在现代社会中，消费者为了保护自己的权益，不断掀起保护消费者权益的运动，各国政府为了保护消费者的利益，也制定了一系列的法律和法规。因此，在现代商业活动中，维护消费者的权益不仅是商业经营者自身发展的需要，也是全社会的要求。为此，商业经营者应当做到以下几点：第一，尽量提供丰富多彩、物美价廉的商品，满足广大消费者不断增长的生活需要；第二，提供优质服务、改善服务态度、提高服务质量，不断开拓新的服务领域，使广大消费者能愉快地、尽快地获得他所需要的商品；第三，防止假冒伪劣商品进入流通，严禁坑害消费者的行为，处处为消费者着想，提高消费的社会效益。

（三）商业与消费关系的职责就是指导消费、引导消费

消费与商业的关系表明，商业的职责就是发挥商业联系面广、信息灵通、接触生产、了解全局的优势，通过多种形式、多种途径指导、引导和影响消费。具体来讲：一是促进消费观不断更新，使消费者接受新品种、新的消费方式和消费手段，不断丰富和充实消费内容，提高消费质量；二是指导购买力投向，鼓励合理消费，抑制不合理消费，调节市场商品的供求平衡；三是树立正确的消费观，克服和防止非理性和超现实的消费，制止抢购

行为，促进消费行为合理化和科学化；四是宣传商品知识，指导具体商品的消费和使用，提高消费的经济效益，保障消费者的安全。

第二节　消费发展的一般趋势及其对商业的影响

一、消费水平的提高及其对商业的影响

一般来说，一个国家或地区居民的消费水平，会随着经济的发展得到相应的提高，而不断提高的消费水平又会对商业发展起到促进作用。

消费水平可以用人均国民收入、人均消费收入等价值形式来表示，也可以通过人均实物消费量、人均寿命等生活质量指标来反映。消费水平的提高从低层次到高层次依次表现为：自给性消费向商品性消费转化；满足基本生活必需品的消费规模不断扩大；需求的领域不断扩大，需求的层次不断提高；需求的结构不断发生变化；消费的社会化水平不断提高，劳务消费、发展需要与享受需要的消费比重大大提高。消费水平的基础不同，消费水平的提高程度也会表现不一，从而对商业影响也会不同。消费水平在较低的起点上得到提高，对商业的影响主要表现在量上，即主要要求商业从业人员的数量、经营机构、运输能力、仓储能力等方面在量上得到发展，以适应消费水平提高的需要；而消费水平在较高的起点上得到提高，对商业的影响主要表现在质上，即要求商业从业人员的素质、经营观念、经营策略、经营方法等方面发生较大的变化。

从发达国家经济发展的经验来看，消费水平的提高对商业产生较大的影响主要在这样两个时期：一是以耐用消费品的普及为主要特征的消费水平提高时期；二是以劳务消费比重迅速上升为主要特征的消费水平提高时期。有人将这两个时期的变化称为消费革命，而将其相应带动的商业和流通业的深刻变化称为流通革命。多数国家耐用消费品的普及是在人均国民收入1 000美元左右时实现的，而劳务消费比重的迅速上升则是在人均国民收入2 000～3 000美元甚至更高时实现的。由于各国经济体制不同，市场发育程度不同，人均国民收入指标不一定能反映真实的消费水平，消费革命也不一定在相同的人均国民收入水平上发生。但是，随着经济的发展，消费必将发生革命性的变化，而消费革命也将带来商业和流通业的深刻变化，这一点则具有普遍的规律性。

二、消费结构的变动及其对商业的影响

（一）消费结构的变化趋势

消费水平的提高必然会引起消费结构的变化，而且从国际上的经验来看，消费结构的变化一般遵循恩格尔定律，但这并不意味着随着收入水平的提高，恩格尔系数会直线下降。就消费结构的变化而言，恩格尔定律是指一种长期趋势，它并不排除在长期趋势中恩格尔系数会偶尔或规律性地上升的可能。现有的研究成果表明，在消费水平从贫困型向温饱型和从温饱型向小康型转变的过渡时期，恩格尔系数呈现出规律性的回复上升，出现与长期趋势相背离的现象。

消费结构之所以会出现这种不规则的变化，除了受一些特殊的因素如特殊的价格体系、福利政策、社会生活方式和生活习惯等影响外，主要是由人们需要的基本发展规律决定的。

人的需要是多层次的，既有生理的需要又有心理的需要，既有物质的需要又有精神的需要，并且由低层次向高层次方向发展。其中，生理需要是人最基本的需要，它包括衣、食、住、行等方面，这些是人首先要考虑的需要。随着生活水平的提高，在生理需要基本得到满足以后，人们就会把注意力投向更高层次的需要。需要的这种发展规律表现在消费结构的变化上，就是食品等生活必需品支出的比重会逐渐下降，而文化、娱乐、旅游、服务等费用的支出比重会逐渐上升，从而与恩格尔定律相吻合；而在需要由低层次向高层次发展的同时，不同需要层次的内部也在不断发生变化。如生理需要中的食物需要，会从单纯满足吃饱向讲究卫生、讲究营养、讲究风味方向发展；衣、住也会越来越由单纯用来蔽体保暖向审美、舒适等高层次方向发展。需要的深度和广度这两种发展趋势结合在一起，反映在消费结构的变化上，就是长期趋势与阶段性变化交织在一起。从经验统计来看，这种现象往往出现在消费水平发展的较低阶段，如由贫困型向温饱型或由温饱型向小康型转变的过渡时期。这个时期（贫困型），由于生产力水平还没有达到高度发展水平，人们消费需求的较高层次的满足往往要受到收入水平的较大限制，而且这两个时期（温饱型）人们的食物消费水平还处于相当低的阶段。因此，消费水平的提高表现在需要向较高层次发展的同时，更主要地表现在低层次需要的深度发展上，特别是食品消费水平的较大提高上，因而也就出现了食品支出比重变化与长期趋势的阶段性背离现象。而当消费水平发展到较高阶段后，生产力的高度发展和生活水平的极大提高，一方面使消费受收入水平的限制减少，消费需要可以更主要地向高层次发展；另一方面，人们的食物消费水平达到较高程度后就不会有更大发展，这种阶段性背离现象也就随之消失了。

（二）消费结构的变化对商业的影响

消费结构的变化对商业的影响主要表现在以下几方面：

1. 消费结构的变化会引起商品结构发生相应的变化

国际经验表明，当人均 GDP 在 300～1 000 美元之间，特别是接近 1 000 美元时，消费结构会出现由生活必需品向非生活必需品、选择性较强的商品的大幅度转变。消费结构的这种变化，首先要求制造业内部的产品结构具有高变换率，从而要求商业经营的商品结构具有高变换率。当人均 GDP 达到 2 000～3 000 美元以后，经济处于平缓增长阶段，消费进入高额消费阶段，高档耐用消费品、服务产品成为主要消费商品，这时商业经营者就必须以此为重点开展商品经营活动。

2. 消费结构的变化会引起商业组织和商业经营方式发生相应的变化

例如，20 世纪 60 年代以来，随着世界经济的不断发展，消费水平和消费结构出现了巨大的变化，与之相适应，商业组织与商业经营方式也发生了巨大的变化。主要表现为已有的零售业态不断发展，新的零售业态不断涌现，如超级市场、专业店、折扣店、仓储商场、方便店、连锁商店、邮购店、电视商场等不断发展起来，以满足消费需求多样性与个性化的需要。

3. 消费结构的变化导致商业活动进一步细化以及相关产业的发展

随着消费水平的不断提高，消费结构中低附加值的产品大大减少，而高附加值的产品大大增加。这样，就要求商品流通过程中的加工、包装、编配、分类等附加劳动大大增加。同时带动相关产业如运输业、仓储业、包装业等物流业的发展。

三、消费社会化及其对商业的影响

（一）消费社会化的内容

消费社会化即消费服务的社会化，也就是消费领域中的服务不是由消费者自己来完成，而是由社会来提供。消费社会化是消费水平达到更高阶段后的一种必然趋势。它是随着消费者自我发展、自我完善意识的增强，在收入达到相当高的水平后出现的。

消费社会化主要包括两方面的内容：一是家务劳动的社会化；二是社会公共消费的比重增加。实现家务劳动的社会化，是缩短家务劳动时间、增加自由支配时间的重要途径。家务劳动时间的缩短，可以通过家务劳动的机械化与家务劳动的社会化两条途径来实现。

而后一种途径相对前一种途径而言,对于节约社会劳动、节约资源具有更大的意义,并且有利于促进消费方式向更科学、更合理的方向发展。社会公共消费是指通过各种公用设施、文化娱乐场所、教育科学文化服务等实现的消费。在消费水平较低的阶段,居民消费中个人消费占绝对比重,消费的主要部分都是在家庭内部实现的。随着消费水平的提高,虽然个人消费仍然是主要的消费方式,但社会公共消费比重将逐渐上升。消费需求层次的提高,某些需求在家庭内部、靠消费者个人往往是难以满足的,比如高级娱乐、艺术欣赏、旅游、接受教育等,因而就必须通过社会公共消费的形式来实现。因此,随着消费水平的提高,相应增加社会消费基金,发展社会公共消费事业是必然的要求。

(二)消费社会化对商业的影响

消费社会化对商业的影响,主要表现在它对商业服务业发展的促进作用上。因为消费社会化必然导致第三产业的发展,特别是它对各种消费服务行业的发展提出了更高的要求,从而会促进商业服务业的发展,进而导致在社会商品流通中,有形商品流通的比重下降,劳务商品流通的比重上升。

第三节 商业与维护消费者权益

如前所述,商业与消费关系的核心就是维护消费者的权益。因此,了解消费者的权益,维护消费者的权益就成为现代商业经营的重要内容。

一、消费者权益的含义

消费者权益是指消费者在生活消费过程中,购买、使用商品或接受服务时所应当享有的权利。

每一个社会成员都是消费者。但从广义上来讲,消费者不仅包括消费者个人,也包括消费者群体。他们都享有平等的权利。消费者的权力和利益既互相联系,又相互区别。权力是利益的保证,利益是权力保护的目标,利益只有在权力有了充分保障的前提下,才能切实得到体现。因此,消费者的权益,也就是消费者依法享有的权利及该权利受到保护下应得的利益,其核心是消费者的权力。消费者的权力和利益反映着一定的社会经济关系,表明在一定社会经济条件下,消费者与生产者、经营者之间的关系,同时,也体现了消费者与消费者之间的关系。

二、消费者基本权利的提出与内容

从人类社会发展的历史考察，最早提出消费者权利的国家是美国。1962年3月15日，美国总统肯尼迪在向国会提交的《关于保护消费者利益的总统特别国情咨文》中，概括地提出了著名的4项消费者权利，即消费者有获得安全保障的权利；消费者有了解真实情况的权利；消费者有自由选择的权利；消费者有提出消费意见的权利。该咨文首次论述了消费者权利的思想。美国是消费者运动兴起最早的国家，是最早运用法律手段保护消费者权益的国家，也是最早成立消费者组织的国家。继美国之后，英、日、澳等国先后颁布了保护消费者权益的法规。1983年，国际消费者联盟（IOCU）确定每年的3月15日为"国际消费者权益日"。1985年4月9日，联合国通过了《保护消费者准则》，这是唯一的一部对世界各国，特别是对发展中国家具有指导性意义的保护消费者权益的国际规范。在该准则中，国际消费者联盟将消费者权利概括为8项权利，即消费者有权得到必要的物品和服务得以生存；消费者有权得到公平的价格和选择权；消费者有得到安全的权利；消费者有获得充足的资料的权利；消费者有寻求咨询的权利；消费者有得到公平的赔偿和法律援助的权利；消费者有得到教育的权利；消费者有获得和享受一个健康的环境的权利。

正式实施的《中华人民共和国消费者权益保护法》规定我国的消费者享有九项基本权利，它们分别是：

第一，保障安全权。是指消费者在购买、使用商品和接受服务时所享有的保障其人身、财产安全不受损害的权利。它是消费者最基本的权利。由于消费者取得商品和服务是用于生活消费的，因此，商品和服务必须绝对安全可靠，必须保证商品和服务的质量不会损害消费者的生命与健康。

第二，知悉实情权。是指消费者享有知悉其购买、使用的商品或者接受的服务的真实情况的权利。依据该法规定，消费者有权根据商品或者服务的不同情况，要求经营者提供商品的价格、产地、生产日期、有效期限、检验合格证明、使用方法说明书、售后服务，或者服务的内容、规格、费用等的有关情况。

第三，自主选择权。是指消费者享有的自主选择商品或者服务的权利，包括这样几方面：自主选择提供商品或者服务的经营者的权利；自主选择商品品种或服务方式的权利；自主决定购买或者不购买任何一种商品，接受或者不接受任何一项服务的权利；在自主选择商品或服务时所享有的进行比较、鉴别和挑选的权利。

第四，公平交易权。是指消费者在购买商品或接受服务时所享有的获得质量保障和价格合理、计量正确等公平交易条件的权利。此外，消费者有权拒绝经营者的强制交易行为。

第五，依法求偿权。是指消费者在购买、使用商品或接受服务时受到人身、财产损害时，依法享有的要求获得赔偿的权利。依法求偿权是弥补消费者所受损害的一种救济性权利。

第六，依法结社权。是指消费者享有依法成立维护自身合法权益的社会团体的权利。消费者的依法结社权十分重要，它使得消费者能够从分散、弱小走向集中和强大，并通过集体的力量来改变自己的弱者地位。政府在制定有关消费方面的政策和法律时，应向消费者团体征求意见，以求更好地保护消费者的权利。

第七，求教获知权，或称受教育权、获得知识权。是指消费者所享有的获得有关消费者和消费权益保护方面的知识的权利。它是从知悉实情权中引申出来的一项消费者权利。保障这一权利的目的是使消费者更好地掌握所需商品或者服务的知识和使用技能，以使其正确使用商品，提高自我保护意识。

第八，维护尊严权。是指消费者在购买、使用商品和接受服务时所享有的其人格尊严、民族风俗习惯得到尊重的权利。

第九，监督批评权。是指消费者享有对商品和服务以及保护消费者权益工作进行监督的权利。消费者有权检举、控告侵害消费者权益的行为和国家机关及其工作人员在保护消费者权益工作中的违法失职行为，有权对保护消费者权益工作提出批评和建议。

上述九项消费者权利是《消费者权益保护法》的主要保护对象。为了保障消费者权利的实现，经营者、国家和社会都要履行相应的义务，否则就要承担相应的法律责任。依据我国《消费者权益保护法》第三章的规定，在保护消费者权益方面，经营者有如下义务：第一，依法定或约定履行义务；第二，听取意见和接受监督；第三，保障人身和财产安全；第四，不虚假宣传；第五，出具相应的凭证和单据；第六，提供符合要求的商品或服务；第七，不得从事不公平、不合理的交易；第八，不得侵犯消费者的人身权。

三、消费者权益受损的主要表现与原因

（一）消费者权益受损的主要表现

在我国市场经济建设过程中，保护消费者权益的呼声日益高涨，但现实经济生活中，损害消费者权益的现象屡屡发生，主要表现在以下几方面：

1. 产品质量与效用失实

产品质量包括物质产品质量和精神文化产品质量。从物质产品来看，一些生产者只图自身的经济利益，而置消费者利益于不顾，不能严格执行国家有关产品质量的规定标准，偷工减料、粗制滥造、以次充好，生产不合格的产品，这些产品进入流通领域后，伤及消费者人身和财产的安全，使消费者遭受物质上和精神上的损失；从精神文化产品来看，生

产者生产非法、劣质出版物，然后流入市场，对消费者特别是青少年消费者的身心健康造成了极其恶劣的影响。

2. 产品价格与计量欺诈

虽然政府一再禁止生产者、经营者的欺诈行为，但仍然有不少生产者与经营者变相涨价、乱收费、缺斤少两，从中牟取暴利，使消费者蒙受不应有的经济损失。

3. 假冒伪劣产品横行

由于多种原因，消费者不能防范和辨别假、冒、伪、劣产品，从而使消费者人身、财产的安全受到侵害。这主要是由于一些不法生产者和经营者为了达到攫取暴利的目的，不惜以牺牲消费者的生命和健康为代价，生产和经营假冒伪劣产品。这种现象在我国市场极为普遍，消费者由此经常遭受损失。

4. 产品广告虚假宣传

一些生产者与经营者为推销自己的产品和服务，采用制作虚假广告的手段，蒙骗消费者。通常的做法是在产品说明书中不介绍产品的真实性能、主要成分、使用和养护方法，对必须明确说明的部分则闪烁其词或随意夸大功效，使消费者上当受骗，造成不应有的损失。

5. 服务质量低劣

消费者购买商品的过程，也是经营者提供服务的过程。现实中，一些生产者和经营者忽视其应当提供的相应服务，以致消费者权益受损。一些生产者与经营者将"三包"这样的服务措施仅仅当作推销产品的宣传手段，而一旦真正出现其服务范围内的问题，则推诿责任，甚至刁难消费者。在商业服务业中，有的从业人员业务技能较差，服务质量低，服务态度蛮横，根本无视消费者应当享有的权利。

（二）消费者权益受损的原因

消费者权益受损的原因是多方面的，归纳起来，主要有以下几方面：

1. 市场发育不完善与市场秩序混乱

良好的市场环境是消费者主权得以实现的基础。但我国现阶段由于市场发育水平低、流通秩序比较混乱，市场机制尚不能充分发挥作用，因而容易出现损害消费者权益的现象。进一步讲，一方面，由于商品经济不发达和市场体系不完善，商品和服务的质量、品种等仍不能充分满足消费者的需要，消费者自主选择的权利不能得到充分保证，加之由于生产技术水平和检测手段不高，使得商品、服务中危害消费者健康安全的因素难以得到遏制，从而使消费者权益受损；另一方面，由于国内统一市场还没有真正形成，地方保护主义大量存在，出现了为了所谓地方的局部利益而偏袒和保护不法生产、经营活动的现象，从而加剧了不正当竞争的无序状况，使一些生产者与经营者无视消费者的权益，经常侵害消费者的权益。

2. 生产者与经营者市场意识不足，职业道德低下

市场经济条件下，企业追求自身经济利益的最大化本是无可厚非的，但当生产经营者与消费者之间产生矛盾和利益冲突的时候，有的生产者、经营者便不顾消费者的利益，只图自身经济利益的最大化。在金钱的诱惑下，有的生产者、经营者缺乏自律意识，不注重经营管理，忽视职业道德，大搞各种欺诈行为，甚至横行霸道，野蛮经营，不择手段，唯利是图，致使消费者权益严重受损。

3. 相关的法律、法规不健全，执法力度不够

改革开放40年来，为保护消费者的权益，我国制定了一系列法律、法规，但是，与市场经济发达国家相比，我国在维护消费者合法权益方面，还缺乏一个良好的法制环境。主要表现为：第一，立法跟不上市场经济发展的需要。在一些生产、经营领域还缺乏相应的法律、法规，使得众多的市场问题无法可依。比如近年来发展迅猛的美容业、保险业、邮电通信业、房地产业、金融业等，由于没有相应的法律、法规或法律、法规不健全，结果侵害消费者人身财产安全的事件不断出现。第二，现行法律制度中的某些条款对损害消费者权益的生产者与经营者处罚过轻，而且有的法律、法规弹性有余，刚性不足。例如，对生产和销售假冒伪劣商品的生产者与经营者，我国法律规定的处罚力度远没有国外严厉，可以说，这也是导致少数不法生产者与经营者屡罚屡犯的原因。第三，消费者的正当权益受到侵害后，消费者诉讼成本过高，执法部门办事效率低下。我国现行诉讼制度一般规定由原告预付诉讼费用，消费者权益一旦受到侵害，不仅要承受身体、心理上的巨大痛苦，还要预先承担巨额的追偿费用，加之损害赔偿的审限并没有特殊规定，经过旷日持久的一审、二审，足以使一般消费者在时间、金钱、精力上均不堪重负。一些消费者只好忍气吞声，或者只是在消费诉讼涉及标的过大或精神损失严重时才选择起诉的办法来为自己讨回公道，这就为消费者主权的实现设置了障碍。

4. 消费者在市场上处于弱势地位

消费者在市场上处于弱势地位是消费者权益受损的根本原因。消费者在市场上之所以处于弱势地位，是因为：第一，相对市场上其他主体（企业、政府）而言，消费者的力量过于分散，因此无法得到公平的地位。第二，市场经营中的信息非对称性，使得消费者经常上当受骗。消费者虽然具有自主选择商品的权利，但无论从信息的获得还是信息的处理能力角度来说，与生产者和经营者相比，消费者始终处于不利地位。一方面，生产者与经营者掌握着商品经营信息，为了使自己处于有利的地位，它们有时还会有意歪曲或封锁要传递给消费者的信息。另一方面，它们拥有完备的市场信息收集和处理系统，而消费者只有依据大众传媒等极少数渠道才能获得有限的信息。因此，消费者在市场上始终处于弱势地位。这样，消费者的权益自然易于遭到破坏。

5. 消费者的自我保护意识与能力薄弱

消费者的自我保护意识与能力薄弱是造成消费者权益受损的重要原因，因此，提高消费者的素质是实现消费者权益的重要途径。由于历史和现实的原因，我国消费者的自我保护意识和保护能力比较薄弱。传统上，我国的消费者在遇到麻烦时往往采取"息事宁人"或"自认倒霉"的态度。这种观念在市场上的表现就是，当消费者权益受到侵害后，他们常常不采取抗争的方式去保护自己的正当权益，更不愿意诉诸法庭，而是一味忍让。可以说，这是助长不法生产者与经营者敢于侵害消费者权益的重要原因。从现实方面来看，由于现代科技水平迅速发展，一些消费者缺少与之相应的教育，在一些科技含量高的商品面前，缺少必要的认识、选择和鉴别的能力。甚至当自己的正当权益受到侵害时，一些消费者还意识不到这种侵害。这也助长了不法生产者与经营者的非法行为。

四、保护消费者权益的途径

为了更好地促进我国市场经济的发展，建立良好的市场流通秩序，必须重视消费者权益的保护。作为商品流通的主要组织者与经营者，商业部门应该率先起到表率作用。从总体上来看，结合我国的国情，主要应采取如下措施来保护消费者的权益：

（一）大力发展市场经济，加快国内统一市场的建设

如前所述，市场发育不健全、流通秩序混乱是我国消费者权益受损的主要原因，因此，必须大力发展我国的市场经济，生产出更加丰富多彩的消费品。这是保护消费者权益的物质基础，因为只有消费品和服务的供给数量充足，品种多样，质量有保证，才能满足消费

者多样化的需求，才能使消费者有一个充分自由选择的空间，才能使其有较为平等的机会享有正当的权益。同时，要加快国内统一市场的建设，彻底打破地方保护主义，建立良好的市场流通秩序，充分发挥市场机制的作用，使生产者与经营者能够自觉维护消费者的权益。

（二）生产者与经营者要树立正确的市场意识，加强职业道德建设和增强社会责任感

随着我国市场经济的发展，消费者权益保护意识的增强，国内的生产者与经营者必须树立正确的市场意识，其中之一就是要树立消费者至上的思想，开展生产与经营活动要以消费者为中心。同时，要加强职业道德的建设，树立良好的企业形象，不做损害消费者权益的事情。实践证明，只有以消费者为中心，将消费者真正视为"上帝"，真正为消费者服务，才能在市场竞争中立于不败之地。

（三）建立健全法律、法规体系，加大执法力度，切实保护消费者权益

从某种程度上来讲，市场经济就是法治经济。任何一种经济行为，都离不开法律、法规的保护和监督。同样，要保护消费者的权益，也必须借助相应的法律、法规来实现。从我国目前的情况来看，要注意做好以下几点：第一，要加快法律、法规的建设，尤其是要对一些已经颁布实施的法律、法规制定相应的配套实施细则。第二，要加强法制宣传，支持消费者协会开展工作，建立投诉服务机制以及调解、仲裁机构，为消费者权益的保护提供便利。第三，健全司法制度，加强对消费者的法律保护；健全民事赔偿制度，方便消费者诉讼；健全刑事责任追究制度，追究生产者、经营者及直接责任人的刑事责任，这是保护消费者权益的重要手段。第四，建立健全执法责任制，防止以罚代刑，徇私舞弊，坚决查处有法不依、执法不严、违法不究以及滥用职权的现象，加大执法力度，对违法者进行严厉的惩罚和制裁。

（四）建立健全行政保护，加强社会舆论监督

行政机关是立法机关的执行机构，依据法律、法规完成国家规定事务的组织管理工作，其中，工商、物价、技术监督、商检、卫生、环保等行政管理机构与消费者的关系最为密切。因此，必须加强这些职能部门的建设，使其各司其职、各负其责，这样才能对生产者与经营者形成强有力的约束，使其合法生产与经营。同时，还要建立健全消费者的社会保护体系，加强社会监督。其中主要包括发挥社会组织、新闻舆论和广大消费者的监督作用。在社会组织方面，主要发挥消费者协会的社会监督作用；在新闻舆论方面，主要发挥电视、

广播、报纸等传媒对不法生产者与经营者的监督作用；就消费者自身而言，每一个消费者都应主动拿起法律武器，借助社会力量，自觉地、积极地保护自身的权益。

（五）加强教育，提高消费者素质

如前所述，消费者权益受到侵害，一个很重要的原因是消费者自身素质不高。随着社会经济的发展，消费水平在不断提高，为了切实保护消费者的权益，必须大力提高消费者自身的素质。为此，必须加强教育，尤其是消费教育。当今世界上许多国家，尤其是发达国家，其消费教育已经形成了制度。消费教育是一个系统工程，应该引起政府部门、工商行政部门、工商企业、消费者组织、教育机构等各方面的重视，也应该由各方面来齐抓共管。政府部门要通过制定政策推动消费教育活动的开展，也可以设立一些专门机构负责这一方面的工作；工商行政部门要加强对市场的管理，定期发布商品信息，同时加强对市场上商品的监管，发布监管信息，让消费者尽可能快、尽可能多地了解有关信息；工商企业要通过广告媒体、产品说明书等，向消费者提供真实的商品信息、消费方法、注意事项等，有效地引导消费；消费者协会要努力宣传消费者权益保护的各种政策、法规。当然，要提高消费者素质，学校教育的作用不容忽视。有条件的学校，可以开设消费知识、消费经济方面的课程，培养国民树立正确的消费观，养成科学合理的消费习惯，增强保护消费者权益的意识，以推动我国市场经济的发展。

第四节　商业与消费引导

商业与消费的关系表明，商业的一大责任就是合理引导消费，如何做到这一点就成为现代商业经营的重要内容。

一、消费引导的含义与必要性

（一）消费引导的含义

消费引导是指政府、经营者以及其他社会组织采用经济、行政、舆论和法律的手段，对消费者进行消费教育，对其消费行为加以科学指导，使其消费行为合理化与科学化，以实现预期的消费目标。从消费引导的主体来看，消费引导主要包括三方面的内容：一是政府从宏观上有计划地调控消费者的消费行为，影响消费者的消费观念；二是生产者生产和销售有关商品和服务时，要对消费者的消费内容和消费观进行引导；三是商业经营者通过组织商品流通对消费者的消费观和消费行为进行引导。

（二）消费引导的必要性

之所以要对消费者的消费观和消费行为进行引导，主要是因为以下两方面的原因：

1. 社会上存在着很多不合理的消费观和不当的消费行为

不合理的消费观主要表现为盲目攀比、及时行乐等。不当的消费行为是指与消费者个人收入不相称、与社会道德规范和科学消费相违背的不合理、不科学、不文明的消费行为。这些消费行为主要包括：

（1）盲目消费行为

这集中反映在抢购消费行为和情绪化消费行为上。抢购消费行为是由于消费者担心所需商品购买困难而引发的一种失去消费计划的盲目购物行为。这种消费行为主要在商品供给短缺时发生，主要表现为涨价抢购、节日抢购和凑热闹抢购。情绪化消费行为是由于一时冲动做出缺乏理性的购买商品行为。这种消费行为既可能源于消费者个人的情绪冲动，也可能源于外在广告宣传的诱惑、商品本身的吸引力或者富有感染力的商品促销等。

（2）无序消费行为

著名心理学家马斯洛在总结人们的消费行为后得出，人们正常的消费行为是一个由低到高的渐进过程，即由满足生理需要向满足安全、归属、尊重、认识和审美、自我实现等的需要演进。但在现实生活中，由于有的消费者缺乏健康的消费心理，在基本消费尚未满足的情况下，就盲目攀比或追求高消费，从而出现无序消费行为。主要表现为：一是攀比消费行为。这是一种由好胜心理引发的无序消费行为。有的消费者出于好胜，别人有的，自己一定得有，甚至别人没有的，也想拥有。于是无视自身收入状况，也不论自己是否需要，盲目攀比购买。二是追求高消费。这是一种不顾经济条件而盲目购买高档消费品的消费行为。一些消费者为享受高档消费，超出个人支付能力、盲目地购买高档消费品，从而带来生活消费的无序状态。

（3）畸形消费行为

是指由于缺乏科学知识和文明意识而出现的一种消费行为。如有的人搞封建迷信、求神算卦以及吸毒、赌博等行为就属于这一类。因此，有必要加强消费引导，使全社会的消费走上一条科学、合理、健康的轨道。

2. 帮助消费者顺利地实现消费

消费者因某种需要产生了购买愿望，有时能够顺利地实现购买行为，有时却不能实现预期的购买行为，甚至会出现拒绝行为。为了促使消费者的购买愿望变为购买行为，或者让消费者的拒绝行为变为接受行为，有必要对其加以引导。

二、商业经营中消费引导的原则与方法

商业经营中，为了加强对消费的引导，应遵守下列两大原则：

（一）促进消费效果改善的原则

消费效果的改善意味着消费者消费方式的进步和消费结构的日趋合理，可以使消费者在等量消费实物和享受服务后实际获得更好的满足。为了促进消费者的消费效果，首先，要引导人们改进消费方式。充分利用科学、合理的消费方式，争取在最小消费投入上获得最大的消费效果，提高对消费品的利用程度。其次，引导人们调整消费结构，使其消费结构趋向合理化。

（二）促进文明、健康、科学消费的原则

文明、健康、科学的消费行为，是人们消费质量提高的重要体现，是社会进步的重要标志。文明消费反映的是人们物质生活与精神生活的协调发展，具有较强的现代消费特性；健康消费反映的是人们在正确人生观、价值观指导下所进行的积极向上的生活方式；科学消费反映的是在科学知识指导下所进行的对消费资料具有较高利用程度的生活方式。人们的消费方式一方面受一定的消费观的支配，消费者的人生观、价值观又直接影响着消费者的消费观，进而影响着消费者的消费偏好，以及对消费对象的不同追求；另一方面，消费者的文化水平、技术水平也在影响着消费者的消费行为，决定着消费者的消费能力和消费层次。一般情况下，文化水平较高的消费者，具有较强的消费能力，在消费实物商品和享受服务时，能表现出较高的文化修养，对低级、愚昧、不讲科学的消费方式具有较强的抵制、防御能力。为了促进文明、健康、科学的消费，首先，要引导人们更新消费观，要用科学的价值观指导消费者；其次，要加强对人们消费行为的引导，向消费者普及科学知识，引导消费者掌握科学的消费方法，增强消费能力；第三，合理地组织货源，使消费者能够购买到自己所需要的商品。

第六章 现代商品流通体系与交易方式

第一节 现代商品流通体系概述

一、现代商品流通体系概念的界定

从世界各国的历史发展进程和事实来看，虽然世界各国商品经济和商品流通体系建立的时间和发展水平不同，但都是建立在以农业经济为主的经济基础之上的。这时的商品流通在范围、内容和规模方面呈现出"小、少、散"的状态和特点，相应的商品流通体系在构成内容、相互关系、运行方式、涉及的领域等方面都比较简单。因此，这一历史时期的商品流通体系一般属于不发达商品经济条件下的商品流通体系，不能称为"现代商品流通体系"。

另外，在实行或者曾经实行过计划经济体制的国家中，虽然也建立了工业化的社会生产体系，但是整个国家的经济运行体系是被严格的计划所控制，因而各行业、各企业、各生产经营主体之间的经济交往不可能完全按照商品交换的原则、要求和形式来进行，不可能形成发达的、真正意义上的现代商品流通，也就不可能产生和建立真正意义上的现代商品流通体系。因此，在计划经济向市场经济体制转型的国家中，由于原来适应计划经济运行体制要求的流通体系已经不符合市场经济运行体制的要求，必须进行全面的经济改革，建立和完善新的、适应市场经济运行体制要求的商品流通体系。

二、现代商品流通体系的构成

一般来说，现代商品流通体系主要由五大部分构成：商品流通体制、商品流通企业、商品流通渠道与环节、商品交易市场、商品流通基础设施与技术。这五方面相辅相成，共同构成了完整的现代商品流通体系。其中，"商品流通体制"主要包括与一个国家或者地区的市场经济运行体制相适应的、有关商品流通的管理制度、管理机构、相关法规和政策等。"商品流通企业"是指专门从事商品买卖与商品流通的企业或者经济实体。"商品流通渠道与环节"是指一个国家或者地区所具备的批发、直销、零售、网络交易等交易环节体系，以及商品通过这些交易环节到达消费领域构成的复杂的运行轨迹的总和。"商品交易市场"是现货市场、期货市场、商品市场、资本市场、技术市场、劳动力市场等各类市场的总和。"商品流通基础设施与技术"是指支持商品在运输、装卸、仓储、保管、销售等业务活动过程中道路、交通、通信、工具、设备、技术、信息传递方式等的总和。

三、现代商品流通体系的运行要求

在当代世界各个市场经济国家中，虽然都建立了比较完善的商品流通体系，但由于国情和经济发展程度等因素的不同，各国商品流通体系的具体内容和要求有所差别。无论这些差别有多大，只要是建立在工业化基础和较发达的市场经济体制环境中的商品流通体系，该商品流通体系必须体现以下四方面的运行要求：

（一）商品交易的等价交换要求

我们在经济学的基本原理中已经得知，不同物理、化学性质的商品之间之所以能够进行交换，是由以商品使用价值为载体的商品的价值量来进行比较和交易的。正如马克思所讲："交换规律只要求彼此出让的商品的交换价值相等。"即所谓的等价交换。虽然关于商品的"价值"和"价值量"的形成在学术界还存在以马克思的经济理论为代表的"劳动价值论"和以西方经济学理论为代表的"效用价值论"的争论，但是在商品交换过程中，必须体现等价交换的内在要求。如果等价交换的内在要求没有得到普遍的实现，商品交换关系就维持不下去，商品流通也不可能顺利进行。在商品流通过程中，必须全面贯彻等价交换的要求。

我们在建立和完善商品流通体制时，在商品流通的制度、法规和政策等方面必须能够体现和反映商品交换和流通过程中的"等价交换"要求，使商品流通体系具有"保护"和"实现"商品交换过程中"等价交换"要求的作用和功能。

（二）商品交易的自愿让渡要求

所谓商品交易的"自愿让渡"要求，是指商品在进行交换时，交易双方必须在完全自主、自愿的情况下选择交易对象和交易方式，决定交易价格，完成交易行为，绝不能在超经济力量的干预下强买强卖。

(三)商品交易的公平竞争要求

在现代商品流通体系中,充分反映商品交易的"公平竞争"要求的意义主要有以下两方面:

第一,在商品交易过程中,一般都会大量存在同类商品的不同生产者和经营者,这些商品生产者和经营者的商品必然会在质量、功能、成本、服务等方面存在差别,这些差别只有在公平竞争的环境中,通过买卖的自由选择过程、交易价格的博弈过程等方式充分体现出来,真正实现商品交易与流通过程的优胜劣汰,从而不断推进生产的商品质量、品种、款式、花色、服务、生产经营的成本与效率、服务质量等方面的不断提升、改进、创新和完善。

第二,在社会化大生产条件下,商品供给与需求之间的平衡关系只有通过市场交易过程才能够间接地反映出来。正如马克思所讲:"只有通过竞争的波动,从而通过商品价格的波动,商品生产的价值规律才能得到贯彻,社会必要劳动时间决定商品价值这一点才能成为现实。"在公平竞争条件下,交易价格波动能够比较真实地反映商品供给与需求的动态关系,从而达到有效地调节供给与需求的目的。

(四)商品的自由流通要求

在现代商品流通体系中,要充分体现商品自由流通要求的意义在于:

第一,商品的自由流通是保障商品等价交换、自愿让渡、平等竞争能够实现的前提,如果存在市场壁垒、条块分割、渠道不畅,就很难在真正意义上实现等价交换、自愿让渡和平等竞争。

第二,只有实现商品的自由流通,不同地区的同类商品才能在市场上进行比较,全社会范围内各类商品的供给与需求才能充分地"见面",价值规律对商品生产与经营的调节和制约作用才能得到充分的发挥。

因此,现代商品流通体系必须保证商品流通的自由性和畅通性。

第二节　我国商品流通体系的地位与内容

一、我国商品流通体系的性质与地位

（一）我国商品流通体系的性质

在我国计划经济体制下和市场经济体制下，"商品流通体系"的性质是完全不同的，充分认识这一点，对进一步改革和完善我国社会主义市场经济体制下的商品流通体系，具有十分重要的实现意义。

在计划经济体制条件下，国家为了保持国民经济运行的计划性，必须通过严格的计划生产、计划分配、计划流通与计划消费来实现。其中，"计划流通"只是国家为了保证和实现国民经济有计划运行的"工具"。因此，计划商品流通体系的设计完全体现了计划经济体制的"计划性"这一本质要求，是为计划经济运行方式服务的。计划流通的主要功能和任务是，按计划接收或者收购生产领域生产出来的产品（包括工业产品和农业产品），并按计划完成商品的流通过程与销售任务，即所谓的"统购统销"与"统购包销"。

我国进行市场经济体制改革之后，原来通过计划实现供求平衡的管理体制和运行机制也随之逐步消除，取而代之的是通过"市场过程"来解决国民经济运行过程中复杂的、动态的供求关系的大致平衡问题，这时的商品流通已不是计划流通的工具了，商品流通已逐步成为"市场过程"中一个必不可少的有机构成因素。换言之，联系供求双方的"市场过程"实际上就是供求双方在市场上自主寻求交易对象、谈判交易内容、组织商品运输、实施商品交换的总和。如果没有"商品流通过程"，也就没有"市场过程"。这时的商品流通体系，在制度设计、管理方式、政策法规和企业运行四方面，必须能够充分反映市场经济体制"通过市场过程配置资源"的本质要求，必须能够充分体现市场交易过程中开放、自主、通畅、公平、竞争、效率、效益的特征和要求。

（二）我国商品流通体系的地位

在我国社会主义市场经济体制条件下，商品流通体系的地位是十分重要的。首先，商品流通体系是市场经济体制的重要构成因素之一。所谓"市场经济体制"，简言之，就

是"通过市场配置资源"的体制。在这个体制内,如果没有保证整个国民经济各种复杂的供求关系能够通过"市场过程"来联系的体系,"通过市场配置资源"就是空话,市场经济体制的建设也不可能完善。这个"市场过程"与"商品流通过程"实际上是相互关联的两方面。没有"市场过程","商品流通过程"便失去了方向和动力;没有"商品流通过程","市场过程"也就不可能充分体现。因此,商品流通体系的改革与建设是关系我国整个社会主义市场经济体制改革与建设能否不断完善与发展的重要方面。

其次,商品流通体系是衔接供求关系,实现市场配置资源,保持国民经济平衡运行的必不可少的调节与运行体系。大量的历史实践已经证明,计划经济的方法无法有效地解决整个国民经济运行过程中复杂、动态的供求平衡问题。只有在市场经济体制框架内,通过"以市场调节为主,计划调节为辅"的方法才能够基本解决整个国民经济运行过程中复杂、动态、长期的大致平衡问题,而且通过"市场过程"达到的平衡是高效率、高效益的平衡。前面已经分析过,商品流通是连接市场供求关系必不可少的环节和过程。因此,符合我国市场经济体制要求的商品流通体系是在社会主义市场经济体制条件下,实现全社会复杂、动态、长期的供给与需求大致平衡的重要体系之一。建设与完善我国市场经济体制要求的商品流通体系,也是我国流通领域改革的重要任务之一。

二、我国商品流通体系的构成

我国商品流通体系是市场经济体制与运行体系的重要构成部分。我国商品流通体系主要是由商品流通体制、商品流通企业、商品流通渠道与环节、商品交易市场、商品流通基础设施与技术构成的。这五方面相辅相成,共同构建了商品流通的有机运行体系。下面分别对这五方面进行详细讲述。

(一)商品流通体制

1. 商品流通体制的概念

由于各国的经济体制和国情不同,商品流通体制的内容与特征也不相同。我国商品流通体制是指完全符合和充分反映我国社会主义市场经济体制与运行机制本质要求的,由与商品流通相关的制度、法规、政府管理与企业经营四大因素共同构成的特定的总体运行模式。其中,"商品流通制度"是指政府管理商品流通的职能、权力、范围和机构设置等。"政府管理方法"是指在商品流通制度框架内,政府的相关管理职能部门(商务行政管理、工商管理、物价管理等)运用制度所赋予的权力实施管理的范围、内容和方式。"商品流通法规"是指国家颁布的相关法规,如《公司法》《合同法》《反不正当竞争法》《商标法》《广告法》《价格法》《消费者权益保护法》等；"企业经营"是指允许商品流通企业经营的范围、权利和方式等。

商品流通体制取决于不同的经济体制和不同的国情。计划经济体制下的商品流通体制与市场经济体制下的商品流通体制在本质和特征上存在巨大差异。同样是市场经济体制，不同国家的国情又决定了，在商品流通体制本质相同的情况下，具体内容和操作方法等方面也存在差异。

我国商品流通体制改革不仅要充分反映市场经济体制与运行机制的本质要求，而且要在学习和借鉴发达市场经济国家的基础上，充分考虑和反映我国的国情，才能够使符合我国社会主义市场经济体制本质要求的新型商品流通体制不断完善。

2. 商品流通体系与商品流通体制的关系

商品流通体制是构成商品流通体系的一个十分重要的框架性、制度性因素。商品流通体制决定了商品流通体系的性质和特征。但是，商品流通体制不能替代商品流通体系。要构成一个完整的商品流通体系，还必须具备前面提到的商品流通渠道和环节、商品交易市场、商品流通企业、商品流通的基础设施和技术诸因素。

另外，我国的商品流通体系是构成社会主义市场经济体制与运行机制的重要组成部分。在我国社会主义市场经济体制改革与建设过程中，一个不断完善的商品流通体系，对建设和不断完善我国市场经济体制与运行机制具有十分重要的作用。

（二）商品流通企业

商品流通企业是指在商品流通体制下从事商品流通经营业务的各类企业。我国商品流通企业的类型很多。按流通环节划分，有批发企业和零售企业；按企业的组织模式划分，有单店企业、连锁经营企业、商业企业集团等；按经营内容划分，有专门经营商品购销业务的企业和专门从事商品储运业务的企业等；按企业资产性质划分，有国有企业、股份制企业、私营企业、外资企业等。

（三）商品流通渠道与环节

商品流通渠道与环节是指商品流通企业在组织商品流通时所选择的各种流通路线与过程。商品流通渠道与环节在不同的经济体制条件下，以及在同类经济体制但国情不同的条件下，有很大的区别。因此，在研究、构建与管理商品流通渠道与环节时，不仅要充分反映既定商品流通体制的本质要求，也要充分反映国情或者其他具体情况的特点与要求，要达到有效承载和促进商品流通高效运行的目的。

（四）商品交易市场

商品交易市场是指商品流通企业在经营商品流通时，联系"生产与销售""供给与需求"所依赖的场所。这个场所可能是实实在在的"商品交换的场所"，如各类批发市场、集贸市场、零售市场等；也可能是没有具体商品交换场所的"虚拟市场"，例如，通过网络等现代科学技术进行交易的"虚拟市场"。

（五）商品流通基础设施与技术

商品流通基础设施与技术是指商品流通企业在组织和经营商品流通时，必须使用的道路、车站、码头、车辆、仓库、工具、设备等。商品流通基础设施与技术虽然不能够决定商品流通体制的性质、特征和内容，但其技术水平和管理水平的高低对商品流通体系的运行效率、能力、规模都有着关键性的影响。

现代商品流通基础设施与技术的发展水平和应用水平已经成为体现一个国家综合国力和劳动生产力水平的重要方面，甚至某些现代科学技术的运用会直接影响和改变传统的商品流通方式，形成新的商品流通方式。"商品流通现代化"的建设也是我国商品流通建设与发展的重要工作。

三、我国商品流通体系的改革与发展

（一）我国计划经济条件下商品流通体系简介

我国计划经济条件下商品流通体系主要由五大因素构成，即商品流通管理机构、商品流通管理制度、商品流通企业、商品流通渠道与环节、商品流通基础设施与工具。其中，"商品流通管理机构"的主要内容是，我国将商品流通分为"外贸"（专门承担国际贸易业务）、"商业"（主要承担城市生活资料的流通与经营）、"物资"（专门承担生产资料的流通业务）和"供销合作社"（主要承担农村生活资料和部分农业生产资料的流通和经营业务，以及部分农副产品的收购业务）等管理部门和机构，将商品流通分成"条条块块"进行严格的管理。"商品流通管理制度"主要是指政府制订了十分严格的计划，对商品流通的全过程实行严格的计划管理。相应地，政府各级物价管理部门制定了整个流通过程和环节（出厂价、批发价、零售价等）的价格水平，各流通企业必须严格执行，没有任何自主决策价格的权力。"商品流通企业"基本上是由国有企业和集体企业构成的公有制流通企业"一统天下"，不允许非公有制流通企业经营商品流通业务。这些公有制流通企业在相应领域的流通管理部门的严格管理下从事商品流通业务。"商品流通渠道与环节"

是指在各级政府流通管理部门的严格计划管理下，由不同商品流通企业分别承担不同商品流通环节（收购、调拨、批发、零售等）的业务，构成固定的商品流通渠道。"商品流通基础设施与工具"主要是指道路、车站、码头、运输工具、仓储与保管设施、机械设备、通信设备等。在我国计划经济条件下，当时的商品流通基础设施与工具的总体科技应用水平比较低，应用范围也比较窄，工具的种类也比较少。

这里要说明的是，在我国计划商品流通体系的构成因素中，实际上没有"市场因素"。这是因为，我国计划商品流通体系是在严格的计划管理机构和制度的管理之下运行的，供给与需求、生产与销售基本不通过"市场过程"而是通过"计划流通"来实现。

（二）我国商品流通体系的改革与建设

在我国社会主义市场经济体制改革与建设过程中，对原计划商品流通体系进行了全面的改革，初步形成了符合我国社会主义市场经济体制要求的新型商品流通体系。我国商品流通体系改革与建设的主要内容如下：

1. 商品流通的管理体制和管理制度的改革。

打破了原来的严格计划商业管理模式，逐步撤销了原来的内贸、外贸、商业、物资等计划流通管理部门，合并为统一的商务行政管理部门；打破了原来内贸与外贸分开、商业（专门经营生活资料）与物资（专门经营生产资料）分开、城市商业与农村商业领域分开的"条块分割、市场壁垒"商品流通体制，形成了"城市与农村之间通开""领域和部门之间通开""地区之间通开"的全国性的、开放的大市场和商品流通环境。

目前，我国除了极少数关系国计民生的特殊商品还由相应的政府管理部门管理之外，各级政府的商务管理部门不再直接管理商品流通企业的具体业务，政府的商务管理部门主要承担有关商品流通制度与政策的建设与制定、宏观的间接管理与调控以及指导性、服务性的支持工作等。

2. 商品流通企业的改革。

第一，打破了由公有制商品流通企业"一统天下"的局面，允许国有企业、集体企业、私营企业、个体经营者、外资企业、股份制企业等在我国有关政策法规的约束下，进入商品流通领域从事商品经营活动，形成了多种所有制商品流通企业并存的局面。

第二，商品流通企业建立了自主经营、自负盈亏的经营机制。我国已经基本取消了对商品流通企业经营内容、行业、领域和环节的限制。任何商品流通企业，只要经过国家各级工商管理部门的注册认可，便可以依法自主从事经营活动。商品流通企业可以自主跨地区、跨行业、跨环节经营；可以自主选择批发与零售；可以自主选择进货渠道；可以自主选择经营业态、经营内容和经营方式；可以自主选择和进入不同市场；可以自主决定采购、定价、储运、销售等业务。当然，商品流通企业的经营风险与盈亏也全部由自己承担。

第三，从商品流通企业的组织与经营方式来看，突破了计划经济体制下单一的商品交易方式，初步形成了多元化的经营方式。例如，从商品流通企业的组织形式来看，我国已形成了单店经营、总店分店经营、连锁经营、商业集团等多种组织形式。从经营方式来看，我国商品流通企业已开展了诸如批发与零售、互联网交易、代理经营、展销、企业直销、拍卖交易、信用交易、信托交易、租赁交易等多种经营方式。

第四，商品流通渠道与环节的改革。打破了原来在严格的"环节固定、地区固定、价格固定"管理模式下构成的"三固定"的商品流通渠道模式。商品流通企业可以根据市场供求与竞争情况，自主决策商品流通的流向、流量、所经过的环节、购销价格等，初步建立了开放、自主、灵活、高效、网络化的新型流通渠道。

第五，商品交易市场体系建设。我国社会主义市场经济体制改革使绝大多数商品的"生产与销售""供给与需求"的衔接都要通过"市场过程"来完成。我国从开放少量的生活资料市场开始，逐步进行各类市场的开放和市场体制的建设，到目前为止，我国已初步建立了内容与结构都比较完善的市场体系（关于市场体系的具体内容，将在后面的章节专门讲解），基本上满足了我国在市场经济体制下国民经济的运行要求。

第六，商品流通管理与调控手段的改革。随着原有计划商品流通管理机构和管理制度的撤销以及市场体系的初步建立，有关商品流通的法律法规不断健全，我国已初步建立了以经济规律的调节力量为主，以行政的调节力量为辅，以法制化的规范管理与监督为手段的商品流通管理与调控机制。

（三）我国商品流通体系改革与发展的方向

我国商品流通体系的改革与建设虽然取得了很大的成绩，已初步形成了符合社会主义市场经济体制要求的商品流通体系，但是仍存在许多不完善之处，还要在今后的改革过程中不断地探索与完善。从理论界的主流观点和实际运行情况来看，我国商品流通体系今后的改革方向或者重点大致如下：

第一，进一步健全和完善商品流通体制，使商品流通体制能够在市场优化资源配置的过程中充分发挥"流通要素"的作用。进一步健全和完善商品流通体制的改革主要包括以下两方面的内容：一是要进一步深化我国商品流通体制的改革，形成更适合商品流通运行的体制环境。二是要培育、扶持和促进我国新型流通组织与流通方式创新与发展，形成符合市场经济体制要求、符合现代化流通规模与结构、适应国际化商品流通特点、在流通效率上要求更高的新的商品流通体系。

第二，要在制度、法律和管理上，进一步消除我国在商品流通过程中的地区封锁、市场割裂、地方保护主义和市场垄断行为，形成更加开放、统一、公平与充分竞争的市场环境与秩序，保障各种经济要素在全国范围内的高效与自由流通。另外，在与国际市场的融合度越来越高的形势下，我们还要进一步探索能够与国际惯例接轨的商品流通管理体系、商品流通组织和商品流通企业。

第三，进一步提高我国商品流通企业的活力、规模和市场竞争力，这对我国经济的发展具有以下三方面的重要意义。一是流通产业已经成为我国国民经济运行体系中一个十分重要的产业，特别是在许多大城市中，流通产业已经成为其支柱产业，因此，提高商品流通企业的活力、规模和市场竞争力，对推动国民经济的发展具有十分重要的作用。二是我国已经是世界贸易组织（WTO）的成员，国外大型商品流通企业已经全面进入我国，客观上存在我国内资商品流通企业在国内市场与国外实力强大的外资企业进行市场竞争的事实，内资商品流通企业今后不仅要在国内与外资企业"同台竞争"，还要积极地"走出国门"，参与国际竞争，寻求更大的市场发展空间。因此，我国内资商品流通企业必须不断地提高自身的市场竞争能力和发展能力。三是由于我国商品流通产业在国民经济中所占的比重越来越大，我国商品流通企业的不断壮大与发展对促进国民生产、引导消费、吸纳大量的劳动力具有十分积极的作用。

第三节　商品流通体系中的市场

一、"市场"与"商品流通"的关系

"市场"与"商品流通"是经济运行过程中相互依存、相互联系的两个有机组成部分。两者之间的关系如下：

首先，"市场"是生产与销售双方、供给与需求双方相互联系、沟通、谈判、达成交易所必须经过的"场所"或者"过程"的总和，即交易的"市场过程"。有了这个寻找交易对象、达成交易的"市场过程"，就确定了商品流通的目标、流向和规模。因此，交易的"市场过程"是商品流通的前提与指向，没有"市场过程"，商品流通便无法确立流通的目标、流向与规模。

其次，在现代市场经济的交易环境中，交易的对象、范围、领域、距离、时间等都已经达到相当复杂的程度，如果只有寻找交易对象、达成商品交易的"市场过程"，而没有商品的流通过程，那么交换双方便无法克服和消除在商品交换过程中，交易的"范围、领域、空间、时间"等方面存在的各种矛盾，商品交换的目的——实现商品价值与使用价值的相互转化，也就无法实现，交易双方追求经济利益的目的也无法达到。只有依靠商品流通过程，才能够将交易双方在"市场过程"中达成的交易"协议"最终变成交易事实。因此，"商品流通过程"是市场交易得以最终实现的必不可少的环节和保证。

二、市场的概念

市场的概念包括狭义和广义两方面。

狭义的市场是指商品交换的场所。我国市场经济体制下"商品交换场所"的主要表现形式有批发市场、集贸市场、商业街、零售市场等。有些学者将这类市场统称为"有形市场"。

广义的市场是指在市场经济体制下，通过市场交易关系来联系的全社会商品交换关系的总和。我们应该从以下三方面来理解这种"商品交换关系的总和"：

一是在现代科学技术的支持下，计算机与网络交易方式、电子通信交易方式等形成了承载商品交换关系的"无形市场"，替代了许多"有形市场"来完成商品交换过程。

二是在发达的市场经济条件下，"商品交换关系"已经不仅直接表现为"货币—商品"之间的交换，还以更加复杂、抽象、间接的方式表现出来，如期货交易、股票交易等。

三是在我国社会主义市场经济体制环境中，绝大多数商品必须通过"商品交换关系"来实现价值与使用价值的"转化"。而这种转化过程，无论是通过"有形市场"来实现，还是通过"无形市场"来实现，都是交易双方自主、自愿地寻找交易"对方"的过程，这个过程只有通过"市场过程"的途径来实现。这种"市场过程"所涉及的商品交换关系是极为复杂、广泛和深入的，几乎涉及了生产生活的各个层面和角落。

三、市场的特征

这里的"市场"是"市场一般"的概念。这个"市场一般"可以是一个商品交换的场所的市场，可以是某一类商品市场，也可以是一个经济区域内的市场总和。

一般来讲，发育较完善的市场应该具备以下四方面的特征：

（一）开放性

所谓开放性，包括两层含义，一是市场范围不是封闭的，区域之间、部门之间、行业之间、企业之间、产销之间、城乡之间甚至国与国之间的商品流通与市场交易都是在相关"法规"的约束下开放的、畅通的；二是进入与退出市场交易与从事商品流通的企业应该是在相关法规的约束下自主、自愿的，不应存在不合理的排斥、垄断、壁垒、保护等障碍。

（二）竞争性

所谓竞争性，就是指在有关市场经营与竞争法规的约束下，在市场经济规律的调节下，进入市场的各个经济主体之间为了占据经营优势和获取更多的利润，在价格、供求、货源、信息、技术、服务、经营方式等方面展开的合法、公开、公平的竞争。

（三）公平性

所谓公平性，就是指必须以科学、完善的法规、政策、管理规则等为准绳，以价值规律和竞争规律等市场经济规律为调节力量，以自主自愿交易为原则，以优胜劣汰为机制，构成市场交易环境。要尽可能地限制和避免以市场垄断、市场壁垒、地方保护、欺行霸市等非正常手段来取得市场竞争优势，获得不合理利润的现象存在。

（四）多元性

市场的多元性主要表现在以下三方面：一是企业性质的多元化。进入我国市场从事交易与商品流通业务的企业，应是国有企业、股份制企业、集体企业、私营企业、"三资"企业等多种经营主体并存的多元化结构。二是经营方式的多元化。在市场上从事交易与商品流通业务的企业应具有自主采取各种经营方式的权利。三是市场类型的多元化。市场类型应该是多样化的、结构比较完善的（包括生产资料市场、生活资料市场、农副产品市场、技术市场、资本市场、期货市场等）。

四、市场体系

（一）市场体系的概念与特征

1. 市场体系的概念

市场体系是指商品市场、现货市场、期货市场、资本市场、技术市场、劳动力市场、区域市场等不同种类、不同范围、不同性质的具体市场的构成，以及这些市场之间相互关联、相互影响的动态关系。

2. 市场体系的特征

一个发育完善的市场体系应具有以下两方面的特征:

(1) 体系化

所谓体系化,就是指从构成内容来看,包括生产资料市场、生活资料市场、资本市场、技术市场、劳动力市场等;从范围来看,包括地区市场、区域市场、全国市场、国际市场;从时间来看,包括现货市场、期货市场;从商品流通的环节来看,包括批发市场、零售市场等。这些市场构成了一个内容全面、结构合理、相互联系、相互影响的体系化的市场关系。

(2) 关联性

市场体系不是各类市场的简单相加,而是一个分工协作、相互关联、相互促进的有机整体。各个市场之间会在信息、价格、供求关系等方面相互影响、相互制约与相互促进,构成了一个复杂的相互关联的动态系统。

(二) 市场体系的结构

市场体系是一个多层次、多要素的集合体。市场体系的结构主要包括以下内容:

1. 市场体系的主体结构

这是指参与市场交易活动的各经济主体的所有制结构。在我国社会主义市场经济条件下,市场主体主要包括国有企业、股份制企业、集体企业、私营企业、"三资"企业和个体经营者等。

理论上讲,在我国社会主义市场经济体制下的商品流通领域中,已不坚持以国有商业或者以国有商业资本为主导的主体结构,政府也不能直接指定某类国有企业或者其他企业的地位和作用。各类不同性质的商品流通企业是在市场经济的平等竞争环境中并存发展的。各类不同性质的商品流通企业在商品流通领域中的经营地位,是在公平的市场竞争环境下,通过竞争自己争取的。只有极少数关系国计民生的商品或者特殊商品,由政府有关管理部门指定某些商品流通企业专营。

2. 市场体系的客体结构

这是指由不同种类的交易内容构成的不同种类的市场结构,主要包括商品市场、金融市场、劳动力市场、技术市场等有关市场的场所、管理机构和相应的基础设施。市场体系的客体结构的详细分类如下:

第一,按商品市场分类,主要包括生产资料市场和生活资料市场。生产资料市场是指满足企业生产消费所需的各类生产资料商品的交易市场。生活资料市场是指满足消费者生活所需的各类生活资料的交易市场。生产资料市场和生活资料市场又可再细分为诸多专业市场，如钢材市场、木材市场、水泥市场、服装市场、家电市场、文化用品市场等。

第二，按生产经营的要素分类，主要包括金融市场、劳动力市场、技术市场、信息市场、房地产市场和证券市场等。

金融市场是指专门为生产经营或者货币经营所需的黄金、货币和其他法定有价证券提供交易活动的场所。金融市场又可细分为货币资本市场、黄金市场、外汇市场、股票市场等。金融流通被称为支持国家经济运行的"血液"，是关系国民经济能否健康平稳运行的重要市场。

劳动力市场是指劳动力进行流通和交易的场所。劳动力市场是运用市场机制调节劳动力供求关系，实现劳动力资源合理配置的生产要素市场。我国劳动力市场可以大至分为以下三种类型的市场，第一类是不掌握高水平专业知识和专业劳动技能的一般劳动力市场。第二类是受过高等教育、具有高学历的知识型劳动力市场，以及掌握了专业操作技能的技术型劳动力市场；第三类是具有经营管理能力的"职业经理人"市场。

技术市场是指为存在于知识形态中的技术、专利、设计等技术商品提供交易的场所。我国技术市场发育得是否完善，关系到我国创新型国家战略能否顺利实施。与发达市场经济国家相比，我国的技术市场发育得还很不完善。其中，包括一些新知识、新技术还不能够高效率地通过技术市场转化为生产力或者产品；涉及知识产权领域的法律法规、管理等方面还存在不完善的方面；等等。这些都需要今后进一步改革与完善。

信息市场是指专门进行信息商品交易的场所。有理论认为，我们现在和今后的社会就是"信息社会"。信息市场细分的内容很多，其中包括经济、社会、科研、政治、文化、体育等。信息市场化已是发达市场经济国家不争的事实。我国信息市场也正在快速发展。

房地产市场是指专门为土地使用、房地产转让、出租等提供交易的场所。我国房地产市场存在一定的特殊性。一方面，市场经济的运行机制要求无论是农村还是城镇的任何土地，在生产经营与生活使用方面都应该市场化，依法进行土地的各类交易。另一方面，我国土地的所有权属于"国家所有"，无论是农村还是城镇中的个人、企业，理论上只有使用权，没有"所有权"。经过有关法律法规认可的"土地证""房产证"等只是理论上"虚拟"的土地所有权。因此，我国房地产市场的发展还有许多需要进一步研究和探索的问题。

第三，按交易所涉及的范围分类，包括地区性市场、区域性市场、全国性市场和国际市场。

第四，按商品流通的环节进行分类，包括批发市场和零售市场。

第五，按市场体系的空间结构分类，可分为农村市场、城市市场、不同地区市场等。由于我国地理环境、经济发展水平、道路交通基础设施等条件差别大，发展不平衡，使我国东部地区与西部地区、城市与农村等在市场发育水平以及市场特点等方面存在很大的差别。我国在出台相关政策、拓展相关市场时，要充分注意这些不同市场的差别。

第六，按交易的时间结构分类，可分为现货市场、远期合同市场和期货市场。现货市场在不同经济体制的国家和不同历史时期已经普遍存在。但是，在市场经济体制下，这三类市场是相辅相成、相互关联、缺一不可的。远期合同市场，特别是发育完善的期货市场，是市场经济运行机制是否完善的重要标志之一。其原因如下：第一，在市场经济复杂的产需与供求关系格局下，想让经济保持持久、平稳、大致平衡地运行，只有"一手交钱一手交货"的现货市场是不行的。现货市场只能反映当时的市场供求状况，不能反映将来较长时期的供求发展与变化状况，使政府和企业无法根据可靠的市场信息来判断和决策将来的政策、策略、生产与经营等。只有远期合同市场和期货市场得到充分的发育时，全社会相关商品的供求关系以及供求双方对市场的预期，才会通过远期合同市场和期货市场的交易价格充分地反映出来，使供求双方和政府能够通过这类市场的交易信息了解、判断相关商品的供求走势，决策将来的生产、经营、管理与政策等。第二，供求双方还可以利用远期合同市场和期货市场相关商品的合同交易方式来协调供求矛盾，调节供求关系，规避市场风险，对市场经济条件下保持供求关系的大致平衡运行具有十分重要的作用。

五、市场机制

（一）市场机制的概念

市场机制是指以完善的市场体系框架为基础，在价值规律的作用下，价格、供求、竞争、利润、利率、汇率、证券等因素之间相互影响、相互制约，对相应的市场经济活动起到的调节与制约作用。市场机制的作用是客观的、自发的，而不是主观的、人为的。

市场机制的产生及其作用的发挥要具备两个条件：一是要建立一套能够保证市场机制充分发挥作用的比较完善的相关制度与法规，这是规范政府、行业、企业的管理与经营行为，保证市场机制作用不受不合理的人为因素干扰的必需的政策法规环境。二是要建立一个发育完善的市场体系。市场体系是市场机制赖以产生的基本框架，没有发育完善的市场体系，便不可能建立反应灵敏、调节力量充分、有效的市场机制。

（二）市场机制调节商品流通的缺陷

市场机制的调节力量不是万能的，也不是完美无缺的。第一，对长远经济利益有效益、对眼前经济利益无效益，对全局经济利益有好处、对局部经济利益无好处的经济活动，市场机制的调节力量往往作用不大，甚至还起到相反的作用。第二，市场机制的调节方式往往导致经济运行较大的波动性，对稳定社会经济活动、节约社会资源、保持国民经济平稳持续地发展不利。第三，市场机制的调节力量对社会效益巨大而经济效益不大的内容基本上没有调节能力。因此，除了要充分发挥市场机制的第一调节作用之外，还要在尊重经济规律的基础上，充分发挥政府行政手段这一第二调节力量，以弥补市场机制调节力量的缺点与不足。政府运用行政手段调节经济活动的方式主要还是通过市场体系，将行政调控方式与市场机制的力量结合起来，才能达到较好效果。

商品流通过程也是依附在市场体系框架之中的，没有市场体系，商品流通过程也就难以实现，同样，商品流通的经济活动也是依靠市场机制的力量来调节和制约的。

六、市场体制、市场体系、流通体系与市场机制之间的关系

市场体制、市场体系、流通体系与市场机制之间的关系，是我国社会主义市场经济体制下，完善国民经济运行机制所必须构建好和处理好的重要关系，也是学习流通经济理论必须搞清楚的理论问题。

（一）市场体制与市场体系之间的关系

我国正在进行社会主义市场经济体制的改革与建设。市场经济体制的本质要求是，通过"市场"配置资源。或者说，国民经济运行过程中各类复杂的供求关系主要通过"市场"来衔接。如何在现实的运行过程中真正实现"市场"配置资源，或者连接供求关系？只有通过比较完善的市场体系才能实现。没有一个完善的市场体系，国民经济运行过程中复杂的资源配置关系与供求关系也就无法进行有效"对接"，完善的市场经济体制的建设也就无从体现。

（二）市场体系与流通体系之间的关系

前面已经分析过，我国商品流通体系主要是由商品流通体制、商品流通企业、商品流通渠道与环节、商品交易市场、商品流通基础设施与技术五方面构成。因此，从商品流通体系的角度来看，商品交易市场是商品流通体系必不可少的构成因素。

抛开"商品流通体系"不谈，只从"商品流通"与"市场"两者之间的关系来看，两者是经济运行过程中相互依存、相互联系的两个不同构成方面。进一步讲，"商品流通体系"与"市场体系"之间也是相互依存、相互联系的运行体系过程的两个不同构成方面。我们将"市场体系"与"流通体系"之间的关系具体表述如下：

首先,在现代发达的市场经济条件下,由于交易的内容和范围已经达到了相当复杂的程度,因此,必须有适应这些复杂交易内容与范围的"市场体系"来承担这些复杂交易的"市场过程"。有了以"市场体系"为基础的"市场过程",才能够为范围和内容方面都相当复杂的生产与销售双方、供给与需求双方提供相互联系、沟通、谈判、达成交易的"场所"或者"过程"。

其次,复杂的"市场体系"必然要求有能够与之相适应的"商品流通体系"来提供市场交易过程所必不可少的"流通过程"的保障。例如,适应复杂的"市场体系"要求的"商品流通体系"中必须有一套成熟的商品流通体制框架,必须有各类商品流通企业作为承担商品流通的主体,必须构建完善、高效的商品流通环节和渠道,必须有与商品流通规模的要求相适应的商品流通的基础设施等。

(三)市场体制、市场体系与市场机制之间的关系

市场体系是市场机制存在与发生作用的客观载体或存在的前提条件,没有市场体系,以价值规律为基础的市场机制也不可能存在。进一步讲,市场体系不完善,市场机制的调节力量和作用方式也不可能成熟。市场体系越完善,市场机制调节经济活动的灵敏性、关联性、调节力度和调节范围也就越强、越大、越完善。

市场机制是市场体系内各经济活动的内在的、自发的调节力量,没有市场机制调节力量的存在,市场体系就失去了保证其大致平衡发展的关键的内在调节与制约因素。

在我国社会主义市场经济体制下,要保持包括商品流通领域经济活动在内的整个国民经济活动的平衡稳定发展,首要的经济调节力量就是具有自发性特点的市场机制的调节力量。或者说,市场机制的调节力量是我国社会主义市场经济运行的第一调节方式。如果没有健全的市场体系和相应的市场机制力量的充分发挥,我国市场经济体制的资源配置方式也就不可能有效体现出来,市场经济体制的特点也就无从体现。

第四节　现货交易

一、现货交易的概念与构成

（一）现货交易的概念

现代市场经济条件下的现货交易已不仅是"一手交钱一手交货"的概念了，而是指在非期货市场、非远期合同市场、非证券交易市场、非资本市场上，交易双方在平等自愿的基础上进行当期的、现实的商品（期货交易、证券交易等都不是当期的、现实商品的交易）与货币的交易。常见的现货交易主要有以下三种类型：

第一，商品交易双方在同一时间、同一地点进行钱货交易同时交换"商品"或者"服务"的买卖行为。这种交易行为在零售环节和批发环节都可以采用：在零售环节，消费者（一般是商品的最终消费者）在商场、市场或者其他场合中，用货币、信用卡或者电子银行的结算方式购买现实商品或者服务的交易行为，称为现货交易。在批发环节，买卖双方在市场上用货币、信用卡或者电子银行的结算方式进行批量化现实商品交易的行为，也称为现货交易。

第二，包括先付款再交货、先交货再付款、分期付款、信用卡结算等交易方式在内的信用交易行为。例如，在网上零售交易过程中，一般采取购买方在网上购买商品，物流方送货到门之后，购买方确认商品没有问题时再由第三方给卖方付款的交易方式。

第三，包括拍卖交易、信托交易、租赁交易等在内的其他交易。交易的手段与方式不是一成不变的，也不是任意变化的，而是沿着一定的"轨迹"发展变化。

（二）现货交易的构成

人们的交易活动是在一定的交易方式下进行的。交易方式是人们在交易过程中公认的、通用的、规范的交易模式。交易方式由交易主体、联系途径、交易手段、交易规模、结算方式和交割程式六个因素组成。其中，交易主体是指参与交易活动的经济人或法人。联系途径是指交易双方或者多方寻找对方、沟通信息的具体方式，如是通过市场联系，还是通过中介人联系，还是通过通信工具联系等。交易手段是指交易者之间进行具体交易的方式，如谈判交易、竞争交易等。交易规模是指交易数量的多少或者批量的大小。结算方式是指交易双方约定的"算账"办法，如现金结算、分期付款、票据结算、易货结算等。交割程式是指储存、验货、送货、接收的具体过程和方式。

在现实的经济活动中，交易的目的、内容、范围、规模、空间、时间、频率等方面千差万别，为了适应这些复杂的情况，就必须有针对性地对交易的联系途径、交易手段、结算方式和交割程式进行选择，甚至对这些交易构成因素进行必要的改进、创新和演变。对交易因素的选择、改进、创新、演变、组合等的结果便构成了不同的交易方式，如批发交易、零售交易、期货交易、信托交易、代理交易等。

二、交易方式与商品流通企业之间的关系

（一）交易方式决定着商品流通企业的类型与组织结构

1. 交易方式决定了商品流通企业的类型

在现代市场经济条件下，由于交易方式在内容、范围和技术等方面的复杂性，使商品流通企业在经营类型方面必须不断地专业性细化，以适应越来越复杂的交易要求。

交易方式促使商品流通企业进行专业性细化发展的途径包括：一是促使商品流通企业的类型在商品流通过程和环节方面的专业性细化，例如，细化为批发业、代理业、储运业、零售业等类型；二是促使商品流通企业在经营内容分类方面的专业性细化，例如，在批发业中，细化为日用百货批发、小食品批发、体育用品批发、农副产品批发等类型；在零售业中，细化为百货、服装、家电、食品等类型；三是在经营业态方面，细化为超级市场、仓储店、专卖店、百货店等类型。

2. 交易方式决定了商品流通企业的组织结构

由于交易方式的规模、特性和市场竞争特点等的不同，迫使商品流通企业必须在组织结构方面不断地发展变化，以适应交易方式的这些特性。例如，当卖方之间竞争激烈且需要不断地扩大市场占有率时，可采取连锁经营的组织结构或者"总店—分店"的组织结构；当企业的经营内容较多且达到一定规模时，为了提高管理效率，可采取集团化的组织结构形式；当既需要扩大农副产品的市场销路又需要保障农副产品的供给时，可采取"公司＋农户"的组织结构；等等。

（二）先进的商品流通企业类型和组织结构也会促进交易方式的发展变化

一定的交易方式决定着相应的商品流通企业类型和组织结构，但是先进的商品流通

企业类型与组织结构也会促进交易方式的发展变化。例如，在传统的单店经营组织结构模式下，商品流通的典型过程是"生产企业—批发企业—零售企业"。但是，在现代连锁经营的企业组织结构模式下，由于规模化的连锁经营企业内部设有效率高、规模化的物流配送机构，导致传统的商品批发环节弱化和批发企业的衰退，形成了"生产企业—连锁经营零售企业"的商品流通模式。

三、现货交易的类型与内容

现代市场经济条件下的交易方式十分复杂，从不同的角度可将这些交易方式大致分类如下：按交易环节的不同，可分为批发交易、零售交易、代理交易等；按交易内容的不同，可分为证券交易、信用交易、信托交易、拍卖交易、补偿交易、投标交易、租赁交易、许可证交易等；按交易时间的不同，可分为现货交易、远期合同交易、期货交易等；按交易技术的不同，可分为网上交易和线下交易等。

（一）信用交易

信用交易包括商业信用和消费信用两种。

1. 商业信用

（1）商业信用的概念

商业信用是指在商品交易过程中，交易双方不是采用商品与货币的即期现货交易，而是采用延期付款或提前付款等信用形式进行交易的方式。商业信用交易方式是在厂商与商品流通企业、商品流通企业内部（批发商、代理商与零售商之间）的交易过程中经常采用的方式。

商业信用交易的方法是：卖方以赊销或者延期收款的方式向买方提供信贷，进行商品交易，或者买方以预购预付货款的方式向卖方提供信贷，进行商品交易。

（2）商业信用的作用

在现代商务环境中，商业信用有以下两方面的重要作用：

第一，在企业的生产经营过程中，各相关企业在产需的时间、空间、环节等方面经常不一致。例如，有些企业生产出来的商品等待出售，而需要这些商品的企业暂时缺乏现款，或者有些企业有生产能力却暂时缺少生产所需资金，等等。商业信用能够有效地衔接产销关系和供求关系，保证生产经营的正常进行。

第二，当市场供求关系处在供过于求的条件下，卖方为了抢占市场，便提供给买方先供货后付款的信贷优惠，以促进或刺激商品的销售；或者市场供求关系处在供不应求的条件下，买方为了争夺货源，必然采用向卖方先预付货款后取得商品的信贷优惠，从而稳定货源渠道。商业信用有助于开拓销售市场，稳定货源渠道，提高企业的竞争力。

（3）商业信用的局限性。虽然商业信用具有上述重要作用，但是商业信用也存在以下三方面的局限性：

第一，商业信用受信贷规模的限制。商业信用是生产经营企业之间提供的信用交易方式，没有银行参与，因此，其信用交易的资金规模受到限制。大规模的生产经营用资金很难通过商业信用方式来解决。

第二，商业信用受企业资金周转时间和周转速度的限制。由于商业信用交易双方在正常的生产经营条件下不断地需要资金，因此，双方都不可能为对方提供长期的信用贷款（如预付商品后却长期不结算，预付资金后却长期不供货，等等），只能提供短期的信用贷款。

第三，信贷内容和方式的限制。商业信贷双方互为对方提供的只是生产经营所需的有关商品、原材料和少量资金，不可能为对方提供企业发展所需的基础建设、更新设备、产品开发、市场开拓等其他用途的大批量资金。

2. 消费信用

（1）消费信用的概念

消费信用是商品经营企业或者银行对家庭或个人消费提供的信用交易方式，主要包括赊销和消费信贷两种类型。

①赊销

赊销主要有分期付款方式和信用卡交易方式。分期付款方式是消费者与销售企业签订购买某商品的分期付款合同，然后由销售企业先将商品提供给消费者使用，消费者按合同的要求分期偿付货款。信用卡交易方式是消费者先在银行按要求存入一定的资金并办理购物信用卡，消费者持信用卡可在指定的销售企业购买商品，也可按规定在一定范围内"透支"信用卡，销售企业定期与银行统一结算消费者应付货款。

②消费贷款

消费贷款是金融机构提供给消费者个人用来支付购买所需商品的资金的信贷方式。消费贷款包括短期消费贷款和长期消费贷款两种。

短期消费贷款适用于资金数额小、周转快的消费贷款项目。例如，消费者购买大型家用电器、高档家具等的贷款。长期消费贷款适用于贷款数额较大、还款期较长、高档耐用消费品的项目,如购买房产、家用汽车等的贷款。如果贷款者在规定期限内无法偿还消费贷款,一般按规定将所购买的房产或者汽车收回,以抵销贷款。

(2)消费信用适用的条件

第一,采用消费信用交易的商品一般都是供过于求的商品。生产经营者为了促销,不得不采用这种方式来刺激消费者的购买行为。如果是处在供不应求的市场格局下,就没有必要采取这种交易方式。

第二,消费信用所涉及的商品一般都是市场价格比较稳定的中高档耐用消费品,如房产、家用汽车、高档家用电器等。低值易耗商品和鲜活商品等不适用消费信用交易。

(3)消费信用的作用

第一,消费信用可以刺激消费者的购买欲望,扩大消费规模。由于种种原因,价格昂贵的消费品有些消费者难以一次性付清全部货款,消费信用便可以有效地解决这个问题。

第二,消费信用可以保证生产经营企业的正常生产,防止产品大量积压和生产经营的大起大落。在市场不景气的时候或者市场竞争激烈的情况下,灵活地运用消费信用可以促进产品的销售,保持市场需求的相对稳定,保证生产经营的正常运行。

第三,消费信用可以更广泛地提高消费者的物质生活水平。例如,只有较高收入或者较多资金积累的消费者才有可能买得起诸如家用汽车和舒适的房产等这类商品。这类消费者的年龄普遍较大,而年龄较小的广大消费者则没有资金实力实现这些购买欲望。采用消费信用方式,可以使年龄较小的广大消费者或者因种种原因一时无法一次性偿付全额货款的消费者能够尽早地、及时地实现这些购买需求。

(二)信托交易

1. 信托交易的概念

信托交易是指信托企业接受其他企业委托,以自己的名义代理其他企业从事购销商品或者经营业务,并取得报酬的交易方式。实施信托交易的企业主体一般是信托交易商行、信托公司、寄售商店、贸易货栈、拍卖公司等。

2. 信托交易的业务

第一,委托代销业务,即企业或者个人将欲出售的商品交给信托企业,由信托企业代理出售的交易。

第二,委托代购业务,即企业或者个人将欲购买的商品交给信托企业,由信托企业代理购进的交易。

第三，委托投资业务，即企业或者个人将富余又寻找不到合适投资项目的资金委托专业信托投资公司进行投资的交易。

3.信托交易的特征

信托公司与委托企业或者委托个人签订信托合同后，信托公司一般都以自己的名义来进行信托经营活动，并按合同规定承担相应的责任和义务，与委托人无关。信托公司在未得到委托人同意或者授权的情况下，一般不得擅自变更委托人的要求，否则要承担一切后果。

信托交易与代理交易的根本区别在于，在信托交易活动中，信托公司是以自己的名义开展业务的，要独立承担相应的法律责任，而代理商对所代理的商品不拥有直接的所有权，不承担相应的法律责任。

（三）拍卖交易

1.拍卖交易的概念

拍卖交易属于信托交易中一个特殊的交易方式。拍卖交易是指欲出卖商品者委托拍卖行在拍卖市场上通过竞买人的竞争，将拍卖标的（所拍卖的商品）拍归最高出价者的买卖交易方式。

实施拍卖交易的企业是经有关部门正式批准成立的拍卖公司、拍卖中心、拍卖行等实体。拍卖经营实体的收入是拍卖成交后，按事先商定的比例，向卖方、买方或者双方收取的佣金。

在拍卖交易中经常使用的术语包括：

拍卖标的：依法可以通过拍卖方式出售的商品或转让的财产。

委托人：委托拍卖企业拍卖享有商品所有权和处置权的商品或财产的自然人、法人或者其他组织。

竞买人：到拍卖市场中竞购拍卖标的的自然人、法人或者其他组织。

受买人：在拍卖市场上通过竞拍购得拍卖标的的竞买者。

起拍价：拍卖市场在开始拍卖交易时，宣布竞买拍卖标的的起始价。

加价幅度：拍卖市场在拍卖师竞价叫卖过程中每次加价的最低价格标准。

2.拍卖交易的交易方式

拍卖交易主要有以下五种交易方式：

第一，买方叫价拍卖，又称"有声拍卖"，即以拍卖市场当众宣布预先确定的最低价格为起点,由竞买人竞相加价,直至某竞买人出价最高且无人再应价时,由主持人以木槌击板宣告成交。

第二,卖方叫价拍卖,又称"无声拍卖",即在拍卖时竞买人不叫价,由拍卖市场主持人按一定的加价幅度叫价,竞买人以约定的手势或者举牌等方式示意,表示应价或者加价,直至某竞买人出价最高且无人再出更高的价格时,由拍卖主持人以木槌击板方式宣告成交。

第三,减价拍卖,即由拍卖市场主持人先喊出所拍卖商品的最高评估价格,然后逐次喊出按一定幅度降低的价格,直到有竞买人表示接受而成交。这种方法不常使用。

第四,无底价拍卖,即拍卖市场不宣布拍卖标的的起拍价,直接由竞买人叫价竞买,直至产生最高出价后成交。这种方式适用于难以事先估价的商品。

第五,密封递价拍卖,即由拍卖市场先公布所要拍卖商品的详细情况和拍卖条件,然后由竞买人在规定的时间内将事先商议好的密封竞买标书递交拍卖市场,由拍卖市场在事先公布的时间公开开启,经比较后选择出价最高者成交。

3. 拍卖交易的要求具体如下:

第一,拍卖必须事先发出公告,将所拍卖的内容、时间、地点和要求提前公布。

第二,拍卖必须是现货交易。拍卖成交后,双方必须进行现货交易,不能拖欠货款或不按时交出所拍卖的商品。为了保证拍卖交易的顺利成交,对拍卖双方的要求是:在拍卖交易开始以前,所要拍卖的商品实物必须运到拍卖场所,并让买主亲眼察看,由于技术原因无法运达的,要事先公布所拍卖商品的所在地,让买主事先察看。同时,竞买者要按所拍商品的评估价格预交一定比例的押金。预交押金的目的主要是防止出现买主在拍卖过程中不负责地随意加价,将所拍卖的商品价格加到不合理的高度后又不想交款成交,导致拍卖"流产"的现象。若所拍卖商品的最后买主出了最高价后又不想成交,拍卖人就将其押金没收。

第三,拍卖必须是公开竞买的交易,必须在程序、内容和方式方面体现公开、公平与合理性,才能够保证拍卖交易的顺利成交与良性运转。

4. 拍卖的程序

(1) 委托

卖主先委托拍卖人或者拍卖市场,将要拍卖的商品运到拍卖市场或者指定的地点,然后由拍卖者进行鉴定、评估、整理、编号等工作,再由拍卖市场向社会公开发出拍卖公告和有关信息。

（2）验货

买主事先要对所拍卖的商品进行察看，对某些商品还可抽出样品以供分析或试用。

（3）预交押金

买主按所拍卖商品的评估价，预交一定比例的押金。

（4）拍卖

按拍卖市场公布的拍卖地点和时间，依照拍卖程序和规则进行公开拍卖。拍卖成交后，买主在标准合同上签字认可。

（5）付款提货

拍卖成交后，买主必须按规定按时付清全部货款并将所买商品提走。

（四）补偿交易

1. 补偿交易的概念

补偿交易是指交易的出口方向进口方提供机器、设备、产品样品、技术和服务等项目，而进口方则按对等的金额为出口方提供合格的产品或劳务等进行价值补偿的交易方式。补偿交易既适用于国际交易，也适用于国内交易。

2. 补偿交易的种类

补偿交易有以下四种类型：

（1）工缴费补偿交易

出口方向进口方提供装配生产加工设备、装配线、零部件、原材料等，进口方按对方的委托要求装配或加工成成品或半成品交付对方后，用应得的工缴费偿还对方提供的设备和物资等的价款。补偿期满后，装配线或加工设备等归进口方所有。

（2）产品直接补偿交易，又称返销交易

进口方用引进出口方的技术、设备等生产产品，再将这些产品以等额价值补偿的原则提供给出口方的交易方式。

（3）间接补偿交易，又称互购交易

进口方不用由出口方提供的设备或技术等生产出来的产品返销给出口方，而是用交易双方商定的其他间接产品，按等价数额补偿给出口方的交易方式。

（4）综合补偿交易

进口方用一部分产品、一部分资金给出口方进行等额价值补偿，或用一部分直接产品、一部分间接产品给出口方进行等额价值补偿的交易方式。

3. 补偿交易的优缺点。

（1）补偿交易的优点：

第一，对进口方来讲，可以利用出口方先进的设备和技术等，快速提高所生产产品的档次和质量；可以快速扩大生产规模，拓宽销售渠道，占领更多市场份额，取得更好的经济效益；可以吸收出口方的先进技术和管理经验，提高进口方的生产经营水平。

第二，对出口方来讲，有利于将剩余的设备、材料、技术等固定资产或知识转化为资本，获取更多的利润；可以利用出口方比较廉价的劳动力来降低生产经营成本，提高产品的竞争力。

（2）补偿交易的缺点：

第一，出口方为了确保自己在市场竞争中的领先地位，向进口方出口的设备、技术等一般都不是最先进的，甚至不是比较先进的，同时在关键设备、技术诀窍等方面还会给进口方设置种种制约，使进口方处于十分不利的地位。

第二，出口方在返销进口方提供的补偿产品时，往往会由于市场价格的变化等种种原因而造成出口方减少返销量，或者进口方提供的产品不符合要求，使出口方无法接受等矛盾。

4. 补偿交易的合同

补偿交易比较复杂，为了减少纠纷，防止欺诈，双方必须按有关法律规定，认真地签订合同。

5. 补偿交易的程序

第一步，确定欲引进的项目，寻找合适的合作伙伴，并与合作伙伴签订补偿交易意向书。

第二步，对所欲合作的项目进行可行性分析，以及进行基础建设、设备安装、生产规划等方面的筹划，并在此基础上编制项目建议书。

第三步，如果是国际合作，经办企业必须将编制好的项目建议书、与合作方签订的补偿交易意向书、可行性分析报告书，向政府有关主管部门和审批部门上报立项、审批。如果是国内合作，只要按国家有关工商管理法律法规和有关政策办理就行。

第四步，经审批同意后，正式签订补偿交易合同。

第五步，合同签订完毕，上报政府主管部门批准，并向国家工商行政管理部门申请营业执照。若是国际合作，还必须向海关部门办理有关手续。

第六步，按合同要求，进行设备、技术等的交接。

第七步，对进口设备进行安装、调试、试生产和正式生产。

第八步，按合同要求进行产品返销，偿还价款，直至合同终止。

（五）投标交易

1. 投标交易的概念

投标交易是指购货商（或被承包商）对所需求的商品（或需要经营的项目）向社会公开发出招标信息，有意竞标的供货商或承包商在规定的时间内按招标要求，将竞标的标书报给招标者，招标者对所报来的标书进行认真的评议后，挑选最合适的供货商（或承包商）作为成交对象的交易方式。

2. 投标交易的作用

对于招标者，可以在不同投标的竞争中选择最适宜的合作对象和成交方案，减少招标人的经营费用，提高经营项目的质量，也可以有效避免交易双方营私舞弊，进行"地下交易"；对于投标者，能够有效地运用市场经济的竞争法则，通过公平、公正、公开的竞争取得项目的经营权，同时还可以提高投标者企业的经营管理水平。

3. 投标交易的特征

投标交易是买方选择卖方的交易方式。在投标交易中，买方只有一家，卖方却有若干家，因此，买方可以有充分的选择余地。投标交易中的投标人一旦递交标书后，要么被选中，要么被淘汰，没有任何协商的余地。若招标者认为全部标书都不符合要求，也可宣布招标无效，再组织另一次招标活动。

4. 投标交易的程序

第一步，招标者首先公开向社会发出招标信息，将所要招标的项目、内容、要求以及投标的时间等信息向社会公布。

第二步，按照规定的时间，投标者向招标者提出正式的书面申请。

第三步，招标者要对所有送来的材料组织预审，预审投标者的经营能力、技术水平、管理水平、资金实力等情况，然后选择若干家作为入选的投标者，以书面形式公布预审投标者的结果。

第四步，若是大型项目或大宗交易，预审通过的投标者还要进行必要的考察，力争做到投标时心中有数。

第五步，考察完项目后，各投标者各自正式编制投标的标书。在标书中要将招标者的要求十分详细地回答清楚。例如，项目所用资金或者造价、所要达到的标准、交货日期等。标书编制完密封好以后，按要求正式报送给招标方。

第六步，招标者按时间要求，将各投标者报来的标书进行开标、议标（或评标）。许多项目在评议时还要请相关专家参与评议，最后确定一家中标企业，并与该企业签订正式交易合同。

（六）租赁交易

1. 租赁交易的概念

租赁是指出租人依照租赁契约的规定，在一定时间内把租赁物租给承租人使用，承租人按规定付给出租人租赁费（或称租金）的交易行为。

现代租赁交易有以下三个特征：一是租赁将融物与融资结合在一起，对出租人而言，它是一种资本投资行为；对承租人来说，它是一种筹措设备或物资的方式。二是租赁业务范围已进入工商企业、公共事业和其他事业单位，有别于用于个人消费用途的传统租赁方式。三是租赁期内，租赁物的所有权与使用权是相分离的，即租赁物的所有权归出租人，而使用权归承租人。

2. 租赁交易的种类

租赁交易主要有以下三种：

（1）融资性租赁

融资性租赁是指承租人选定欲承租的机器、设备、物品后，由出租人出资购置这些设备，再出租给承租人使用。承租人按合同规定的方法向出租人交付租金。融资性租赁的时间一般都比较长，约在几年至十几年不等。在出租期间，出租人对设备的性能、质量、管理、维修等不负责任，全部由承租人负责。但对出租期满后设备的质量和完好情况，在租赁合同中必须事先有明确的规定和违约处置办法。

（2）经营性租赁

经营性租赁是指出租方为承租方专门提供出租设备，通过出租设备收取租赁费的交易方式。这种租赁方式一般是中短期租赁交易，其业务主要有运输工具出租、机械设备出租、房产出租、生活用品出租等。

（3）租金

租金是出租人在转让租赁物品使用权时向承租人索取的费用，也是出租人在租赁交易中追求的利润来源。租金的理论计算方法如下：

每期应付租金=[(租赁物品购置成本−估计残值)+利息+利润+管理费]÷租期，其中，租赁物品购置成本包括设备原价、运杂费等。

（七）许可证交易

1.许可证交易的概念

许可证交易是指技术输出方（售证人）将其技术使用权通过许可证协议出售给技术输入方（购证人）使用的一种交易方式。许可证交易不是商品的买卖交易，而是一种知识产权交易。在许可证中，要将技术转让内容、方式、时间、费用等事项明确写明。

2.许可证交易的种类

许可证交易又有以下七种：

（1）普通许可证交易

这是指在协议规定的区域和时间内，售方将技术等通过许可证方式转让给购方之后，售方仍有对该项技术的使用权和再出售给别人使用的权利。

（2）排他性许可证交易

这是指在规定区域内，购方享有单独使用所购技术的权利，售方不得将已售出的技术再转售给任何第三方，但售方仍有自己使用该技术的权利。

（3）独占许可证交易

这是指在规定区域内，只有购方能够单独享有所购买的技术，包括售方在内的任何人都不能在指定地区和售证有效期内使用已转让的技术。

（4）可转让许可证交易

这是指购方在协议规定的时间和区域内，不仅有使用有关技术的权利，而且有将该项技术的使用权转售给任何第三方的权利。

（5）交换许可证交易

这是指交易双方以价值相当的技术进行互惠性交换许可证的交易方式。

（6）专利许可证交易

这是指专利所有人通过签订许可证协议的方法，将专利的使用权出售给购证人，购证人在规定的时间和区域内使用专利进行生产经营的方法。一般情况下，专利许可证交易转让的是专利的使用权，而不是专利的所有权。在进行专利许可证交易时，购证方要注意专利登记的国别、使用范围、有效期等内容，防止出现纠纷。

（7）商标许可证交易

这是指商标所有者通过签订许可证协议，将商标的使用权出售给购证人使用的交易方式。一般情况下，商标许可证交易转让的是商标的使用权而不是所有权。

第五节　期货交易

一、期货交易的产生

商品经济越发达，市场范围越大，商品生产与消费之间、供给与需求之间的时空距离也就越长，在现货交易过程中，商品生产经营者所承担的市场风险也就越大。为了尽可能避免市场风险，保证商品生产的顺利进行，在现货交易基础上产生了远期合同交易。远期合同交易的方法是，供需双方签订交易合同，合同规定双方交割商品的时间、数量、价格和地点，到期双方按合同规定的价格交货付款。

远期合同交易将产销渠道和产销价格以契约的形式确定下来，因而在一定时期内稳定了产销关系，减少了市场价格波动的风险，对衔接产销关系具有积极作用。但是远期合同交易也存在以下缺点：

一是远期合同一旦签订，对卖方比较有利，对买方很不利。因为在签订远期合同时，合同中所签订的价格一定符合卖方的经济利益（当然，买方也觉得比较合理），否则卖方是不会签约的。但是价格一旦确定之后，将来市场价格如果发生变化，卖方"损失"的只可能是更多的利润，而不会发生亏损，而买方则有亏损的可能。

二是远期合同交易无法及时、灵活地反映市场供求关系的变化。一旦买卖双方签订远期合同，在合同未到期的时间内，若市场价格发生变化，买卖双方谁也无法改变远期合同的内容按变化了的市场价格进行灵活的经营。

正是因为远期合同交易有这样的缺点，有些交易者在签订远期合同之后，为了规避市场风险，或想获得更多的市场机会，便中途采取私下买卖未到期的远期合同的方法来达到目的。当这种私下买卖远期合同交易的方法达到一定的规模和范围时，交易者为了避免交易关系和结算关系的混乱，便成立了专门进行合同买卖的场所，进行有组织的、规范化的远期合同交易活动，期货交易便产生了。

二、期货交易的有关概念

（一）期货交易

期货交易包括商品期货交易和金融期货交易两大类。本书主要研究商品期货交易。

所谓期货交易，就是专门进行远期合约买卖的交易。期货交易与远期合约交易的根本区别在于：远期交易的合约不能买卖，而期货交易的合约在未到期之前可以在规定的交易场所进行买卖。具体来讲，当某交易者在期货交易所先卖（买）一份合约之后，可以在该合约未到期之前，再到期货交易所进行一笔与原先所卖（买）的同数量、同品种但反方向的期货合约，通过这种反向买卖交易来解除履约义务。这种在合约未到期之前通过反向合约买卖来解除履约关系的交易行为称为"平仓"或者"对冲"。

由于种种原因，期货合约在不同的时间内其买卖价格是不一样的，期货交易者就是通过对期货合约的"买进"和"卖出"过程来达到套期保值或者获取利润的目的。

（二）期货合约

期货合约是买卖双方签订的、由期货交易所担保履行的法律凭证。为了使期货合约能够顺利进行交易，期货合约必须是标准的、规范化的，这种标准化和规范化主要表现在以下几方面：

1. 数量标准化

即每张期货合约中包含的商品交易数量（即交易计量单位）是事先规定的、公认的。例如，美国纽约期货交易所规定一张铜的期货合约的交易单位为 25 000 磅，我国郑州粮食交易所规定的一张小麦合约的交易单位为 10 吨，等等。

2. 质量标准化

期货商品必须按交易所统一规定的商品质量等级标准进行交易，交易双方在交易过程中无须再对商品的质量等级问题进行讨论。

3. 合约价格

期货商品的价格是在期货交易所内通过公开、公平的竞争形成的价格。

4. 交割日期

这是指期货交易合约到期的月份。期货交易所对每种商品期货都有明确的交割日期规定。交割日期的规定与该商品的生产经营特点相关。

（三）期货商品

在现货交易市场，凡是法律允许的商品都可以进行交易。但是，进入期货市场进行交易的商品必须满足以下四个要求：

第一，必须是能够在质量、规格、等级方面容易划分和确定的商品；

第二，必须是交易量大、价格波动比较频繁的商品；

第三，必须是拥有众多交易者的商品；

第四，必须是可运输、可储存、不易变质、损耗小的商品。

目前，国内外适合进行期货交易的商品主要有小麦、玉米、豆类、棉花、黄金、铜、石油等。

三、期货交易的功能

在市场经济条件下，期货交易有两个十分重要的功能，即规避市场风险和价格发现。

（一）规避市场风险功能

在市场经济条件下，商品价格总是不断地波动的。市场价格的波动必然会给生产经营者带来市场机会，同时也会带来经营风险。因此，在交易活动中，如何才能避免因价格波动而产生的市场风险，便成为生产经营者需要解决的重要问题。期货交易的运行机制恰好具有规避市场风险的功能，为生产经营者提供了较好的规避市场风险的途径。

例如，当生产经营者担心将来要出售的产品的市场价格下跌或将来要购进的原材料价格上涨时，便事先在期货市场上选择适当的时机和认为比较合理的价格，卖出或者买进相同数量的产品或原材料的期货合约，目的是先"锁定"自己将来要卖出的产品或者要购进的原材料的理想价格，确保将来市场价格发生不利变动时，或者需要购进原材料时现货市场的价格不理想时，便可及时在期货市场上将当时买卖的期货合约进行"平仓"，利用期货交易获得的利润来弥补现货交易中的损失，以达到规避市场风险的目的。

（二）价格发现功能

在市场经济条件下，预测市场价格的走势是分析社会供求关系、决策生产经营、规避市场风险、加强宏观经济调控与管理的重要内容。准确反映市场供求关系的价格信息往往受到两个因素的制约：第一，现货交易市场价格的信息缺陷制约。由于市场交易关系的复杂性，特别是现货交易市场所形成的价格实际上是"过去"社会供求关系在市场交易中的滞后反映，因此，现货市场的价格水平往往很难正确反映"将来"的社会供求关系和价格走势；第二，交易范围大小的制约。市场上供给与需求接触的范围越大，交易面越广，其形成的市场价格水平所反映的供求关系也就越准确；若交易范围比较小，所形成的价格水平就很难正确反映全社会的供求关系及其走势。

期货交易市场上所形成的价格水平能够比较好地弥补现货市场价格信息这两方面的不足：第一，期货市场上进行的期货合约的买卖实际上就是供给与需求各方对"将来"可能发生的供给与需求的"事先交易"，在交易过程中形成的价格水平是对将来供求各方可能形成的社会供求关系的最真实的反映；第二，从国内外期货交易的现实情况来看，参与期货交易者往往包括国内及国际上所有同行业的重要供给与需求企业，涉及的交易范围十分广，在此基础上形成的期货交易价格所反映的"将来"的社会供求关系是比较准确、科学的。综合这两点我们可以看出，期货交易市场上所形成的价格水平的确对将来市场价格和供求关系走势具有比较科学的"价格发现"功能。

四、期货市场的组织结构

期货市场由三大部分组成：期货交易所、经纪公司和结算所。

（一）期货交易所

1. 期货交易所的构建与功能

期货交易所（或称商品交易所）是指专门进行期货合约买卖的场所。期货合约交易必须在经过政府批准的、制度健全、管理规范的专门的交易所内进行，不允许在其他任何地方进行期货合约交易。

期货交易所一般以股份公司的形式由会员（即股东）联合组成。构建期货交易所的资金由会员认购。期货交易所本身不参加期货交易，也不拥有任何商品，它只是为期货交易提供场地、设备等，并在政府有关部门的管理下制定和实施交易规则，以保证期货交易能够公正、公开、自愿、规范地进行。

2. 期货交易所的管理机构

期货交易所全体会员组成的会员大会是期货交易所的最高权力机构，决定期货交易所的重要事项，制定各项交易规则。全体会员选举理事会，理事会是会员大会的常设权力机构，负责贯彻执行会员大会所制定的重要事项，按会员大会制定的交易规则全权处理交易所的一切有关事务。理事会的主要负责人一般称为"总裁"，总裁由理事会的一名会员担任，或者向社会公开招聘。理事会下设各种专门的委员会，负责管理相应的业务。

3. 期货交易所的会员

期货交易所的会员可以直接在商品交易所内进行期货交易，而其他一切非会员（即社会上想进行期货交易的一般企业或个人）要进行期货交易，只有委托会员来代理，非会员不能进入期货交易所直接交易。

期货交易所的会员又分为一般会员和全权会员。一般会员只能在期货市场上从事与本企业生产经营业务有关的买卖交易，不能接受任何人的委托为他人代理期货交易。全权会员除了有从事本企业自身买卖交易的权利外，还可以接受非会员的委托，代理他人进行期货交易，并收取一定的佣金（劳务费）。这些专门为非会员代理进行期货交易的会员，或者由会员授权的委派人，称为经纪人。

（二）期货经纪公司

期货经纪公司就是代客户进行期货交易并收取一定佣金的居间公司。期货经纪公司不是期货交易所的从属机构，而是一个独立的法人机构。

期货交易所规定，只有会员才能进入交易所进行期货交易，而且只有全权会员才能接受客户的委托，为客户代理期货交易。客户要从事期货买卖，只有委托全权会员进行。因此有些全权会员就成为专门接受委托、代理客户进行期货交易并收取佣金的专业经纪公司。有些经国家有关部门批准的专业经纪公司也可以在期货交易所内买一个席位，代理客户进行期货交易。

（三）商品结算所

商品结算所是专门负责期货合约结算的机构。商品结算所的主要业务有两项：一是负责到期合约的交割管理与结算业务；二是负责未到期合约的平仓管理与结算业务。

（四）期货交易主体

凡是通过经纪人并按照期货交易的交易规则和惯例在期货交易所进行商品期货买卖的企业法人和个人，都是商品期货交易主体。

由于期货交易的目的和动机不同，商品期货交易主体可以分为套期保值交易者和投机交易者两大类。

1. 套期保值交易者

套期保值交易者是指那些把期货市场当作转移风险的场所，利用期货合约的买卖转移价格风险的交易主体。套期保值交易者进行期货交易的目的主要不是赢利，而是规避市场风险。套期保值交易者的构成主要是工农业生产和商品经营者。套期保值交易者的交易特点是：交易量大、在期货市场中买卖位置变动不大、合约保留时间长。

2. 投机交易者

投机交易者是指那些通过预测期货合约价格的变动，并希望在将来价格有利时卖出或买入期货合约，以期获取利润的交易者。投机交易者和套期保值交易者进行期货交易的根本目的是不同的。投机交易者进行期货投机的目的是通过期货交易来赢利。投机交易者并不关心期货交易的商品实体，他们的注意力只集中在期货合约的价格波动上，他们认为价格将要上涨时就先买，等价格上涨到他们认为有利可图时就抛出；他们认为价格将要下跌时就先卖，待机补进。因此，投机交易者的特点是：交易数量小、交易活动频繁、买卖位置经常变换、合约保留时间较短。

五、套期保值交易

（一）套期保值交易的作用

农业生产者在进行农业生产时，农产品会受农作物生长规律的制约而有既定的生长期和成熟期，从生长期到收获期这段时间里，农产品的价格会发生变化，为防止农产品上市时销售价格下降而使农业生产者遭受经济损失，可采用套期保值的交易方式来减少市场价格波动的风险。

工业生产者生产工业产品也有一个周期。同样，工业生产者也担心当他们的产品正式生产出来后，市场价格下降，或者在他们需要原材料时，原材料价格上升，使他们的经济利益受损，因此也可采用套期保值交易来降低生产价格波动的风险。

在大宗商品的交易活动中，由于装卸、运输等距离和时间比较长（如国际贸易中的海运等），也有一个买卖周期。商业企业担心当他们的商品运到销地后市场价格发生变化，而使他们的经济利益受到损失，故采用套期保值来减少贸易价格波动的风险。

套期保值有两种类型，一种是卖出套期保值，另一种是买入套期保值。

（二）卖出套期保值

所谓卖出套期保值，就是商品生产经营者为防止将来要出售的产品的现货市场销售价格下跌而遭受损失，便提前选择期货市场价格比较高的时机，在期货市场上先卖出某月交割的同类商品的期货合约，待到期货市场价格比较低的时机再买入相同月份相同数量的同类期货合约进行平仓，并从高价卖低价买的期货交易过程中获得盈利，以弥补或防止现货市场价格下跌而造成损失的期货交易活动。

（三）买期套期保值

所谓买期套期保值，就是商品生产经营者为防止将来要购进的产品或原材料等的现货市场价格上涨而遭受经济损失，便提前选择期货市场价格比较低的时机，在期货市场上先买入某月交割的同类商品的期货合约，选择期货市场价格比较高的时机再将此合约卖出进行平仓，并从低价买高价卖的期货交易中获得盈利，以弥补或防止现货市场价格上涨造成损失的期货交易活动。

六、投机交易

（一）投机交易的种类

投机交易有两种，一种是"买空"，或者称为"多头"的投机交易，即投机交易者在认为某期货商品价格看涨时，先买进期货合约，等价格涨到一定幅度再抛出期货合约，利用低价买高价卖的方法从中牟利。另一种是"卖空"，或者称为"空头"的投机交易，即投机交易者认为某期货商品价格看跌时，先空抛期货合约，待价格下跌再购进合约，利用高价卖低价买的方法从中牟利。

（二）投机交易的作用

在期货交易中，投机交易具有承担市场风险、繁荣期货交易的重要作用。如果只有套期保值交易，没有投机交易，套期保值交易者在期货交易过程中就找不到作为"对方"身份的买者或者卖者，生产经营者也无法通过套期保值交易达到转嫁价格风险的目的。如果只有投机交易，没有套期保值交易，期货交易就没有"根"，便成为真正的"泡沫交易"。另外，投机交易者进行期货交易的根本目的，是通过倒买倒卖期货合约的投机活动来获取利润，因此，投机交易者对在期货交易中产生的经营风险是有明确的心理准备的，或者说他们"甘愿"承担期货交易所带来的风险。总之，套期保值交易和期货投机交易相辅相成，相互依赖，共同构成了期货交易的运行机制。

（三）投机交易的方法

投机交易的方法很多，也很复杂，若要进行系统学习，必须研究专门的期货交易书籍，此处仅简单介绍四种方法。

1. 价格差投机

即投机交易者利用期货商品价格不断变动的规律，事先判断期货商品价格的涨跌，相应地进行买空卖空的交易活动并进行牟利的方法。

2. 期间差投机

即投机交易者利用同一商品不同交货期的期货价格变动，同时买进或卖出期货合约以牟取价格差额利润的方法。

3. 空间差投机

即投机交易者利用同一种商品在不同期货交易所的价格差别，分别在两个期货交易所之间进行期货合约的买卖交易，并从中牟利的方法。

4. 替代商品价差投机

即投机交易者利用同地同时间同一期货交易所内具有明显替代性的不同商品的价格差额变化机会进行投机交易，并从中牟利的方法。

七、期权交易

（一）期权交易的概念

期权交易是建立在期货交易基础之上的更抽象的交易方式，本书只就期权交易的基本理论和操作原理进行简要介绍。

所谓期权，就是买或者不买、卖或者不卖期货合约的选择权利。期权交易是指期权购买者向期权出售者支付一定费用（称为期权成交价或保险金）后，取得在规定时期内的任何时候，以事先确定的协定价格（无论此时该期货市场上商品期货合约的价格如何变动）向期权出售者购买或出售一定数量的某种商品期货合约的权利的交易方式。期权交易者包括两种类型，一种是利用期权交易来降低生产经营风险；另一种是期权交易投机者。

（二）期权交易产生的原因及交易原理

期货交易的市场风险是很大的，商品生产经营者往往可能因为预测不准而在期货交易中蒙受经济损失，为了进一步降低市场风险，交易者逐渐找到了期权交易的方式。期权交易能够产生的原因在于，期货交易者按期权交易的规则进行交易，既可最大限度地满足保值或者获利的目的，也可将预测不准而遭受的损失降至可预知的最低程度。

第六节　代理交易

一、代理交易的概念与特征

（一）代理交易的概念

代理交易也称代理经营，简称"代理制"。代理制是指生产经营企业作为委托人（以下称委托商），将生产经营过程的购销业务通过契约关系授予符合委托方要求的企业，使该企业成为具有法定"代理权"的代理商。

代理经营是一种居间性质的经营行为。一般来讲，代理商自身不拥有对所代理商品或代理业务的所有权（即不是像批发企业那样，先从生产商手中将商品买断，自己拥有商品的所有权，再加价销售），代理商只是在契约规定的代理权限范围内，为委托商代理相关的业务，如销售代理、采购代理、储运代理、广告代理等。委托商与代理商之间按合同规定，各自承担和享受应有的责任和权利。

代理商取得代理经营利润的方式是，代理商按委托商规定的或者与委托商事先商定的市场销售价格代理销售经营，代理商不在这个价格的基础上加价销售（即该市场销售价格并不包括代理商自己的经营利润部分），而是委托商根据代理商的代理销售业绩，直接付给代理商劳务报酬，即"佣金"。

（二）代理交易的特征

代理交易具有以下几方面的特征：

1. 独立法人，专业公司

委托商与代理商之间不是母公司与子公司或分公司的关系，而是贸易或者业务伙伴关系。代理商必须具有独立的法人资格和完整的企业经营组织机构，拥有较高素质的专业人员、较雄厚的资金以及发达的销售渠道等。

2. 风险共担，利益共享

由于代理商的利润来源——佣金与代理业务业绩好坏密切相关，所以，通过契约形式明确委托商与代理商双方的责、权、利关系，能够比较稳定地建立起利益共享、风险共担、市场共拓、发展共谋、互惠互利的关系。

3. 自愿结合，双向选择

委托商与代理商的情况千差万别，双方在寻找代理合作时决不可随意行事，也不可强行"搭配"，只能根据双方各自的情况，采取自愿结合、双向选择的原则，才有可能建立稳定、互利的代理关系。

4. 依法合作，责权清晰

在代理关系中，委托商与代理商之间的责、权、利关系是由具有法律效力的代理合同来维系的，依法合作，保证了双方关系的稳定性。

5. 统一价格，按劳取酬

在代理经营中，为了委托商与代理商双方的长远利益，代理商所代理商品或者业务的销售价格、采购价格、劳务费用等一般不是由代理商自己决定的，而是由委托商和代理商双方根据市场竞争与供求情况商定的，甚至是以委托商为主决定的，价格一旦确定，代理商所负责的整个市场范围都应该执行这个统一的价格水平，代理商不能单方随意变动。这种定价方法起到了避免同一企业生产的产品在市场上由于价格不同而导致"自相残杀"的作用。代理商的代理业绩越好，委托厂商给予代理商的佣金——利润也就越高。

二、代理经营产生的条件与原因

（一）代理经营产生的条件

代理经营产生的社会经济条件有以下两个：

1. 市场经济的运行环境是代理交易产生的体制条件

在计划经济体制下，生产与经营都必须按照计划进行，根本不需要采取代理交易方式。在市场经济体制下，供求关系主要通过市场过程来衔接，这就会经常发生各种各样的供求矛盾和工商矛盾；生产经营企业也需要不断地突出主业，减少经营环节，提高生产效率。代理经营以其前述五个特征，可以比较好地调节工商矛盾、稳定产销关系、提高生产经营效率。

2. 供求基本平衡或供大于求的市场供求格局也是代理经营产生的重要市场条件

若市场处于供不应求的状况，商品的市场销售就不会发生困难，绝大多数厂商就没有寻找代理商的内在要求;在供过于求的市场条件下,商品的销售风险明显加大,市场销售必须花费大量人、财、物力来专门研究和经营,客观上对专业性强的各类代理商的需求也就越来越强烈。

(二)代理经营产生的原因

第一,从合理社会分工、突出企业经营主业、降低生产经营成本、提高市场竞争能力、加强各生产环节合作的角度来看,在传统"小而全""大而全"的生产经营模式下,各个企业必须将有限的人、财、物等资源分散地投入生产和销售环节中去,由于专业化和规模化程度低,使生产经营费用与成本增加、生产经营效率降低,企业的竞争力减弱。实行代理经营,可以充分地、集中地发挥不同环节各企业的专业优势,降低相关费用,提高经营效果,增强企业的市场竞争能力,提高整个生产经营与销售过程的劳动生产率。

第二,从减少企业产销矛盾、稳定产销关系、完善交易秩序、加快生产经营的运行效率的角度来看,市场经济条件下的市场供求关系是经常变化的,在传统的一般产销方式下,处在不同生产经营环节的各企业出于对本企业经济利益的短期考虑,必然会导致不同环节各企业之间的产销关系很不稳定。例如,批发商在市场行情有利的情况下,希望采购某厂商的商品,在不利的市场行情下,又不愿采购该厂商的产品;厂商在市场行情有利的情况下,有可能甩掉批发商或者零售商,采取自销或以自销为主的方式,在市场行情不利的情况下,又希望通过批发商或者零售商来推销商品,等等。这些工商矛盾、商商矛盾、农商矛盾,对稳定产销关系、保持企业的正常生产经营秩序、提高生产经营的运行效率都极为不利。而代理经营的特性能够在营造稳定的产销渠道、消除各企业之间的产销矛盾、保持生产经营的正常运行方面发挥积极的作用。

第三,从及时掌握市场信息、准确预测需求发展变化、促进产销关系紧密衔接的角度来看,在传统的一般产销关系下,产销双方的关系变化比较频繁,因此,产销双方难以建立长期有效的信息互通关系;在生产企业"自采""自销"模式下,由于人、财、物力资源分散,精力不足,能力不够,往往在掌握市场信息的及时性、准确性和全面性方面比较差。而专业代理企业在人、财、物、精力等方面能够就某一类业务进行专一化投入,其中包括对有关市场信息的收集,因此,专业代理商更能够有效、及时、准确、全面地掌握有关市场信息,预测市场变化发展的趋势,同时,代理关系也能保证产销双方建立长期的信息互通关系,从而提高生产企业的采购与销售效率,达到降低生产经营风险的目的。

第四,从满足销售过程的服务质量角度来看,生产企业所面对的市场范围太大,顾及不到整个市场的销售服务。专业代理商在指定的经营范围内,充分运用其熟悉市场的、有经验的专业经营人员，健全的销售渠道，有效的销售方式和完善的销售服务，最大限度地满足客户的需求，提高产品的竞争能力。

由于以上四方面的原因，代理经营在现代市场经济条件下就有了生存和发展的空间。

三、代理经营的作用

第一，化解产销矛盾，促进产销结合。由于代理制的互惠互利特性，使产销之间的货源渠道相对稳定，这就促使生产企业由过去必须分散精力去搞原材料采购转向集中精力搞生产；商品流通企业由过去紧盯货源转向紧盯用户；由过去与厂商之间讨价还价，厂商之间都追求短期利润的矛盾关系，转向厂商之间建立长期合作、互惠互利的关系；由过去单纯销售商品，转向积极主动地开展售后服务、市场调查、信息反馈等更广泛的销售活动。这些都会有效地解决工商矛盾，密切工商关系，促进产销的有机结合。

第二，解决资金拖欠，加快资金周转，降低经营成本。实行代理制后，生产企业从直接面对用户或面对不固定的商品流通企业，转向面对以合同形式固定下来的、具有较长期业务合作关系的代理商，这样可以有效解决在与商品流通企业交易过程中的资金拖欠问题，加速资金周转。而代理商由于是从委托生产企业获得佣金，改变了商品流通企业原来需要大量资金购进货源、占用大量流动资金的状况，有效地节省了流动资金，降低了经营成本。

第三，构造良好的流通秩序，有效衔接产销关系。由于供求关系和市场价格不断变动在一般的工商关系中会经常出现，商品短缺时，商品流通企业争购货源、流通环节层层加价，在商品过剩时，商品流通企业不愿意经营，使商品积压在生产企业，造成商品流通秩序混乱的现象。代理经营可以相对稳定生产企业的进货渠道和销售渠道，构建稳定的商品流通秩序，同时，代理商可将有关商品的市场信息及时告知生产企业，指导生产企业按市场需求安排生产，防止盲目生产，避免产品的积压，有效衔接产销关系。

四、代理经营存在的问题与解决方法

（一）代理经营存在的矛盾与问题

1. 代理经营存在代理商和委托商双方谁来承担市场风险的矛盾

由于市场供求关系经常波动与变化，国家宏观经济环境和国际市场行情也不断变化，

必然会给企业经营带来不可避免的市场风险。在代理经营中，委托商和代理商双方都希望对方能够多承担一点市场风险，处理不好，有可能在承担市场风险方面产生新的矛盾。

2. 代理经营存在代理商品与经济利益方面的矛盾

在代理商品方面，委托商有可能不愿意将市场热销的产品或者项目交给代理商经营，希望代理商为他们推销市场平销甚至滞销的产品或者项目，而代理商自然也想做热销产品或者项目的代理。双方可能在代理商品的品种方面发生矛盾。

3. 代理经营存在代理经营目的的矛盾

代理商最关心的是所能获得收益的多少，而委托商最关心的是代理商对其代理的产品或者项目的销售业绩。双方关心的目标不一样，很可能在代理经营的指标方面产生不协调，发生矛盾。

（二）解决代理经营上述问题的方法

第一，从思想观念上看，委托商和代理商双方都要摒弃狭隘的利益观念，克服短期行为，充分认识建立长期稳定的代理关系的重要性，才能真正在代理关系中实现利益共享、风险共担、长期合作。

第二，从结合的原则上看，委托商与代理商双方都应按自愿结合、双向选择的原则，认真选择适合本企业实际情况的代理合作伙伴，在兼顾和平衡工商双方利益的基础上，依法建立规范的合同关系，明确工商双方的责、权、利关系。

第三，从经济利益的协调方面来看，要建立严格的代理经营结算制度。在代理经营中，委托商担心代理商拖欠应返还的销售货款，代理商担心货不对路、供货不及时、佣金不按规定给付，等等。因此，在代理契约中，要明确、详细地规定双方的责、权、利关系和严格的结算方式，避免相互拖欠，增强合作效率和效益。

第四，从代理合同的签订方面来看，要签订科学、规范、合理、灵活的代理经营合同。例如，签订代理契约时，要明确规定代理商品的数量、品种规格、销售任务、交货计划、双方权限、回款方式、报酬方式、优惠和奖励政策等。

五、代理经营的类型

代理经营可分为销售代理、采购代理、储运代理、服务代理和广告代理五大类。

（一）销售代理

销售代理可分为批发销售代理、零售销售代理，或者批零兼营代理。销售代理是市场经济条件下最常见的代理类型，主要有以下四种具体形式：

1. 总代理

总代理是指委托厂商通过契约关系确立代理商业企业，在规定的市场区域内为委托厂商销售某产品、经营某业务的经营方式。总代理既可以从事批发业务，也可以从事零售业务。

总代理的业务范围主要包括三方面的内容：①总代理在合同规定的市场区域内，对所代理的商品或者业务具有专营权或者排他性。即委托厂商不得在契约规定的市场区域内再指定其他代理商，委托厂商也不得在规定的市场区域内进行任何直销活动。②总代理的业务范围比较宽，包括代表委托人签订买卖合同、销售商品、处理销售过程中的有关事务（安装、维修等）；代表委托方进行营销宣传活动等。③委托厂商还可以根据具体情况（如市场范围太大等）给予总代理商寻找分代理的权利，总代理商可以根据授权和实际需要再寻找和确定分代理商。

在各种代理业务中，总代理的权限最大，其代理行为直接影响着委托人的经济利益。因此，作为总代理，必须具有雄厚的资金实力，有效的销售渠道和手段，以及高水平的专业员工队伍。

总代理关系的市场应用条件包括：①本产品或者业务在市场上具有很高的知名度、很强的市场竞争优势；②本产品或者业务的市场需求范围和需求量很大，生产厂商已无能力或精力直接顾及销售环节中的诸多业务。

2. 独家代理

独家代理是指在规定的市场区域内，委托厂商通过合同关系确立某唯一代理商业企业为委托厂商销售某产品、经营某业务的经营方式。独家代理既可以从事批发业务，也可以从事零售业务。

独家代理关系的要求包括：①在合同关系规定的市场范围内，对所代理的商品或者业务具有专营权，或者排他性。即委托厂商不得在合同规定的市场区域内再指定其他代理商，厂商也不得在规定的市场区域内进行任何直销活动。②独家代理商不得再代理或者经营其他同类商品，或者再代理其他具有竞争性、替代性的商品。③独家代理一般不具备除了纯销售业务之外的其他业务的权利，如营销、宣传、寻找分代理等业务。

独家代理关系的市场应用条件包括：①本产品或者业务在市场上具有较高的知名度、

很强的市场竞争优势，甚至是独有的产品；②厂商要考虑到种种利弊关系，要直接参与广告宣传、维修服务等业务活动。

3. 一般代理

一般代理是指委托厂商可以在同一市场销售区域和同一时期内指定若干个代理销售商，同时为其代理销售同一商品，经营同类业务的经营方式。一般代理既可以从事批发业务，也可以从事零售业务。

一般代理关系的要求包括：①代理商不享有专营权，委托厂商可以在同一市场区域内委托多家同类代理商；②代理商也可以同时代理或者经销其他同类商品；③厂商具有在代理商所在市场区域内直销商品的权利。

一般代理关系的市场应用条件包括：①新进入市场、知名度不高、亟须打开市场销路的新产品；②市场上其他同类商品比较丰富，市场竞争比较激烈，且本产品在市场竞争中不占统治或者领先优势的产品。

4. 特约代理

特约代理是指厂商生产的是使用技术要求比较高、安装和维修比较复杂的商品，为了使广大用户或者消费者能够顺利地购买、安装、使用和维修商品，寻找由懂得相关技术、符合相关要求的代理商进行特约代理经营的方式。由于特约代理的售前、售中和售后服务的技术要求较高，一般从事零售代理的多一些，从事批发业务的少一些。

特约代理商是否享有专营权，可与委托厂商洽谈，根据市场情况，可享有专营权，也可不享有专营权。特约代理商必须具备并承担对所代理销售商品的安装、使用、维修等方面操作、讲解、培训等业务的能力和责任。

（二）采购代理

1. 采购代理的概念

采购代理是指通过合同关系确定下来的，由某专业代理商为生产企业代理采购生产所需原材料的经营业务形式。一般来讲，采购代理不仅要为生产企业采购原材料，还要负责采购过程中的储运、保管等业务。有些采购代理商同时还承担为生产企业代理销售商品的业务。

2. 采购代理的应用条件

生产厂商需要的原材料不容易采购，如采购过程比较复杂、采购需要花费大量人力和精力等,生产厂商不愿意在采购环节投入更多的人、财、物力,只好寻求专业代理商来完成。

(三)储运代理

1. 储运代理的概念

储运代理是指通过合同关系确定的,由专业化的储运企业为生产经营企业代理生产经营过程中的装卸、运输、保管、储存等业务的经营方式。这种代理方式也称为"第三方物流"业务。

2. 储运代理的应用条件

某些生产企业或者零售企业在正常的生产经营活动中,需要连续、高效率的原材料或者商品供应,其中有些原材料或者商品要从比较远的地区运送过来,或者某些特殊零配件、原材料具有特殊的运输技术要求等,这就需要专门的运输工具、人员和组织机构,而这些企业又不可能或者不愿再抽出一部分人、财、物组建专业运输机构,客观上需要有专业化的储运企业代理经营这些业务。

(四)服务代理

1. 服务代理的概念

服务代理是通过合同关系确定的,由专业的相关服务机构或者企业为一般企业代理在生产经营过程中产生的诸如期货交易、证券交易、报关、保险、运输、经济诉讼等技术要求高、专业性强的经济事务的经营方式。

2. 服务代理的应用条件

在现代市场经济条件下,企业经营过程中必然会遇见一些比较复杂的、专业性强的国内和国际经济事务,如期货交易、证券交易、报关、保险、运输、经济诉讼等。一般的企业是没有能力应付这些经济事务的,只有专业的机构才能够胜任和完成这些事务,因此,客观上就需要有这些专业机构从事代理业务,代替企业完成这些事务。

(五)广告代理

1. 广告代理的概念

广告代理是指通过合同关系确定的,由专业广告宣传机构或者企业为一般企业代理有关广告宣传的设计、实施等事务的经营方式。

2. 广告代理的应用条件

在现代市场经济条件下,企业及产品的市场知名度是提高企业市场竞争能力和企业生存能力的重要因素之一。要达到这个目的,必须有高水平、高效率、连续的广告与宣传活动,专业广告机构便可以胜任这项工作,满足企业的相关需求。

第七章 商流、物流与供应链

第一节 商流与商业

一、商流的内容与运行方法

（一）商流的概念

所谓商流，就是商品价值形态的流通，其具体表现形式是商品交易过程中有关货币的支付、转账、结算等的运行过程。

在现实的商品流通过程中，形式上，"商流""物流"和"信息流"三者看起来似乎是分开的，实际上"商流""物流"与"信息流"三者是相互关联、密不可分的商品流通的体系化过程，是商品流通内在矛盾的外在表现。其中，"信息流"是商品流通的"导航器"与"方向标"，没有有关市场供求的信息，商品经营者就找不到市场机会，商品流通便失去了目标和方向；"商流"是商品流通的"动力"和"目的"，商品经营者从事商品流通的目的是获取经济利益，如果没有赚钱的市场机会，商品经营者就没有组织和经营商品流通的目的和动力，商品流通也不可能发生；"物流"是商品流通的"物质实体"或者"价值载体"，没有实实在在的能够"承载"商品价值的"商品实体"，商流的目的也不会实现，商品流通的组织者和经营者也不会最终获得经济利益。

（二）商流的表现方式

1. 现货交易过程中的"商流"

在现代市场经济条件下，现货交易过程中的"商流"呈现出多样化的特点，归类起来大致有四类情况。第一类是"一手交钱，一手交货"的方式。即买卖双方在交易过程中，钱与货的交换同时发生。这类现象多发生在零售领域中消费者购买零售商品时，在厂商与厂商、厂商与批发商、批发商与零售商等企业之间进行大宗商品的现货交易时，这种钱货交换同时发生的情况就很少了,往往是"商流"与"物流"分开的。第二类是商流与物流往往表现为"先付款后发货"或者"先发货后付款"的"商流"方式。即卖方先将商品发运,再凭运输凭证通过银行办理托收手续;或者买方先通过银行付款(或先付部分货款,待收到卖方的货后再付清剩余货款;或一次性给卖方先付清全部货款),买方接到商品验收合格后再向卖方付款。第三类是赊销或者预购的信用交易方式,在这两种方式中,商品的"商流"与"物流"已完全分开。第四类是在复杂的市场交易过程中,往往会出现商品的实体在库房中未动,但是商品已发生过多次交易,"商流"当然也发生过多次运动。

2. 期货交易过程中的"商流"

在期货市场中交易的"商品"是"期货合约"而不是现实的商品。商品的"期货合约"在期货交易市场上大量买卖的过程,一定伴随着交易货款的流动,即"商流"的大量流动,此时,"期货合约"中的商品实体并未发生任何流动,甚至还没有生产出来。关于期货交易的内容,本书将在后面的章节中专门讲述,此处不再重复。

3. 有价证券或者资本市场的"商流"

股票市场上各类股票的交易也是一种典型的"商流"方式。因为股票是企业股份的票据证明,而股票市场上股票的交易活动已经完全与股份制企业的生产经营活动分离开来。同样的道理,在资本市场上,交易者利用不同国家币种在利率上的差异进行不同币种的交易,也是一种典型的"商流"行为。

4. 银行业务与企业财会业务的"商流"

在银行业务中的大量存贷款业务、转账业务等,以及企业财会业务中的各类账务的记录、核算、收款、付款等,都是"商流"活动的典型表现。

(三)商业资本

商业资本是指在商品流通领域中发挥媒介作用,并通过资本经营来获取利润的职能资本。商业资本包括商品经营资本和货币经营资本。所谓商业经营资本,是指专门投资于商品交易活动,用于获取利润的职能资本。例如,商业企业投入的固定资本和流动资本。所谓货币经营资本,是指专门承担与货币流通技术性业务有关的资本,如兑换、出纳等。

在我国社会主义市场经济条件下,商业企业经营的实质就是商业资本的经营。没有商业资本,也就谈不上商业经营。商业企业经营的根本目的,就是使商业资本不断地得到增值。商业经营偏离了这个根本的目的,也就违背了资本运动和经济规律的本质要求,难以维持下去。

资本主义生产方式以前的商业资本与资本主义生产方式中的商业资本在产生和增值方面都有很大的区别。前资本主义生产方式的商业资本有三个特点：①商业资本的来源主要是一些富裕的农业生产者或手工业者日常积累的货币，他们将其投入流通领域专门从事商品买卖，这些人也转化成专营商品买卖的商人。②商人将商业资本投入交易活动中，主要是为生产和消费的买卖双方的直接需求服务。③商业利润主要是商人凭借闭塞的市场信息和悬殊的购销差价，以贱买贵卖和商业欺诈的方式获得。

资本主义生产方式下的商业资本与前资本主义生产方式下的商业资本的特点完全不同：①商业资本主要是从产业资本的商品资本运行中分离出来，转化成专门用于商品经营活动的商业资本。商业资本家也是由一部分产业资本家脱离生产领域转化而来，他们不再从事生产活动，而专门从事商品买卖。②商业经营活动主要是为各产业部门追求剩余价值服务。③市场经济条件下，市场信息畅通，流通渠道发达，商人已无法以贱买贵卖和欺诈的方式获取商业利润，商业资本只能按照平均利润率的规律获取剩余价值。

从欧洲国家的历史发展过程来看，资本主义社会进行原始积累的资本就是商业资本或者商人资本。这种商人资本积累的典型代表就是欧洲历史上有名的重商主义思想。重商主义的基本观点是：只有金银才是一国真正的财富，因此，除了开采金银矿之外，对外贸易并在对外贸易中保持出超，使金银进口，才是积累财富的途径。重商主义在资本主义原始积累时期起到了促进货币资本积累的重要作用，也对促进封建社会制度的瓦解和资本主义制度的产生起到了重要作用。

在我国社会主义市场经济条件下，处在流通领域中专门充当媒介完成商品交换的资金实际上也是商业资本。无论是社会主义制度还是资本主义制度，只要整个社会的经济关系是基于商品经济的运行关系，只要实行的是商品经济或市场经济的经济体制，其推动和支持商品流通的商业资本，在性质、获利方式和运行特点等方面都是一样的、没有区别的。

（四）商流的主体与载体

1. 商流的主体

专门从事商品流通经营与服务活动的流通企业（包括批发与零售企业、配送企业、储运企业等）是推动"商流"的主体。

马克思主义经济理论认为，商品是用来交换的劳动产品，在商品体内"天生"存在三个内在矛盾：使用价值与价值的矛盾、具体劳动与抽象劳动的矛盾、私人劳动与社会劳动的矛盾。商品流通企业经营商品流通的过程，实际上就是化解和释放商品体内这三对矛盾的过程，因此，这三对矛盾决定和推动着商品流通企业的运行，以及商品交换关系的演变与发展。

2. 商流的载体

前面已经分析过，商品的价值流通必须依靠一定的载体才能实现。从承载商品价值流通的"载体"的角度来看，我国社会主义市场经济环境条件下，承载商品价值流通的"载体"主要包括以下几方面：

（1）物质商品

物质商品是指存在于一定的物理、化学和结构特性之中的，具有使用价值和价值的劳动产品。物质商品属于有形商品的范畴，所有的生产资料和消费资料都属于物质商品，物质商品是商业经营的主要内容。

（2）科学技术商品

科学技术商品是指以专利、生产技术、设计、计算机软件、管理知识等科学知识形式存在的商品。科学技术作为推动社会进步的重要物质力量，越来越显示出其巨大的能量与作用，科学技术商品在商业交易中所占的比例也越来越大。一个国家经济越发达，科学技术商品的交易规模和交易范围也就越大。

（3）劳务商品

劳务商品是指以提供和消费各种劳动服务形式或过程而存在的商业交易。劳务商品属于无形商品的范畴。在市场经济条件下，运输、金融、广告、咨询、信息、修理、美容、洗浴等都属于劳务商品交易的范畴。劳务商品有两个特点：第一，它不是以实物形式存在，而是以为他人提供某种劳动服务过程的形式存在。第二，劳务商品具有非贮存性、非转移性，劳务商品同其劳动服务过程不能分离。因为，劳务商品是为他人提供的劳动服务过程，劳动服务结束，劳务商品的使用价值也随之消失。

（4）金融商品

金融商品是指一切能够在市场上交易的有价证券。有价证券交易包括为了追求票面价值增值而进行的不同国别的货币交易、股票交易、债券交易等。在市场经济条件下，除了物质商品，代表商品价值量的货币和各种有价证券也成为财富的重要表现形式。在比较成熟的市场经济条件下，为追求票面盈利而进行的各种有价证券的交易也十分繁荣。

（5）劳动力商品

劳动力商品是指通过市场进行交易的人的劳动能力。马克思主义经济学认为，劳动力是指人的"体力和智力的总和"，是存在于活劳动之中的无形的"物"。劳动力商品的"使用价值本身具有成为价值源泉的特殊性。因此，它的实际使用本身就是劳动的物化，从而是价值的创造。货币所有者在市场上找到了这种特殊商品，就是劳动能力或劳动力"。

二、商品流通的要素

商品从生产领域生产出来之后,一般要经过商品流通领域才能到达消费领域。商品流通领域要能够承担商品流通的"任务",必须具备三方面的要素:一是商品流通企业,也可统称为"商业企业"。二是为商品流通提供的仓储、道路、通信、交易市场等基础设施。三是商品流通的相关制度、法规、政策、管理与服务。

(一)商品流通企业

1. 商品流通企业的构成

在我国社会主义市场经济体制条件下,商品流通企业的构成主要包括三方面:一是专门从事商品流通领域各类经营业务的企业,包括批发企业、零售企业、物流企业、储运企业等;二是必须是"产权清晰、责权明确、政企分开、自主经营、自负盈亏"的流通企业;三是必须在人员、资本、设备等方面具备从事商品流通相关经营业务的能力与要求。

2. 商品流通企业的特点

一般来讲,与工业企业相比,商业企业具有十分明显的两个特点,一是资本有机构成比较低。政治经济学原理告诉我们,所谓"有机构成",就是"反映资本技术构成的价值构成"。商业企业的全部"价值构成"中,库存商品、待售商品以及企业的流动资金在整个商业企业的总资本中所占的比例非常大,而房产、仓储加工包装设备、运输工具、电脑和收款机、商品陈列设备等固定资本占总资本的比例相对较小。有些有房产、有仓库、有一定包装和加工设备的商业企业,其库存商品、待售商品和流动资金所占的比例在50%左右;有些没有房产(经营用房是租来的)、没有加工设备的商业企业,其库存商品、待售商品和流动资金所占的比例高达70%。二是企业设备的科技含量与技术水平相对较低。虽然许多现代商业企业都已经大量采用了电脑管理技术、信息技术、网络技术、自动控制仓储技术等,但是与工业企业和科技企业相比,这些技术设备的科技含量或者技术水平都是比较低的。

3. 商品流通企业的赢利途径

工业企业或者科技企业的赢利途径虽然也缺少不了企业管理、营销、信誉、销售方法等因素,但是技术创新、推出新的产品、提高产品的质量等仍是这类企业赢利的"核心"途径。工业企业和科技企业如果没有品质"过硬"的产品,其他途径也很难充分发挥作用了。但是商业企业的主要赢利途径与工业企业和科技企业有所差别。

(二)商品流通的基础设施

商品流通的基础设施主要包括以下三方面的内容:

第一,大型商品集散中心,大型批发市场,物流运输的重要节点,车站、码头、机场等物流园区以及仓储设施的建设。

在我国商品流通越来越发达,商品流通的规模越来越大的情况下,上述基础设施的建设水平对我国商品流通水平具有全局性的影响。我们在进行这类基础设施的规划与建设时,应该注意两方面的问题:一是抓好相关基础设施的规划,使基础设施的建设体现出系统性、配套性、科学性;二是要注意因地制宜、结合实际,不能因相关基础设施建设滞后而阻碍了商品流通的发展,也不能过于超前,或者不符合当地的技术要求,从而浪费了大量的建设资源。

第二,社会能够为商品流通提供畅通、快捷服务的道路、交通、运输、通信的公共设施和相关服务配套水平。

这类基础设施和相关的服务配套水平与一个国家或者地区的公共交通设施建设水平、通信技术水平以及相关服务水平有关。这类基础设施的建设也直接影响着一个国家或者地区的商品流通效率和水平。

第三,城市,特别是大城市的物流园区、批发市场、商业网点、商业街区的分布与建设,以及与之相配套的道路、停车场等设施。

随着我国社会主义市场经济的繁荣发展,城市商业对经济发展的拉动力越来越明显,城市商业基础设施的建设水平直接影响着城市商贸业的发展。同时,城市道路与公共交通的顺畅性要求与城市中大型商业网点交通运输繁忙的矛盾越来越突出。因此,规划、建设和管理好这类商业基础设施,是有效推动城市商品流通繁荣发展,充分发挥城市商贸功能的重要因素。

(三)商品流通的制度、法规、政策、管理与服务

1. 政府有关商品流通的管理制度

随着我国商品流通的繁荣发展,我们必须不断地改革、创新与完善与不断繁荣发展的商品流通要求相适应的商品流通管理制度和管理方法。例如,市场交易的开放性和公平性的制度与法规、道路交通的畅通性政策与法规,等等。

2. 国家制定的有关商品流通工具和技术的标准化制度

如货柜汽车、集装箱、装卸机械、托盘、包装箱尺寸的标准化和统一化等。随着我

国商品流通设施、装备、工具、技术等越来越复杂，其应用范围也越来越广泛，这些设施、装备、工具等的标准化、统一化、通用化、体系化水平的高低，对提高我国商品流通的运行效率具有关键性影响。

3. 政府有关商贸业的职能管理部门对商业的管理与服务水平

政府有关商贸业的职能管理部门对商贸业的管理和服务水平直接影响着其效率和效益。例如，我们常讲某地方"投资与经营环境好与不好"的问题，实际上就是这些地方政府对经济发展的政府管理与服务水平问题。

政府对商品流通领域的管理与服务水平主要体现在以下两方面，一是政府对有关商品流通的管理制度的设计是否科学合理；二是在比较科学合理的商品流通管理制度下，政府相关执行部门能否认真、规范、全面、到位地落实有关制度与政策，使管理与服务都达到比较高的水平。

三、商业的概念、职能与作用

（一）商业的概念

商业是专门从事商品交换业务，并通过商品交换业务来获取经济利益的行业。商业是社会分工、商品生产和商品交换发展到一定阶段的产物。在现代市场经济与现代商务条件下，商业的概念包含以下三方面的含义：

1. 商业属于在商品经济活动中起媒介交易作用的经营行业

在社会分工与专业化深化发展的过程中，不同生产领域之间、不同生产环节之间、企业与企业之间、生产与消费之间、地区之间等，客观地形成了在产品、物资、信息、劳务等方面相互依赖的复杂的社会生产与消费的交流系统。商业就是介于这些不同的领域、环节、地区、企业之间，以交易、联系、储运、中转等方式，专门从事媒介性经营活动的行业。

2. 商业是融汇于市场经济活动方式之中的产业系统

传统理论认为，商业不是物质生产领域，商业经营不会增加社会物质财富，只是连接产销与供求，为劳动产品的价值和使用价值的最后实现起"桥梁""纽带"和"媒介"作用，为生产领域生产物质财富提供辅助作用。这是在商品经济不发达情况下或者在计划经济体制条件下的典型观点。

在市场经济条件下，特别是在发达市场经济条件下，商业不仅具有"中介"作用，而且它作为一个产业的特征以及所具有的创造价值的作用，越来越明显地在整个国民经济运行体系中表现出来。具体表现在以下两方面：首先，在市场经济条件下，对社会财富的概念以及相应的国民经济发展情况的计算，不仅注重物质生产量指标，更注重按货币关系表示出来的价值量的指标。只要能够创造价值的行业，都是产业。毫无疑问，商业作为一个创造价值的行业，必然属于产业范畴。其次，在市场经济条件下，任何企业的运行都必须按照资本运行规律进行，即投入一定量的资本，目的是追求和获取更多的利润。典型的商业资本运行规律的公式就是马克思所描绘的"G—W—G"过程。也就是说，无论是处在生产领域的企业，还是处在流通领域的企业，有所区别的只是从事的经营项目不同，抽出这些具体的经营项目，任何企业都是完全一样的资本经营，都是按"G—W—G"的资本运行规律经营的。因此，不存在生产领域的企业或行业就是产业，而流通领域的企业或行业就不是产业的问题。现实的经济运行早已表明，市场经济越发达的国家，包括商业在内的"第三产业"在国民经济中所创造的财富的比例就越大。

3. 商业企业的构成要素

商业企业的构成要素包括四方面：①专职人员，即具有专业商品经营与交易知识和能力的专门业务人员。②专项资本，即包括专门从事商品交易的专项资金，以及各种设施和专用固定资产。③专门组织机构，即由一定的机构设置、管理模式、营运方式构成的不同商业经营组织。如批发商业企业的组织机构、连锁经营企业的组织机构等。④专用设备与技术，即运输、仓储、销售、结算等使用的各种设备、工具与技术。

（二）商业与商品经济

商品经济是商业产生与存在的基础与条件，没有商品经济，也就不可能产生商业。

商品经济主要有五方面的特点：第一，从内容和范畴来看，商品经济是以价值范畴为内容，以商品货币关系来维系，以商品交换和追求剩余价值为目的的交易经济。第二，从交易规则来看，商品经济是以市场法则为准绳，以自主经营、公平竞争、等价交换为原则的平等经济。第三，从内在规律和调节方式来看，商品经济是以价值规律为基本的、内在的调节规律，以维持市场供求关系的大致平衡为外在运行轴心的关系经济。第四，从经济活动主体之间的关系来看，商品经济是在公开、公平、公正的市场交易法则约束下的平等竞争、优胜劣汰的竞争经济。第五，从经济管理方式来看，商品经济排斥条块分割、市场壁垒、经济封锁等经济管理方式，是渠道发达、信息灵通、市场开放、交易自主的开放经济。

（三）商业的职能

1. 交换职能

交换职能是商业的基本职能，也是其最原始、最本质、最主要的职能。

在市场经济的社会化大生产条件下，各个经济主体之间的经济联系是社会经济运行的重要环节。因为，第一，从整个国民经济的宏观运行体系来看，在商品经济社会，商品交易是经济主体实现相互间经济联系的基本形式，商业的职能就在于充当媒介取得这种经济联系。商品生产的目的能够在多大程度上实现，取决于商业交换职能发挥作用的深度和广度。第二，从每个市场经营主体的微观运行过程来看，商业企业通过不断地充当媒介完成商品交换，使各经营主体创造的价值不断得到实现并获取经营利润，使这些经营主体的再生产不断地延续和扩大，这正是商业最原始、最本质的职能，同时也是商业企业本身经营的基本内容和目的。如果商业企业失去了交换的职能，不仅使处在生产领域的企业无法高效率地实现其创造的价值，商业企业本身也失去了创造价值的基本方式。

从商业交换职能的角度出发考虑问题，在现实的经营管理与改革过程中，商业主体在企业体制、管理模式、组织形式、经营方式等方面的选择，都必须服从于商业的交换职能。也就是说，从充分发挥商业企业的交换职能出发，以现实经济发展对交易形式的要求为基础来设计商业企业的体制、管理、组织和经营等问题，而绝不能不考虑现实经济发展对商业企业的要求，脱离实际地事先人为设计商业企业的某种体制、管理模式、组织形式或经营方式。

2. 调节职能

在现代市场经济条件下，由于社会分工和专业化生产十分复杂，生产需求与生活需求更加多样化，因此，在经济运行过程中，生产与消费之间、供给与需求之间不可避免地存在数量、结构、时间和空间四方面的不协调。这些矛盾的直接表现是：在同一市场上商品供求不平衡或在不同市场之间商品供求余缺的不协调而产生的市场价格的波动，给了商业企业组织商品流通的市场机会，以及通过充当媒介完成商品交换而获利的内在经济动力。商业企业组织商品流通、媒介商品交换的行为客观地为调节市场的供求矛盾、衔接产需关系起到了十分重要的作用。如果商业企业没有调节市场供求矛盾的职能，商业企业自身就失去了获利的市场机会。

3. 传递信息职能

包括市场价格、供求关系、市场发展趋势等内容在内的市场信息是整个国民经济运行关系中存在的各种矛盾在商品交易领域的外在综合反映。商业企业在主观和客观上都具有"天然"传递市场信息的职能。这是因为：第一，商业企业处在生产和消费的中介地位，不仅与生产领域和消费领域有着直接和广泛的联系，而且十分熟悉市场情况，因此，它能够及时、准确、全面地掌握市场信息；第二，商业企业为了追求经营利润的最大化，必然要积极主动地搜集各种市场信息，寻求市场机会，从事商品流通与交易活动。因此，商业企业的经营活动过程就是不断地适应和反映市场信息要求的过程；第三，商业企业根据市场信息从事的商业经营活动必然将有关的市场信息传递到生产领域和消费领域，引导生产领域和消费领域也按照市场信息的要求进行生产和消费。

（四）商业的作用

商业企业以充当媒介完成商品交易活动的方式来谋求经济利益的过程，客观上对整个社会再生产过程起到了积极的作用。具体如下：

第一，商业企业利用生产和需求矛盾，寻找市场机会，组织商品流通和充当媒介完成商品交易的过程，客观上起到了有效衔接产需关系、缓解或调节产需矛盾、保证社会再生产和消费正常运行的作用。

第二，商业企业为了加快资本的周转速度，提高企业的经济效益，尽可能加快交易速度和扩大交易量的过程，客观上起到了加快整个社会商品流通速度、节省商品流通总时间、加快社会再生产周转速度的作用。

第三，作为专门从事商品经营的商业资本，为了追求利润的最大化，一定会千方百计地提高资本的经营管理水平和营运效率，降低流通费用，这在客观上起到了节省全社会总资本在流通领域的投入总量、提高整个社会资本的营运效益的作用。

第四，商业企业之间争夺市场机会、购销渠道、市场占有率等经营与竞争的过程，客观上起到了扩大交易空间和范围，促进部门之间、企业之间、城乡之间、地区之间、国家之间经济联系的作用；也间接地起到了催化社会分工不断裂变，促进社会生产向规模化、专业化、国际化方向不断深化发展，促进市场化的社会经济关系不断深入的作用。

第二节　物流理论与实践

一、物流的概念与构成

（一）物流的概念

中文的"物流"一词是从英文"logistics"一词翻译而来的。目前，国内外理论界对物流的概念表述不一致，具有代表性的有以下四种观点：

第一种观点：由我国国家质量监督检验检疫总局和国家标准化管理委员会发布的《中华人民共和国国家标准：物流术语》中，对物流的定义是：物流是物品从供应地到接收地的实体流动过程，根据实际需要，将运输、储存、装卸、搬运、包装、流通加工、配送、信息处理等基本功能实施有机的结合。

第二种观点：物流是指为了满足客户的需求，以最低的成本，通过运输、仓储、配送等方式，将原材料、半成品和成品，由产地运送到消费地的计划、实施和管理的全过程。

第三种观点：物流中的"物"是具备物质实体特点，并可以进行物理性位移的物质资料。"流"是物理性运动，是相对地球而发生的物理性运动。流的范围可以是全球性的大范围运动，也可以是在较小的同一区域的小范围运动。因此，物流是人类为了达到经济目的、社会目的、军事目的，与实物之间构成的"物"与"流"的组合。

第四种观点：现代物流不仅包括从生产者到消费者的货物配送，而且包括从供应商到生产者对原材料的采购、运输、保管、销售和信息等全过程，是以提高经济效益和效率为目的。因此，现代物流是以满足消费者的需求为目标，把制造、运输、销售等市场情况统一起来考虑的一种战略措施。

归纳与总结以上四种观点，可以清晰地看出，"物流"的概念包括以下三个范畴：一是包括了经济目的、社会目的和军事目的的广义的物流；二是仅限于经济运行范畴，为了达到经济目的，"从供应地到接收地的物品实体的流动过程"的狭义的物流；三是在经济运行范畴内将物品实体从供应地到接收地流动过程中，充分运用信息技术、网络技术、通信技术、运输技术、仓储技术、冷链技术等现代化的技术，大大提升物流的质量和效率的"现代"物流。

（二）现代物流的概念

现代物流是指在市场经济运行环境中，企业、机构或个人为了追求经济利益，由商品交易而带动或者引起的，商品实体通过运输、搬运、储存、保管、包装、装卸、流通加工和物流信息处理等环节和手段，从供应地到接收地流动的过程中，充分运用信息技术、网络技术、通信技术、运输技术、仓储技术等现代化的技术，大大提升了物流的质量和效率的物流。从上述现代物流的概念可以看出，现代物流与一般物流，在运输、仓储、装卸、包装、流通加工、配送等基本内容方面并没有区别，只是在物流基本内容的基础上加上"现代"特征或者元素。

（三）物流的构成

构成物流的主要环节和内容包括：运输、仓储、包装、搬运装卸、流通加工、配送和物流信息。

1. 运输

即使用汽车、火车、船舶、飞机、管道，以及相应的其他装运设施和工具，将商品实体从一个点向另一个点运送的活动。

2. 库存

即在商品实体运送过程中发生的商品实体在仓库中的存放、保管，以及对库存的种类和数量进行管理的作业活动。

3. 包装

即为方便储运、保管和销售，按商品实体的物理和化学特性，采用合适的容器，按照合适的数量和体积的技术要求，对商品实体进行分装、捆扎、包裹、密封等的作业。

4. 搬运

即商品实体在运输、库存、包装、加工过程和环节中发生的装卸和位移活动。

5. 流通加工

即商品实体在运送过程中，根据用户要求，对商品实体进行分割、分拣、清洗、计量、打包、刷标志、拴标签等作业活动。

6. 信息管理

即对物流的市场供求、货运量、库存量、仓储的进出货、配送时间和种类、运营成本等作业和环节所产生的相应信息进行收集、记录、整理和分析,并运用这些信息对物流过程进行调整、控制和决策的过程。

二、物流管理的概念与类型

(一)物流管理的概念

无论是一般物流,还是现代物流,必须有经营者和管理者的参与,对整个物流的过程、环节和业务进行安排、协调、控制等管理,物流才能有序、高效的运行。只有物流没有物流管理的物流,不是完整的、有序的、高效的物流。据此,本书将物流管理的概念表述如下:物流管理(Logistics Management)是指在社会生产过程中,从事物流业务的经营者和管理者根据物质资料实体流动的要求和规律,应用管理的基本原理、科学方法和信息技术,对物质资料实体的流动过程进行计划、组织、指挥、协调和控制,使物质资料在流动过程中的环节、数量、时间、地点等实现最佳的协调与配合,以达到降低物流成本,提高服务质量、物流效率和经济效益的目的。

(二)物流管理的类型

从社会运行实践来看,物流管理大致有四种类型:

1. 企业或者工厂内部的物流管理

生产产品的工厂、大型物流配送企业、大型专业运输企业等,对发生在企业内部的物流业务所实施的管理。

2. 物流园区或者物流中心的管理

这类大型物流园区内集聚了多个物流企业,存在车辆、仓储、堆码、装卸、搬运等复杂的物流运行业务。物流园区的管理者要对这些复杂的物流运行业务进行科学、合理、有序的布局、安排、组织、指挥和管理,才能使物流园区或者物流中心有序、顺畅、高效的运行。

3. 物流信息服务业的管理

专门从事物流信息服务业务的中介机构一方面收集社会各个行业、企业、单位、经营户等对物流运输的需求信息,并将这些社会物流运输信息进行登记、整理、分类和信息发布,另一方面联系中小型专业运输企业和大量的个体运输经营户,根据物流需求者的要求,进行联系、调度、协调、指挥等方面的服务与管理活动。

4. 物流供应链的管理

处在供应链主导环节上的企业，对物流供应链上涉及的相关环节、过程等全部物流活动进行谋划、组织、协调与控制的管理（后面有专节论述）。

三、物流企业、物流模式与物流机构

（一）物流企业

物流企业是指专门从事商品实体的运输、仓储、保管、配送等物流业务，并能够按照客户的物流需求对运输、储存、装卸、搬运、包装、流通加工、配送等进行组织和管理，具有与自身业务相适应的信息管理系统，实行独立核算，独立承担民事责任的经济组织。

现实中，物流企业的类型较多，主要有储运公司、快递公司、配送中心、航运公司、从事运输业务的服务机构等。

（二）物流模式

1. 企业内部物流

大型生产企业、仓储企业等企业内部原材料、物资、商品等在企业内部的调动与运行。

2. 第三方物流

这是指独立于物资的供给者和需求者，专门为用户提供商品实体的运输、保管、配送等物流业务的专业机构和企业。大部分仓储公司、快递公司、航运公司等都属于第三方物流范畴。第三方物流的发展是社会化大生产条件下，专业化的社会分工不断发展的结果。

3. 冷链物流

对一些保鲜要求和温度要求很高的食品类货物，以冷冻工艺学为基础、以制冷技术和相关设备为手段，使该类货物在生产、贮藏、运输、销售的各个环节始终处于规定的低温环境中，以保证食品质量，减少食品损耗的物流输送系统。

（三）物流机构

物流机构主要包括物流中心和物流节点。

1. 物流中心

物流中心一般是指具有比较完善和一定规模的场所、仓储、信息、办公、停车场等物流基础设施，专门面向社会物流企业和仓储、中转、配送等物流业务，提供公共的物流服务平台的机构。

目前，我国许多大中城市还设有"物流园区"。实际上，物流园区与物流中心在本质上没有区别，构建的目的都是为物流企业和物流业务提供集聚化的、具有完善配套设施的、规模化的运营场所。

从物流中心的覆盖面来看，又分为地区性的物流中心、区域性的物流中心和全国性的物流中心。

2. 物流节点

物流节点是指在合适的地理位置上设置的，能够为社会物流提供集散、中转、仓储、集配、分销等物流业务的物流园区、物流中心、大型仓库、码头、货场等。

四、物流业的管理体制与发展规划

（一）我国物流业的改革过程与现状

在我国计划经济时代，与其他行业一样，运输行业（当时没有"物流业"的提法，也没有物流行业）只有国营运输企业、集体运输企业和一些大型企业自有的运输机构，没有民营运输企业，更没有个体运输户。从运输业的管理体制来看，社会生产过程中的所有运输业务基本上都是由相关的行政管理部门来管理、计划和调度的，任何国营运输企业、集体运输企业和大型企业自有的运输机构，既没有自主经营权，也没有自主定价权。

改革开放之后，我国的运输行业在三方面进行了改革：一是放开了运输行业的管理权限。各类运输行政管理机构不再对企业层面的运输业务进行直接管理、计划与调度。除了少数关系国计民生的重大运输业务之外，其余的运输业务全部放开经营。二是放开了运输企业的经营自主权和服务收费价格，除了铁路运输、民航运输、公交运输等少数领域实行国家登记式管理和实行指导性价格管理，全社会大量的日常物流业务，政府不再进行任何行政干预，运输企业完全走上了自主经营、自负盈亏的道路。三是放开了运输业务市场，运输业务的供给者和需求者可以自主到市场上寻找交易对象、自主选择运输方式和线路、自主定价。

（二）我国物流管理体制存在的问题

第一，物流业的管理体制不顺。我国物流业管理权限涉及国家发改委、商务部、交通运输部、公安部、国家质检总局、工商总局、税务总局、海关总署、邮政局、工信和信息化部、民航总局、住房和城乡建设部等多个部门,在地方上还涉及公路、城管等部门。这种管理格局导致我国物流业管理权限部门分割、条块分割的现象比较突出,不利于我国物流业市场化、规模化、国际化、高效化的深入发展。

第二,我国虽然制定了《物流术语》《商品条码》《储运单元条码》和《数码仓库应用系统规范》等物流标准,但这些标准仍然存在得不到有效应用和推广、有些企业或者单位不按标准执行、物流设施和装备的标准化程度较低、物流设施标准与物流包装器具标准之间缺乏有效衔接等问题。这类问题的存在影响了我国物流运行的效率,增加了物流运营成本。

第四,相关物流法规与管理制度环境不合理。一方面,我国有些物流方面的法规还是从过去计划经济体制下延续下来的,这些法规已经难以适应市场经济环境中物流业发展的要求;另一方面,面对我国现代物流业的快速和大规模发展,我国相关法律体系还存在不健全、不完善之处,在物流管理方面乱收费、乱罚款、政出多门、执法标准不一致等现象仍然存在。

总之,我国物流业管理体制和法制环境的改革任务仍很艰巨。

(三)物流业的发展规划

由于我国物流业已发展成为国民经济的一个重要行业,因此,各地区都将物流业视为发展现代服务业的重点产业之一,相应地出台了许多有关物流业的发展战略、发展规划之类的纲领性文件。大量的实践经验表明,我们在制定有关物流业的发展战略或者发展规划时,一定要注意以下两方面的问题:

第一,制定物流业的发展规划或者发展战略,一定要与本地区的产业特点、区域特点相结合,制定的相关文件既要能够有效促进物流业的健康发展,又要能够反映本地区的产业优势或者经济优势。

第二,制定物流业的发展规划或者发展战略时,一定要注意与本城市、本地区的经济发展规模和发展水平相适应。有些城市或地区在发展物流业时盲目追求规模、追求先进,使物流业在园区规模、运行模式、产值等方面严重脱离本地区的实际情况。

第三节 供应链与供应链管理

一、供应链的概念与类型

（一）供应链的概念

国内外理论界对供应链（Supply Chain）概念的界定从文字到内容表述方面都不统一。例如，《中华人民共和国国家标准：物流术语》文件中，对供应链概念的表述是：生产及流通过程中，为了将产品或服务交付给最终用户，由上游与下游企业共同建立的网链状组织。我国学者张成海在《供应链管理技术与方法》一书中认为，供应链是在产品或服务的生产和流通过程所涉及的所有实体，以及它们的活动相互关系组成的网络系统。国外学者哈里森（A.Harrison）认为，供应链是执行采购原材料，将它们转换为中间产品和成品，并且将成品销售给用户的功能网链。史蒂文斯（Stevens）认为，通过增值过程和分销渠道控制从供应商到用户的流就是供应链，它开始于供应的源点，结束于消费的终点。

根据国内外学术界的主要观点以及供应链在实践中的运行情况，再结合我国的国家标准，本书认为，供应链是指根据核心企业对外部物流的要求，通过契约关系将所涉及的供应商、制造商、运输商、零售商等多个物流环节和经营主体联系起来，并对这些环节和经营主体的物资流、信息流和资金流进行科学管控，构建成一个整体的链状物流运行结构，使核心企业和相关企业之间的多个物流环节和过程形成系统化、高效化、无缝连接的一体化物流过程。

（二）供应链的类型

1. 内部供应链与外部供应链

内部供应链是指企业内部产品生产过程所涉及的采购部门、生产部门、仓储部门、运输部门和销售部门等物流环节构成的供需网络。企业内部供应链起到了提高企业内部物流运行效率、降低运行成本、增强企业竞争能力的作用。有学者认为，企业内部供应链应该属于企业管理的范畴。

外部供应链是指企业外部的，与企业相关的产品生产和流通过程中涉及的原材料供应商、生产厂商、储运商、零售商以及最终消费者组成的供需网络。本书研究的供应链就是企业外部的供应链。

2. 稳定型供应链和动态型供应链

稳定型供应链是指供应链所涉及的每个环节、作业流程、上下游关系等，在供应链的结构和流程方面都是基本不变的、长期稳定的。

动态型供应链是指由于受到原材料供给的季节性影响、可替代原材料的价格变动影响、市场需求变化的影响等，使供应链在结构上和流程上处于变化的状态，以更好地适应市场竞争的需要。有的学者将这种动态型供应链称为反应型供应链，即根据市场需求以及客户要求的变化，及时调整供应链结构的类型。

3. 盟主型供应链与非盟主型供应链

盟主型供应链是指处在供应链中某一节点上的企业在整个供应链中占据主导地位或者核心地位，以该核心企业为中心构成的供应链。例如，以大型制造商为核心构成的供应链，或者以大型零售商为核心构成的供应链等。

二、供应链管理

（一）供应链管理的概念

与供应链的概念一样，理论界对供应链管理概念的表述也不统一，但就其核心内容来看，供应链管理（Supply Chain Management，简称 SCM）是指在满足客户需求、提高服务水平的目标下，为了使整个供应链系统的运行成本达到最小化，物流的运行效率达到最优化，把供应商、制造商、运输商和销售商等有效地进行组织、控制、协调和指挥的管理活动。

（二）供应链管理的内容

供应链的日常运营管理主要包括以下八方面的内容：

1. 采购管理

主要包括：①采用智能订单生成技术，按照当前库存和销售计划来决定和管理所需要采购的商品种类和数量；②运用数据交换技术，实现对订单从签订、执行、物流配送到货款收付的全程跟踪与管理；③全面协调采购部门、仓库配送、财务部门之间的业务关系；④建立完善的供应商资料和供应商评估信息，实现对供应商的分类管理和业务分权限管理。

2. 生产管理

主要包括：①根据销售计划、生产能力和物料供应情况，制订有效的生产计划，进行生产管理；②根据生产计划生成物料需求计划和物料采购计划，通过系统与供应商协同，根据供应商的供应能力调整生产计划；③进行JIT（Just In Time）供料模式管理，即根据生产计划和生产工艺路线，制订和管控供料计划，使物料供应部门能够在准确的时间，将准确的物料，用正确的方式，将准确的数目送到准确的工位。

3. 仓储管理

主要包括：①对来货的签收、入库、出库、发货、库存盘点、库内移位和库间调拨进行管理；②科学分配商品的存放库位和拣货库位，减少拣货错误，提高仓库的作业效率；③随时准确查询商品的库存数目和存放库位，全面了解仓库的库容情况。

4. 库存管理

主要包括：①根据每种商品的历史周转情况，对商品的库存上下限进行设置，以达到对不同商品库存的容量和分类管理的目标。②随时掌握处在供应链中每一个环节的库存情况。

5. 配送管理

主要包括：①通过各种通信与联络技术，及时掌握需要发送的商品，以及下达配货与发运指示。②根据不同的配送方式和线路，生成费用清单，并进行收发货和转运的适时管理。

6. 销售管理

主要包括：①细化和完善客户的资料管理；②对货款、应收账款、账款风险等进行管理；③对订单进行全程跟踪，实现对订单从签订、执行、物流配送到货款收付的全程跟踪与管理。

7. 财务管理

主要包括：①对总账、明细分类账、现金日记账、银行日记账会计账户等的管理；②对资产负债表、利润表、现金流表等财务报表进行管理；③对统计、报表等进行分析，为决策者提供参考数据。

8. 办公管理

主要包括对整个供应链的信息、业务衔接、工作效率、运营成本以及出现的问题等进行管理。

（三）供应链管理的目的

1. 提高客户满意度

这是供应链管理与优化的最终目标，供应链管理和优化的一切方式方法都是朝向这个目标努力的，这个目标同时也是企业赖以生存的根本。

2. 提高企业管理水平

供应链管理与优化的重要内容就是流程的再造与设计。随着企业供应链流程的推进和实施，企业管理的系统化和标准化将会有极大的改进，这些都有助于企业管理水平的提高。

3. 节约运行成本

科学组建和整合供应链系统，能够大大降低供应链内各环节的运行效率，降低营运成本。

4. 降低存货水平

供应链所带来的物流的顺畅性和系统性，使供应商能够正确掌握存货信息，没有必要维持较高的存货水平，使库存降到最合理的水平。

5. 减少循环周期

供应链的构建使处在供应链各个环节的物流业务能够更顺畅地衔接，提高了整个物流运行的速度，减少了相关企业特别是核心企业的生产周期。

6. 增强赢利能力

供应链的优化可提高企业的整体管理水平、节约运行成本、降低库存水平、提高运行速度，这些对提高企业的赢利能力具有十分重要的影响。

第八章 网络经济下的市场结构变化

第一节 网络经济下市场结构的新变化

一、完全垄断

完全垄断市场指在市场上只存在一个供给者和众多需求者的市场结构。完全垄断市场的假设条件有三个特点：第一，市场上只有唯一一个厂商生产和销售商品；第二，该厂商生产的商品没有任何接近的替代品；第三，其他厂商进入该行业都极为困难或不可能，所以垄断厂商可以控制和操纵市场价格。

（一）特点

第一，厂商数目唯一，一家厂商控制了某种产品的全部供给，完全垄断市场上。垄断企业排斥其他竞争对手，独自控制了一个行业的供给。由于整个行业仅存在唯一的供给者，企业就是行业。

第二，完全垄断企业是市场价格的制定者。由于垄断企业控制了整个行业的供给，也就控制了整个行业的价格，成为价格制定者。完全垄断企业可以有两种经营决策：以较高价格出售较少产量，或以较低价格出售较多产量。

第三，完全垄断企业的产品不存在任何相近的替代品。否则，其他企业可以生产替代品来代替垄断企业的产品，完全垄断企业就不可能成为市场上唯一的供给者。因此消费者无其他选择。

第四，其他任何厂商进入该行业都极为困难或不可能，要素资源难以流动完全垄断市场上存在进入障碍，其他厂商难以参与生产。

完全垄断市场和完全竞争市场一样，都只是一种理论假定，是对实际中某些产品的一种抽象表达，现实中绝大多数产品都具有不同程度的替代性。

（二）原因

垄断市场形成的原因很多，最根本的一个原因就是为了建立和维护一个合法的或经济的壁垒。从而阻止其他企业进入该市场，以便巩固垄断企业的垄断地位。垄断企业作为市场唯一的供给者，很容易控制市场某一种产品的数量及其市场价格，从而可连续获得垄断利润。具体地说，垄断市场形成的主要原因有以下几方面：

1. 生产发展的趋势

在生产的社会化发展过程中，自由竞争自然而然地在引起生产和资本的集中，而当生产和资本的集中发展到一定阶段以后，就必然会产生垄断。可以从两方面来分析这个问题：一方面，生产和资本的集中发展到一定阶段时就产生了垄断的可能性。因为当生产和资本发展到一定阶段后，生产和资本逐步集中到少数的大企业手中，他们之间就容易达到协议，形成垄断，使其操纵、控制市场供给成为可能，而其他企业则无法与之竞争；另一方面，生产和资本的集中发展到一定阶段后，生产和资本必然集中到了少数大企业手中，这些大企业要在竞争中打败对方单独取胜，则很不容易。为了避免两败俱伤从而获取稳定的垄断利润，他们都有谋求妥协、达成垄断的共同需要。

2. 规模经济的要求

有些行业的生产需要投入大量的固定资产和资金，如果充分发挥这些固定资产和资金的作用，则这个行业只需要一个企业进行生产就能满足整个市场的产品供给，这样的企业适合于进行大规模的生产。具有这种规模的生产就具有经济性，低于这种规模的生产则是不经济的。这样来看，规模经济就成为垄断形成的重要原因。同时，大量的固定资产和资金作用的充分发挥，使企业具有了进行大规模生产的能力和优势，因而这个企业能够以低于其他企业的生产成本或低于几个企业共同生产的成本、价格，向市场提供全部供给。那么，在这个行业中，只有这个企业才能够生存下来，其他企业都不具备这种生存能力。

3. 保护专利的需要

专利是政府授予发明者的某些权利。这些权利一般是指在一定时期内对专利对象的制作、利用和处理的排他性独占权，从而使发明者获得应有的收益。某项产品、技术或劳务的发明者拥有专利权以后，在专利保护的有效期内形成了对这种产品、技术和劳务的垄断。专利创造了一种保护发明者的产权，在专利的有效保护期内其他任何生产者都不得进行这种产品、技术和劳务的生产与使用，或模仿这些发明进行生产。若不保护发明专利，社会和生产就难以进步与发展。

4. 对进入的自然限制

当某个生产者拥有并且控制了生产所必需的某种或某几种生产要素的供给来源时，

就形成了自然垄断。这种自然垄断形成以后,其他任何生产者都难以参与此类要素的市场供给,从而就自然地限制或阻止了其他生产者的进入,这样,就维护了这个生产者的垄断地位及其垄断利益。这种自然垄断的形成得力于两方面的原因:第一,得力于生产中的先行进入。由于先行进入某一行业,从而使其在某种要素或某几种要素的生产中先行具有了某些优势,如生产技术或生产经营的优势,从而增加了其他生产者的进入难度,先行进入者就可以逐渐形成垄断。第二,得力于生产中占据的自然地理优势。某种要素或某几种要素生产的自然地理优势被某个生产者占据以后,其他生产者生产同种要素或同几种要素时就不再具有自然地理优势,前者就形成了生产中的自然地理优势垄断。例如,拥有或控制主要原料可以阻止竞争,从而形成垄断。最常见的是通过对原料的垄断来限制竞争。

5. 对进入的法律限制

政府通过特许经营,给予某些企业独家经营某种物品或劳务的权利。这种独家经营的权利是一种排他性的独有权利,是国家运用行政和法律的手段赋予并进行保护的权利。政府的特许经营,使独家经营企业不受潜在新进入者的竞争威胁,从而形成合法的垄断。政府对进入市场进行法律限制形成法律垄断,主要是基于三方面的考虑:一是基于某种公司福利需要的考虑,如某些必须进行严格控制的药品的生产,必须由政府特许独家经营;二是基于保证国家安全的考虑,如各种武器、弹药的生产必须垄断;三是基于国家财政和税收收入的考虑,如国家对某些利润丰厚的商品进行垄断经营等。

二、垄断竞争

(一)含义

垄断竞争,是指有许多厂商在市场上销售近似但不完全相同的产品。垄断竞争市场,是指一个市场中有许多厂商生产和销售有差别的同种产品的市场组织。企业垄断竞争,是指许多厂商生产并出售相近但不同质商品的市场现象。

(二)特点

垄断竞争是在旧经济中常见的一个特征,同时这一特征在新经济(又称知识经济)时代表现得更为明显。

垄断竞争是经济学中比较典型的市场形式之一。

进行垄断性竞争企业在短期是零利润或低额利润,而在长期则是暴利的。值得注意的是,垄断性竞争虽然一直是微观经济学中研究市场与竞争的话题,但是越来越被宏观经济学家所运用,特别是在 20 世纪 70 年代以后注重微观基础的建模风潮下。

(三)条件

垄断竞争市场的条件有以下三点:

第一,生产集团中有大量的企业生产有差别的同种产品,这些产品彼此之间都是非常接近的替代品。例如,牛肉面和鸡丝面。这里的产品差别不仅指同一产品在质量、构造、外观、销售服务方面的差别,还包括商标、广告上的差别和以消费者的想象为基础的虚构的差别。例如,虽然两家饭店出售的同一菜肴(以清蒸鱼为例)在实质上没有差别,但是消费者心理上却认为一家饭店的清蒸鱼比另一家的鲜美,此时存在着虚构的差别。

一方面,由于市场上的每种产品之间存在差别,每种带有自身特点的产品都是唯一的,因此每个厂商对自己的产品价格都有一定的垄断力量,从而使得市场中带有垄断的因素。另一方面,由于有差别的产品之间相互又是非常相似的替代品,每一种产品都会遇到其他大量的相似产品的竞争,市场中又具有竞争的因素。

第二,一个生产集团中的企业数量非常多,以至每个厂商都认为自己的行为影响很小,不会引起竞争对手的注意和反应,因而自己也不会受到竞争对手的报复措施的影响。例如盒饭、理发行业。

第三,厂商的生产规模比较小,因此进入和退出一个生产集团比较容易。

在现实生活中,垄断竞争的市场组织在零售业和服务业中是很普遍的,如修理、糖果零售业等。

在垄断竞争的生产集团中,各厂商的产品是有差别的,厂商们互相之间的成本曲线和需求曲线未必相同。但在垄断竞争的市场模型中,西方学者总是假定生产集团内所有厂商都具有相同的成本和需求曲线,并以代表性厂商进行分析。这一假定能使分析简化,而又不影响结论的实质。

三、网络经济下的垄断网络市场和传统市场在垄断的行为特征和作用影响上是不同的

排除其他厂商生产同种产品的可能性而形成垄断。

(一)专利权垄断

指独家厂商凭借专利权获得在一定时期内垄断该产品的生产而排除其他厂商生产相同产品的权利。

（二）同产品的权利

传统经济垄断形成的原因是政府的特许。政府出于国家安全的考虑，往往在某些行业实行垄断的政策，如邮电、供水、供电政策促成了垄断厂商的形成。

（三）自然垄断

有些行业的生产具有规模效益，而这种效应需要巨大的资本设备投资才能充分体现，具有这种投资能力的厂商很少，当只有一两家具备这种能力最先扩充生产规模时就形成自然垄断。

（四）网络经济垄断形成的原因

垄断形态为主导的垄断，厂商要在网络经济中获得垄断地位，必须在技术上具有优势。强技术特征的产品市场上，某些技术只有少数几家厂商拥有，需求方对垄断厂商的技术推动抵抗力弱并处于被动，需求方只能不断接受新技术，形成市场上的技术垄断。产品标准和锁定效应在几个标准的竞争，当市场上同一种产品或技术存在几个标准的竞争，若某个厂商的标准始成为市场主流时，若某个厂商的标准开始成为市场主流，其产品就在市场上确定了垄断地位。

消费者对产品、技术的选择可能导致高切换成本而被锁定，对消费者的锁定可能使厂商在市场上具有很大控制权，从而取得垄断地位。边际收益递增和需求自我增长网络产品的主要投入要素常常是可再生和共享的知识要素，而且知识要素的投入会渗透到资本、劳动等要素，而且资本、劳动等要素的投入和运用使这些要素的效率提高，从而表现出边际收益递增。网络外部性使得规模越大，成本越低，收益的增长速度越快。成本随着技术改进和规模扩张而降低，消费者会更加认同而使用户规模自发性地扩张，最终使网络产业的市场结构不断向垄断方向转变。

第二节　相关市场界定

一、界定网络经济相关市场的重要性

相关市场是指经营者在一定时期内就特定商品或者服务进行竞争的商品范围和地域范围。在反垄断执法实践中，通常需要界定相关商品市场和相关地域市场。相关商品市场，是根据商品的特性、用途及价格等因素，由需求者认为具有较为紧密替代关系的一组或一类商品所构成的市场。相关地域市场，是指需求者获取具有较为紧密替代关系的商品的地理区域。当生产周期、使用期限、季节性、流行时尚性或知识产权保护期限等已构成商品不可忽视的特征时，界定相关市场还应考虑时间性。王晓晔认为，反垄断法中相关市场的界定是举足轻重的前提。界定相关市场对认定企业的市场地位，以及进而认定企业市场行为的性质有着极其重要的意义。

二、网络经济的特征对相关市场界定的影响

罗凌、郭丽娜认为，网络时代界定反垄断法"相关市场"面临着困境。

相关产品市场面临的问题包括：

第一，传统的反垄断法理论界定相关市场时，需求交叉弹性是重要的考虑因素。然而在网络时代，由于网络外部性、正反馈效应及锁定等规律的作用，消费者很难转而使用其他产品或服务，需求交叉弹性指数不会很高，相关市场的范围也不会很大。

第二，网络时代的另一大特点——行业的低成本与高利润又会对行业之外的经营者产生强烈的吸引力，从而增加潜在竞争者的数量，在一定程度上又扩展了相关市场的范围。同时，由于网络时代的技术更新速度极快，竞争者通过对技术的掌握和改进，将不断增加市场内原有企业所面临的潜在竞争威胁。而且，技术的发展也可能降低消费者转换产品的难度，竞争者可以开发更好的产品弥补转移成本，使消费者将其作为新的网络系统而投向它。这样，在一定程度上就有助于竞争者进入当前市场，并克服相应的网络外部性及锁定等规律的作用，从而扩大了相关市场的范围。

第三，网络时代企业的产品差异化策略，随着产品替代性的降低，一家企业产品降价的行为并不会显著影响另一家企业产品的市场份额，在这种情况下，能够成功地进行差

异化的产品就可以抵御降价的不利影响，使自己的价格维持在边际成本之上。产品的替代性对相关产品市场的界定非常重要，因此，产品差异化策略的不确定性以及消费者是否被固定化的难以判断也导致了网络时代界定相关产品市场难度的增大。

　　网络经济的静态市场特征、动态市场特征以及交易形态都与传统经济有所区别，可从这三方面入手来考察网络经济的特征对界定相关市场的具体影响。

　　首先，网络经济的静态市场特征主要由网络经济效应决定，而网络经济效应也会导致传统界定相关市场的方法部分失效，应做修正。

　　其次，网络经济中的创新速度非常快且技术竞争激烈，网络产业是高新技术产业，网络经济的动态市场特征——其技术进步的特点给界定其中的相关市场带来了一定的困难。对此，有学者提出以品质代替价格进行测试来界定网络经济中的相关市场。反对该观点的学者认为，以性能为标准难以应用，因为"关键性能特征"具有高度的伸缩性，且很多在关键特征上的性能变化并不能被量化。以产品性能测试方法代替价格测试方法尚未被广泛接受，但是在界定相关市场时技术也应该是一个重要的考虑因素。

　　最后，网络交易导致界定相关市场时产品范围与地域范围确定困难，因为网络交易不受地域和时间限制。对于如何界定网络空间中的相关市场，目前尚无一个对任何情况都能够适用的统一标准，而是要视具体情况进行分析。

三、对网络经济相关市场界定的建议

　　首先，在相关产品市场的界定方面，欧盟委员会已经开始运用一种叫作"赢利方式"的标准来界定相关产品市场。

　　其次，在相关地域市场的界定方面，目前司法实务界普遍认为，由于网络技术的应用，使产品或服务的提供超出了国界的范围，因此对于那些虽然落户于一国之内，但面向全球服务的网络运营系统，其相关地域市场自然应该是全球性的。而那些仍然立足于某一国家，且仅为本国国民服务的网络运营系统，则依旧应当以国界为限来界定其相关地域市场。

　　此外，在网络时代界定相关市场，还必须充分重视时间因素的影响。由于技术更新速度加快是网络时代的一个基本特征，因此在一个不断创新的环境中，任何领域的统治局面都不会长久，这往往会在很大程度上改变当前相关市场的界限。而与此同时，反垄断诉讼的时间一般较长，所以在诉讼期间，相关市场的范围便可能已经发生了变化，这就需要根据改变后的条件去重新界定相关市场。

　　唐绍均认为，相关市场的界定首先要遵循合理原则。

在新经济行业相关市场界定中遵循合理原则实质上就是反垄断法之违法认定原则在判定新经济企业行为是否违法过程中的一种具体应用，是认定该企业之限制竞争行为违法与否的决定性步骤。新经济行业相关市场界定本身是一个复杂的问题，难以做到绝对精确，只能尽可能做到相对合理。其次，对新经济行业相关市场的界定可以采用应用产品性能测试法。在新经济行业中，由于产品品质的竞争或技术的竞争已经远大于价格的竞争，以价格理论为基础的 SSNIP 测度标准根本不能有效界定相关市场。因此一些学者建议运用 SSNIP 测度标准的原理，以产品性能的变化取代价格的波动来测试需求弹性，进而界定相关市场，即所谓的产品性能测试法。产品性能测试法就是指当一种产品进行了一定比例（一般为 25%）关键性能特征的提高（或降低）时能否吸引到足够多的消费者（或客户是否转向购买可以得到的其他替代品），如果回答是肯定的，两者便可归入同一市场。产品性能测试法取代了 SSNIP 测度标准，为新经济行业相关市场的界定提供了一种较为客观的标准，但由于该方法的应用必须以产品的关键性能特征为基础，所以主要被应用于关键性能特征相对稳定且性能变化能够被量化的部分新经济行业。最后，新经济行业相关市场的界定还应当增加灵活的考量因素，例如：新经济行业的网络外部性因素，消费者需求的部分可替代性因素，平台与配套产品因素，产品和服务的技术因素，相关地域市场因素以及其他相关因素。

第三节　战略性进入对市场结构的影响

企业的微观环境主要包括产业环境和市场环境两方面。

一、产品生命周期、产业五种竞争力、产业内的战略群体、成功关键因素等分析方法是微观环境分析的重要内容

市场需求与竞争的经济学分析能够深化对微观环境的理解与认识。以下对产业的生命周期、产业结构分析、市场结构与竞争、市场需求状况、产业内的战略群体和成功关键因素分析进行简要介绍。

（一）产业的生命周期

在一个产业中，企业的经营状况取决于其所在产业的整体发展状况，以及该企业在产业中所处的竞争地位。分析产业发展状况的常用方法是认识产业所处的生命周期的阶段。

产业的生命周期阶段可以用产品的周期阶段来表示，分为开发期、成长期、成熟期和衰退期四个阶段。只有了解产业目前所处的生命周期阶段，才能决定企业在某一产业中应采取进入、维持或撤退，才能进行正确的新的投资决策，才能对企业在多个产业领域的业务进行合理组合，提高整体赢利水平。

（二）产业结构分析

根据波特教授从产业组织理论角度提出的产业结构分析的基本框架——五种竞争力分析，可以从潜在进入者、替代品、购买者、供应者与现有竞争者间的抗衡来分析产业竞争的强度以及产业利润率。潜在进入者的进入威胁在于减少了市场集中，激发了现有企业间的竞争，并且瓜分了原有的市场份额。替代品作为新技术与社会新需求的产物，对现有产业的"替代"威胁的严重性十分明显，但几种替代品长期共存的情况也很常见，替代品之间的竞争规律仍然是价值高的产品获得竞争优势。购买者、供应者讨价还价的能力取决于各自的实力，比如卖（买）方的集中程度、产品差异化程度与资产专用性程度、纵向一体化程度，以及信息掌握程度等。产业内现有企业的竞争，即一个产业内的企业为市场占有率而进行的竞争，通常表现为价格竞争、广告战、新产品引进，以及增进对消费者的服务等方式。

（三）市场结构与竞争

经济学中对市场结构的四种分类——完全竞争、垄断竞争、寡头垄断和完全垄断有助于对市场竞争者的性质加以正确的估计。严格定义的完全竞争市场在现实生活中并不存在，但这一市场中激烈的价格竞争使价格趋向于边际成本的描述在许多消费品市场中屡见不鲜。垄断竞争市场中，产品的差异性为企业建立了固定客户，并且允许企业对这些固定客户享有价格超过边际成本的一些市场权利。寡头垄断市场中，企业的决策要依赖其他企业的选择，决策主体的行为发生直接相互作用条件下的决策均衡问题日益受到广泛重视。完全垄断市场上，垄断厂商控制操纵价格和产量的行为因损害了消费者的利益受到了反垄断政策的制约，但企业通过创新来取得垄断力量和实现高额利润的努力也存在一定的合理性，从长期看，对垄断的限制对消费者是不利的，因为它限制了竞争。

（四）市场需求状况

可以从市场需求的决定因素和需求价格弹性两个角度分析市场需求。人口、购买力和购买欲望决定着市场需求的规模，其中生产企业可以把握的因素是消费者的购买欲望，而产品价格、差异化程度、促销手段、消费者偏好等影响着购买欲望。影响产品需求价格弹性的主要因素有产品的可替代程度、产品对消费者的重要程度、购买者在该产品上支出在总支出中所占的比重、购买者转换到替代品的转换成本、购买者对商品的认知程度，以及对产品互补品的使用状况等。

（五）产业内的战略群体

确定产业内所有主要竞争对手战略诸方面的特征是产业分析的一个重要方面。一个战略群体是指某一个产业中在某一战略方面采用相同或相似战略的各企业组成的集团。战略群体分析有助于企业了解自己的相对战略地位和企业战略变化可能产生的竞争性影响，使企业更好地了解战略群体间的竞争状况、发现竞争者，了解各战略群体之间的"移动障碍"，了解战略群体内企业竞争的主要着眼点，预测市场变化和发现战略机会等。

（六）成功关键因素

作为企业在特定市场获得盈利必须拥有的技能和资产，成功关键因素可能是一种价格优势、一种资本结构或消费组合，或一种纵向一体化的行业结构。不同产业的成功关键因素存在很大差异，同时随着产品生命周期的演变，成功关键因素也会发生变化，即使是同一产业中的各个企业，也可能对该产业成功关键因素有不同的侧重。

二、因素指标如何影响企业发展战略

（一）竞争力

建立战略联盟是中小企业培育核心竞争力的外部支撑力量，战略联盟是指两个或两个以上的企业为了实现自己在某个时期的战略目标，"通过合作协议方式所结成的松散的联合体"以达到资源互补、风险共担、利益共享，战略联盟的基本出发点是弥补单个企业战略资源的有限性，任何企业"无论大企业还是中小企业"总会在一定时间或一定的区域受到自身资源有限的束缚，"而组建战略联盟可以拓展企业可配置资源的范围"，实现优势互补，产生更大的综合优势。

（二）外部市场环境

外部市场环境变化对企业战略升级既有直接促进作用，也通过促进企业内部知识获取来间接影响，说明强制性和诱致性的市场变迁是企业战略升级的重要外部因素，市场环境的变化可以使企业将外部创新压力转化为内部创新动力。联系近年来我国的实际经济情况，国家的出口退税调整、节能减排、产业升级等政府推动的外部强制性市场环境的变化对企业战略升级有一定的推动作用，而人力成本增加、金融危机等诱致性制度变迁也将是一次大浪淘沙、优胜劣汰的好机会。

高品质人力和资本资源、基础设施资源对企业战略升级以及企业知识获取的推动作用并不突出，其原因一可能是本土的人力资源和基础设施环境的改善还不足以吸引台资FDI加大本土子公司的研发和战略升级力度，而东莞本地也确实是缺乏好的大学及科研机构，外来的劳动力也以来自欠发达地区的农村剩余劳动力为主，劳动力素质较低，智力资源匮乏。

第九章 "互联网+"新形势下"类直销商业模式"与创新

第一节 "互联网+"概念

一、"互联网+"概念的产生

(一)"互联网+"概念的产生背景

互联网的概念自 20 世纪 70 年代出现以来,逐步对人类生活的方方面面产生着影响。如今,互联网正在成为与电力和道路等传统基础设施同等重要的网络空间的基础设施。它不仅可以提高信息发布的效率,而且正逐渐地建构我们未来的生产和生活方式。在大数据应用、云计算、移动互联技术发展的带动下,互联网思维应该成为我们一切商业思维的重要考虑。互联网的网状结构模式,中心、层级结构被弱化。互联网的技术结构决定了它内在的精神是平等、分散、协同与共享发展模式。协同发展的重要基础是分散的各要素的"平等化",共享机制可以调动积极性,更加尊重人性。从这个意义上讲,互联网经济是真正的"以人为本"的经济。推动互联网和实体经济深度融合发展,以信息流带动技术流、资金流、人才流、物资流,促进各类资源优化配置,它更符合人类的切身发展需要与方向。

(二)"互联网+"概念的正式提出

伴随互联网、大数据应用、云计算技术的发展,移动互联网、物联网、车联网从概念到实际应用的速度不断增加。互联网发展方向与涉及的领域已经不仅是信息发布与交流的简单平台,它的发展已经对传统商品实体店、制造业、金融业、房地产业、交通业等等众多的产业已经发生或者正在发生颠覆性改变,互联网产业发展正在向几乎所有的产业加速渗透,对传统产业发展模式造成很大的冲击与挑战。

我国政府对此变化发展做出了及时反映,加强研究分析。强调推动移动互联网、云计算、大数据、物联网等与现代制造业结合,促进电子商务、工业互联网和互联网金融健康发展，引导互联网企业拓展国际市场。《国务院关于积极推进"互联网+"行动的指导意见》正式发布，提出"'互联网+'是把互联网的创新成果与经济社会各领域深度融合，推动技术进步、效率提升和组织变革，提升实体经济创新力和生产力，形成更广泛的以互联网为基础设施和创新要素的经济社会发展新形态"。

二、"互联网+"的本质与特点

（一）"互联网+"的本质

从表面上看，"互联网+"表现为依托互联网信息技术实现互联网与传统产业的融合，优化了各生产要素之间的信息操作效率，重构了商业模式；从本质上来讲，它是要将人类生存所依赖的各类环境与资源放到"云端"，将各类"需求"与"供应"进行重新优化配置，力争做到"各尽所能、各取所需"，实现社会财富重新分配。这对传统产业的发展提出了挑战，同时互联网技术的"平等、分散、协同与共享发展模式"使得跨界生存成为可能，"多重身份"使得人类价值得以充分体现，并得到相应的价值回报。"互联网+"在提高人类经济发展层次的同时，将更加注重对于人类自身需求与能力的开发与利用。

（二）"互联网+"的特点

1."互联网+"约等于连接一切

目前出现的比较有影响力的"互联网+"现象包括：互联网+书店=当当、亚马逊网上商城等；互联网+实体商铺=天猫购物、苏宁易购等；互联网+房地产中介=小猪短租、Airbnb等；互联网+出租车=滴滴打车、Uber等；互联网+金融=草根投资、京东众筹等；互联网+洗车行业=呱呱洗车、爱洗车等。众多的传统行业已经认识到"互联网+"的重要意义和影响力，加快了"互联网+"战略与模式的布局。

2.线上与线下相结合

从互联网线上发布信息、指令、完成交易，最终的目的是实现线下的体验。将虚拟现实转化为真实的生产与生活方式。由于智能手机的普及，以及物联网技术的发展，人们可以在相关的移动互联客户端简易便捷地从网上实现工作中相对更高成本、高消耗等复杂活动和生活方面的切实需求。

第二节 "互联网+"形势下分享经济的繁荣

一、分享经济的含义

（一）分享经济现象

以美国 Airbnb、Uber、TaskRabbit，中国滴滴出行、小猪短租、人人贷、全通教育，加拿大拼车平台 Blan Cride、借贷平台 Borrowell、英国借贷平台 Zopa 和 Funding Circle，在线教育平台 Mooc-Futurelearn 等为代表，几乎遍布全球地同时出现一种整合对接供需双方需求的互联网平台，这类平台整合对接的资源突破了以往的思维模式，以充分发挥利用现有个人私人财产、智慧和技能来满足社会个体或者相关组织需求为主要目的，意在盘活整个社会资源，使得人尽其才、物尽其用。

（二）分享经济概念

据统计，2015 年以 Airbnb、滴滴出行、Uber、Zcpa 等为代表的类似互联网平台在全球取得爆发式发展，全球的市场交易规模约为 8100 亿美元。基于这类平台对接资源供给方私人资源的特点，使用往往是在不变更所有权的前提下，企业界、科研领域一般称这种新兴起来的经济商业模式为"分享经济"。

追溯字面形式的"分享经济"概念来源，我国经济学家李柄炎教授在《社会主义成本范畴初探》和《劳动报酬不构成产品成本的内容》两篇文章中提出"社会主义分享经济理论的核心观点"。国外方面，美国经济学家马丁·劳伦斯·韦茨曼（Martin Lawrence Weitzman）出版的《分享经济》中提出分享经济概念，但是，仔细阅读其内容可以发现，两位学者所谓的分享经济理论是基于微观的企业行为，指的是经济发展动力不足的条件下，倡导一种新的利益分配制度和财税政策，以建立新的企业经济发展刺激结构和机制，核心是研究工人与资本家如何分享企业收益的问题。

可以说，当今红遍全球的分享经济是在上述两位学者"分享经济概念"的基础上发展而来，只不过其分享的不是已经产生的收益，而是在分享时才产生收益。当今的分享经济是一种以"互联网+"为基础的、在不增加新供给的条件下，以充分利用社会闲散资源为出发点，推动人类社会生存所需。发展分享经济可以减少对新能源的开发和利用，在全球经济供给过剩条件下是一种刺激经济增长的创新商业模式。

（三）分享经济发展面临的主要问题

任何形式的分享都需要一定程度的信任，无论是与人分享自己固定的房产、私家车、技术，还是经验教训。在政府还没有找到有效的干预措施之前，在线声誉信息的收集为保障消费者的安全消费提供了可供借鉴的依据。

分享经济中税收制度的执行问题也存在许多难点。分享经济非传统劳动力的特点是灵活就业、不固定、分散。在现有的法律框架下，无论是对分享经济公司还是对独立的承包商，在税收义务方面都没有明确的规定。

分享经济中个体户或者职业自由人，通过分享经济平台从事全职或者兼职的工作。这在一定程度上增加了就业率，但是灵活的工作机制也给政府如何为他们获得固定职员专属福利待遇提出了挑战。

二、分享经济在全球的发展情况

（一）美国

美国是个创新的国度。对于分享经济发展，就联邦层面而言，并没有统一立法，也没有出台相应的政策。各州、地方政府对分享经济的做法有所不同，其中50%的城市表示对分享经济不采取任何监管措施，30%的城市表示希望可以和原来的经济模式一样进行监管。但总体持乐于支持分享经济态度。

普华永道调查结果显示，美国分享经济主要集中在娱乐和媒体、汽车与交通业务、房地产业、金融以及零售业领域。曾参与过分享经济的成年人中，57%的美国人表示对分享经济很感兴趣并会关注其发展，72%的美国人表示将来会参与到分享经济潮流中。参与分享经济的人群年龄分布以中青年为主，比例在50%左右。

（二）英国

也许是受到金融危机给英国带来的经济不景气的影响，英国的虚拟经济和实体经济都面临半个世纪以来最冷寒冬，分享经济在几乎不增加新投入的情况下，可以很好地满足现有生活需求，或者获得一份可观的收入。这让英国人对分享经济很是认可。2014年，有64%的英国人参与了分享经济活动，25%的人利用网络和移动应用参与，分享经济参与者年龄集中在35~44岁的中青年群体，而且参与者职业范围没有特别明显的特征。

2014年9月，英国商务部对英国的分享经济发展情况进行了一项独立调查研究评估，意在找出并扫除分享经济发展所面临的障碍，推动英国尽快成为"分享经济全球中心"。2014年11月，英国独立研究报告《开启分享经济》提出30多条鼓励分享经济发展的政策建议。2015年3月，英国政府下属的商业创业和技能部对此做出回应，发布一揽子扶持分享经济的政策，标志英国迈出成为"分享经济全球中心"的第一步。

（三）加拿大

相对英美等国，加拿大的分享经济仍处于新生起步阶段。分享经济以美国Airbnb、Uber等国外企业为主，本土企业在私厨、借贷、职业平台等领域较为典型，如技能分享平台kbblis、线上个人借贷平台Borrowed、拼车平台Blan Cride等。加拿大政府认定这是经济发展的新路线，并且相信其发展潜力巨大，虽然政府还在沿用现行的监管法规，但是安大略省已经发表声明表示将大力支持其发展，并提出六项具体的促进分享经济发展的建议。

（四）欧洲主要国家

欧洲在2008年的金融危机后面临欧债危机，分享经济模式以现有资源为基础，在全力整合需求和供给方资源的条件下，增加了普通劳动者的收入来源，为一部分人灵活就业提供了方便，给欧洲人暗淡的生活节奏和模式带来了一股春风，分享经济逐渐向各国蔓延开来。其中欧洲南部国家最乐于参与分享经济，其次为北欧和东欧，以德国为代表的西欧国家人参与热情相对较低。

三、我国分享经济的发展特点

（一）市场发展潜力巨大

作为全球人口最多的国家，分享经济在中国发展潜力巨大。当前，我国以滴滴出行为代表的，在交通出行方面的分享经济发展势头最为强劲。截至2014年底，全国专车市场规模已经达到近30万辆，具有拼车意愿的私家车数量高达4000万辆。同时在旅游住宿方面游天下、途家、小猪短租等类似平台也迅速发展，得到风险投资的认可。分享经济"闲置就是浪费""注重使用权而非拥有权"的理念渐入人心，分享经济开始在很多领域蔓延开来。例如在金融领域的人人贷和追梦网、在时间和技能分享领域的技能银行和约单、在教育领域的全通教育等。

（二）良好的政策支持环境

我国政府十分重视分享经济的发展。2015年党的十八届五中全会报告中专门提及"分享经济"一词。李克强总理指出，目前全球分享经济呈现快速发展态势，是拉动经济增长的新路子，通过分享、协作的方式搞创业创新门槛更低，成本更小，速度更快，这有利于拓展我国分享经济的新领域，让更多的人参与进来。

（三）完善的技术支撑条件

从对分享经济的概念辨析中，我们可以发现分享经济的发展是以移动互联、大数据分析等电子信息技术发展为基础的。

市场巨大，资本追捧，政策给力，从产业发展角度来看，分享经济在中国已经步入了黄金期。当下，有的细分领域开始萌芽，有的细分领域高速成长，有的领域面临爆发期……这些现象意味着分享经济未来有巨大的发展空间。

第三节　分享经济"类直销商业模式"

一、"互联网+"新形势下直销商业模式发展趋势

新时代背景下，直销行业发展的外部环境已经发生深刻的变化，特别是随着移动互联、电子商务以及电子支付系统等技术的迅猛发展，传统的商业循环系统已经改变，快消品的供应链重组模式不断更新，消费者越来越倾向于网络购物。2014年"双十一"，阿里巴巴一天就创造了571亿元的成交纪录。阿里巴巴创造的这个奇迹使得国内电商热潮迸发到极点。与此同时，传统的实体店铺频频出现关店潮，商业地产风光不再。即便是近几年一直保持增长势头的直销行业，也感到危机重重。

越来越多的直销企业意识到互联网战略思维的重要性，如何与电子商务融合发展成为当今直销企业的关注点。在互联网冲击下，当前直销行业面临着营销模式的变革。阿里巴巴集团副总裁、阿里研究院院长高红冰认为80后、90后互联网"原住民"将成为引领"互联网消费的主力军，因为他们天然带有互联网思维方式，他们将指引直销产业未来的发展方向。"

不可否认的是，直销商业模式是最早以社交网络进行商业营销的。但是移动互联、大数据分析、云计算技术的快速发展引起的商业模式变革仍然让直销企业感受到巨大的压力。

其实,全球直销行业都在关注互联网对于直销行业的影响。在世界直销协会联盟2014年会上,互联网对于直销行业的影响已经被列为重要议题。世界各地直销企业家们都表达了对于网络营销对直销商业模式造成冲击的忧虑。安利、新时代、玫琳凯、无限极、三生等公司均表示要顺势而为,加强直销商业模式与互联网营销的融合发展,要在直销行业的既有优势基础上挖掘直销商业模式的独特价值。

互联网对于直销商业模式的冲击是客观存在的,与基于互联网的电子商务相比,直销业是传统产业,互联网的发展会推动直销产业进行新的价值创新、推进其升级。北京大学中国直销行业发展研究中心副主任杨谦提出直销企业应树立互联网战略思维,以数据挖掘、异业联盟、社交连接、娱乐营销思维去提升企业的竞争力,拥抱互联网。

安利公司在广州发布其"2025战略"。安利大中华区总裁颜志荣宣布安利公司将正式启动营销人员移动工作室。"移动工作室"由安利公司统一设计开发并提供后台运营,类似于营销人员开办的一个微店。这些微店将与微信生态系统结合,与现有的"安利云服务"微信服务号、安利数码港App等移动网络营销渠道,连同其线下家居送货系统,共同构成安利公司的移动社交电商平台。通过这三个移动端的任何一个渠道,都可以实现线上购买产品、会员注册。营销人员则可通过这些渠道实现移动互联网上的产品销售、客户服务、业务管理等。

如何正确认识和把握"互联网+"条件下直销行业的发展趋势,不仅是直销企业的关注点,这种影响带来的商业业态融合发展的趋势也给监管部门带来新的思考,正在引起有关监管部门的重视。

二、"类直销商业模式"的含义

直销有狭义和广义之分,广义上的直销,根据直销过程中有无面对面的销售人员与顾客的沟通,分为人员直销和非人员直销,非人员直销又可以分为直效营销(Direct Marketing,直复营销)和自动销售(自动售货机销售)。直效营销包括购货目录营销、邮购营销、电话营销、传媒(电视、杂志、报纸)营销、展示营销以及当今的网络营销。从此种意义上理解,现今的电子商务B2C、C2C以及O2O网络营销模式是属于广义的非人员直销类别下的直效营销的一种。由于互联网技术的发展,直销营销的网络营销模式对于直销行业的影响越来越大,在具有直销商业模式一般特点的同时,又有与传统各行业相互融合的特点,为了区别于传统的主要通过人员进行营销的狭义的直销商业模式,并突出"互联网+"大背景条件,在此将"类直销"定义为:互联网条件下不通过商场或零售店,而是通过B2C、C2C以及O2O等新兴网络营销模式直接向消费者推销产品的营销模式,并将直销商业模式独特的奖励制度运用其中。

三、滴滴打车软件产生的背景

改革开放以来，我国经历了世界历史上规模最大、速度最快的城镇化进程，取得了举世瞩目的成就。但是，城市环境资源承载能力的有限性和广大人民群众不断追求高品质生活需求的矛盾日趋加深。空气环境恶化、交通拥堵成为很多城市普遍面临的问题。为更好发挥城市带动整个经济社会发展的重要引擎作用，中央城市工作会议在做出我国城市发展已经进入新的发展时期科学判断的基础上，提出我国城市建设要"贯彻创新、协调、绿色、开放、共享的发展理念，坚持以人为本、科学发展、改革创新、依法治市，转变城市发展方式，完善城市治理体系，提高城市治理能力，着力解决城市病等突出问题，不断提升城市环境质量、人民生活质量、城市竞争力，建设和谐宜居、富有活力、各具特色的现代化城市、提高新型城镇化水平"的新要求。

智慧交通系统是建设智慧城市、实现新型城镇化的重要组成部分。智慧城市综合运用新一代智慧信息和通信技术，以智慧的理念建设、管理、发展城市，高效地发挥城市带动全社会经济发展的作用，是以人为本的绿色、创新、可持续发展城市形态。其核心是要围绕着如何建立一个由新工具、新技术支持的涵盖政府、市民和商业组织的新型城市生态系统，让城市迈向更安全、便捷、高效、绿色、健康的和谐发展之路。从应用的视角看，智慧交通通过将智慧的技术应用到交通治理方面，通过共建共享等实现人、车、路的全面感知、全面互联。基于移动互联的打车软件技术是这一模式的应用典型案例：

从2012年起，在全球范围内兴起一种以"共享、分享"为特点的、整合利用闲散车资源的新经济模式。滴滴打车、快的、嘀嗒拼车、51用车等平台相继出现，但以"滴滴出行"打车软件市场占有率最高。这种"互联网+"新经济模式把闲置的资源分享给恰有此需求的人，从而使得资源配置得到优化：在这种新经济业态下，不用改变当前道路交通硬件设施，只须通过智能手机上的信息对接平台，就可以为供需双方建立联系，并通过微信或者绑定支付卡的方式快捷支付交易成本。在降低有车一族出行成本的同时还加大了众多有消费潜力并期待提高出行质量人群的幸福指数。类似共享平台的运行在一定程度上减少了路面车辆总量，减少了汽车尾气排放量，同时还能有效缓解上下班高峰时段、雨雪天气情况下及租车聚集地出租车需求与供给不足的矛盾。

四、"类直销营销模式"在滴滴市场开拓中的应用

滴滴出行为了开拓市场，吸引更多的乘客和司机加入滴滴出行网络平台中，实施了创新的市场开拓战略：将乘客和司机作为市场开拓的重要力量，让司机和乘客成为市场推广的一员。这是充分吸收和借鉴了直销市场化营销和消费资本论思想的精华，并将其作为其开拓市场的利器的有效应用案例之一。

一方面，通过首单免费或者等同免费的方式吸引第一批乘客，再借由已有乘客渠道通过"分享"返券形式激励其推广滴滴出行客户端，或者当其推荐的新乘客加入乘车队伍后给予相应的报酬。此外，按照乘客乘车里程进行积分，积分可以兑现成打车券或者购买其合作商家产品，以激励其持续应用软件。

另一方面，对于司机端的激励办法是，司机推荐新司机加入有推荐奖，并根据新加入司机一定时间内的业绩给予同等金额的激励，同时对司机端设计单日、单周、单月阶梯式的奖励标准，激励司机提升业绩，以获取滴滴公司提供的奖金。

滴滴出行这样的市场开拓激励模式与直销商业模式有类似之处，但是又与直销商业模式有本质的区别。滴滴出行软件公司的主要赢利模式是依托搭建之平台，自己并不拥有供需双方交换的商品，获取流量、广告入口，在获取庞大的资金流后以期投资其他朝阳行业，业务抽成只是其赢利模式的一部分，是典型的轻资产O2O商业模式，以期达到平台效应。而传统的直销行业是将自己定位为商品供给方角色的，是以销售产品为主要赢利点。但是滴滴出行充分吸收和利用了消费资本论中消费者的消费同时是对企业发展投资的理念，消费者应当在一定期限内得到相应的回报。而且，滴滴出行对消费资本论做了更深入的探索与应用：将平台利用的供需双方都作为其消费者，并将其纳入公司市场开拓队伍，对其推广和消费行为马上给予回报，并利用消费积分、服务和消费评价机制增加与消费者之间的黏性联结，稳定顾客群。

第四节 "互联网+"下消费资本论的崛起

一、消费资本论的提出

毕业于北京大学经济系的经济学家、世界新经济研究院院长陈瑜教授提出消费资本化理论。在其著作《消费资本论——消费资本理论与应用》中，他通过对商品经济过程的分解，指出企业利润是由货币资本、知识资本和消费资本共同创造的。他认为三种形态的资本在市场经济发展的初期就已经存在，只不过在产品短缺时代下，消费资本一直处于被动状态。随着生产力的不断发展，生产规模的不断扩大，市场经济完成了由卖方市场向买方市场的过渡后，消费资本对生产和经济的重要作用得以凸显。他认为伴随买方市场形成的新市场经济时代的到来，必须着眼于从生产和消费两方面看问题：积极发挥消费资本作用，把消费向生产和经营领域延伸。

消费资本化理论突破西方古典经济学和新古典经济学的局限，指出消费资本论的应用有利于克服市场经济失灵的三个重要原因：一是不对称信息与不存在的信息，二是将消费者对于企业的贡献收益内部化；三是垄断行为对于正常市场的干扰。西方古典经济学理论从资本的高度分析生产对社会经济发展的重要作用，而忽视消费对社会经济发展的重大作用，或只是把消费作为整个社会经济运行的一个附属部分来看待。陈瑜教授认为社会经济发展的最终目的是消费，生产和消费是一个问题的两方面，只从生产的角度研究市场经济发展问题是单方面、局部的、片面的。消费资本论从生产和消费双向看问题，并提出在由生产资本、知识资本和消费资本共同构成的经济运行体系下必将产生新的商业模式。新的商业模式包括"两个内容和两个过程"，即商品交易的内容和过程，以及买卖双方利润分配的内容和过程。因为消费者才是市场经济真正的主人和竞争的最终决定性力量，他们既是市场的主人，又是给经济发展注入新的资本的动力源泉。因此，商家和厂家应当将其所得利润的一部分返给消费者。可以说，消费资本化理论的提出，引领了一种全新经济发展思维方向和全新商业模式。

毋庸置疑，投资与生产创造出的产品是一个未实现的价值，只有通过消费才能得到实现。消费资本化理论的核心内容是将消费向生产领域和经营领域延伸，更加重视消费对于经济增长的决定性作用，认为消费者对企业产品的采购是对企业的一种消费和投资双向行为，企业应该按一定的时间间隔把企业利润的一定比例返给消费者。陈瑜教授的这种新理论，解析了当前市场经济下积分返利营销策略被广泛应用的深刻理论基础，同时也解析了现今直销公司的很多经销商实则为"消费商"的根本原因所在。

二、"互联网+"助推消费资本论发展与应用

互联网思维对商业来说是一次划时代的革命，经济运行核心已经从计划经济下的政府和市场经济下的厂商转向互联网经济下的顾客。"互联网+"将人类生存所依赖的各类环境与资源放到"云端"，未来我们的工作、生活、消费都将是基于云计算，企业的各种信息、个人的信用资产和形象资产，都将以"云"态呈现。这消除了信息不对称的壁垒，消费者的价值反馈与点评将使得消费者对于价值创造的影响在"互联网+"时代更趋明显。对此，许多学者给出类似见解，如 Priem 认为价值源于给顾客带来的体验，Gourville 认为价值是在顾客思考下创造出来的，希佩尔（von Hippie）提出"民主创新论"指出，有些创新是由消费者主导，而不是由生产驱动的。我国学者李海舰、田跃新等人指出"不仅厂商与顾客在生产大规模定制化产品的过程中是相互影响的，而且厂商与消费者交互就是价值创造和价值提取的场所"。

"互联网+"下消费者对于价值创造和价值实现的影响主要表现为以下两方面：

（一）体验价值对于使用价值与价值实现的影响

"互联网+"在提高人类经济发展层次的同时，更加注重对于人类自身真实需求与人综合能力的开发和利用。英国诺丁汉大学经济学教授彼得·斯旺在其著作《创新经济学》中，根据消费者对于创新反作用的强弱程度，将消费者分为积极消费者和消极消费者两大类，并细分为"经济型消费者、加尔布雷思型消费者、道格拉斯型消费者、凡勃伦型消费者、马歇尔型消费者和日常型消费者"六大类。随着社会经济发展水平的提高，人们的消费观也在改变。在消费者主权论、消费资本论和"互联网+"思维的推动下，更多的消费者正趋于从普通、被动、以生存为基础的消极式消费观向"凡勃伦型""马歇尔型"积极的、追求生活质量甚至谋求与企业协调发展的消费理念转变。"互联网+"经济发展模式，使得消费者对于产品的体验满意度成为消费者是否购买此产品的重要参考依据。"互联网+"模式下，商家不仅要专注于提升产品的使用价值，更加要关注顾客消费产品后的体验价值，价值的创造和实现不再是厂商或者消费者某一方的单方面行为，而是厂商与消费者共同的发展需求、设计、创造和实现过程。

（二）改变了产品、服务销售或者营销的渠道

"互联网+"时代信息流动的方式由原来的定向流动变成不定向的流动，即信息传播的方式更加多元化、碎片化。移动互联技术的发展，尤其是与虚拟现实、人工智能技术的融合，使得大家获得和传播信息的方式更多样化，成本更低，社群媒体、平台效应、自媒体力量引发了传统媒体力量弱化趋势，每个人拥有了信息传播和信息受众双重身份。互联网条件下，商业模式发展历程必然由最初的 B2B、C2B 向 C2F（顾客对厂商）趋势发展，使得供需更趋平衡化同时，物流业的快速发展，也加速了零库存、订单式生产模式的发展，产品不经过分销渠道直接到达顾客的 O2O 营销方式现已成为很重要的营销模式，这也必将推动 C2F 商业模式的发展。

以上两方面消费者对于价值创造和实现产生的影响，使得直接联结厂商与消费者的各种平台经济应运而生，发展速度惊人。其在支付方式的创新更是加速了信息的循环和资源的有效利用与分配。平台效应、分享效应下流量经济、分享经济成为经济发展的重要推动力，而这个推动力的源泉正是消费者。

例如，深圳前海云集品电子商务有限公司（WWW.tpsl38china.com），是一家有创新商业模式的双向跨境电子商务公司，该公司于 2014 年 7 月成立，在公司成立仅仅一年时间里就已经将产品销往全球 28 个国家，同时将众多国外产品进口至我国，以满足我国众多消费者需求。其旗下子公司香港汤普森电商公司（TPS）采用会员实名注册制，并积极吸收陈瑜教授"消费资本论"观点，将公司全球利润按照一定比例，分享给平台上的积极消费者，以实现其在未来的 3~5 年内建立起一个庞大的全球供货商经销商网络，形成一家以倍增速度跳跃式发展的互联网新型跨境电商集团公司，并利用资本运作的杠杆效应，将公司打造成为一个国际级知名电商巨头，跻身全球电商企业前列。

在消费者主权论、消费资本论日益深入人心的"互联网+"新时代背景下，深圳云集品电子商务有限公司为产品供应商与直接消耗者建立起直接沟通的平台，没有经过中间商和销售代理等中间环节，从而使商家销售成本更低，消费者得以分享到厂商部分商业利润。同时，消费者担当起产品价格和质量评价员的责任，在一定程度上防止了假冒伪劣、以次充好商品在平台的流通。TPS 努力践行陈瑜提出的"消费资本化理论""新的资本理论体系""新的市场经济理论""新的经济运行体系""新的经济发展方式""新的商业模式""新的企业制度"以及"新的收入分配制度"理论。从众多 TPS 会员的调研结果来看，平台基本成效已经显现，绝大部分 TPS 消费者对这种新消费模式持肯定态度，但是仍有部分消费者持观望态度。

第五节　以消费体验中心为补充的商业模式

随着电商、移动互联技术的发展，拼团购物、微商等新商业模式日渐成熟，人们的消费习惯和消费心态也发生了很大的转变，这使得很大一部分消费者成为网上购物达人。靠巨量铺设国际名牌专卖店或者入驻知名购物中心的商业地产发展模式和理念面临危机，知名购物中心频频关闭，萧条现象日趋严重。

面对传统电商、网络拼团购物、微商等新商业模式的咄咄逼人发展态势，"地段和大牌决定一切"的时代即将结束，如何在现有的地产资源下，创新地整合利用相关资源，探索出新发展路径与模式是当下商业地产商热切关注话题。

随着社会的进步与发展，消费不再仅仅是单纯的物质上的需求，追求社交化的经验交流，合力推动商业进一步向更高质量和效率改进，成为消费者共同的心声。物流业的快速发展推动了网上购物的兴起与繁盛。但是，当前网上购物仍然存在一些问题，比如，商品图片与实际收到的商品不符，产品质量差，应用效果不佳，退换货流程时间长、手续烦琐等。

网上购物的弊端同时也为实体店的发展留下空间，实体店可以为客户提供更为深刻和客观形象的消费体验，这一点也许可以成为商业地产大亨破解商业困境的出发点。未来的消费者会更愿意为体验、环境、情感和服务埋单。越来越多的商业项目注意到这一趋势，纷纷开打"体验牌"，调整业态，增加休闲、餐饮、娱乐，甚至体育场馆、博物馆、儿童游乐设施、水族馆、体验式运动城等业态的比重，透过轻松愉悦的购物环境，以实现对客流的重新集聚。

这一模式将重新盘活经济效益渐趋低下的商业购物地产业资源，为即将塌陷的商业地产界减震降压，减轻大量入驻商业购物中心厂商运营成本；为多方提供可供参考更新迭代的新商业模式，为新技术、新产品、新服务提供更为人性化、客观化、知识化、体验式市场开拓机会。

互联网新经济体验中心的建设将推动厂商更加注重消费者作为产品消费终端对产业的促进作用，更加注重提升产品或者服务的质量和品质，进一步提高普通人民大众的消费幸福指数。

第六节　推动众产直销商业模式作为科技成果转化力量的政策建议

一、政府介入科技成果转化、商业模式创新的必要性

在当今社会，科技成果已经被广泛深入地运用到社会生活的各个领域，科技创新已成为经济增长的内生动力和关键要素。政府要对经济发展过程进行调控，理所当然地包括对科技活动的积极干预和对科技成果转化的宏观调控。事实上，随着现代科技对经济发展的影响作用越来越显著，无论发展中国家还是发达国家，政府对各自国家科技成果的研发和顺利转化所进行的宏观调控和引导管理都在增强。

为应对国际化和全球化的挑战，加快促进科技成果转化，促进商业模式创新与科技成果转化活动融合发展，国家须加大创新力度，敢于大胆创新，加强科技成果转化与商业模式创新融合发展的政策创新。

二、当前商业模式创新面临的问题

在商业模式创新被炒得如火如荼的大背景下，部分企业过度强调商业模式创新而忽视技术创新对其的基础支撑作用，导致商业模式创新缺乏持续下去的技术支撑，或者因为过度依赖技术进口而失去本真商业模式创新所带来的巨大红利。

同时，作为我国科技成果产出重要源头的高校和科研院所，由于体制机制，存在产出的科技成果离市场化较远、科研工作者促进科技成果转化热情不高、与企业对接渠道不通畅等问题，因此其科技成果市场化率不高，不能起到支撑商业模式创新应有作用。

尤为重要的是，创新就意味着打破原有利益格局，以形成新的、尽可能更广范围内的垄断利润。原有利益集团的恶意阻挠和施压、政府方面是否能及时有效地出台相应的扶持和保护政策法规，成为商业模式创新成败的关键。

三、推动"众产直销"商业模式发展的政策建议

政府在促进科技成果向现实生产力转化的行为，要定位在如何提高科技成果转化过程中供给与需求双方结合的效率上；激发微观单位的动力，并保持各相互主体之间的有效衔接；注意科技成果转化与商业模式创新融合发展的特点；促进科技成果转化及商业模式创新涉及的技术创新、人才组织、科技金融、政策支持等要素进行优化组合；以整体系统

目标优化为总目标推动其发展。因此,政策的制定需要从科技成果转化系统论出发,形成体系,避免"头痛医头,脚痛医脚"。

(一)加强以消费资本论为核心的新兴经济学、社会学理论研究

陈瑜教授的消费资本论一经提出,就引起国际学术界、产业界的高度关注,有学者称这个理论有可能成为影响21世纪乃至22世纪的重大创新理论。消费资本论把消费看成一种资本,并且主张企业应该把消费者的消费行为看作对企业的投资行为,消费者应当享受一定程度上的利润分配权。这对一直处于"被动"消费的消费者来说增加了消费动力,唤醒了自身作为消费者的消费者主权主张,但是,作为创新商业模式理论,在消费者权益主张形式、权益保障基础以及与企业利润分享方式方面的研究并不多,加强这方面的理论探索与创新将有力地推动科技创新,推动国家经济社会结构的优化升级。

(二)强化以科技创新为支撑的商业模式创新协同发展机制

当前,科技创新的支撑引领作用已经得到了政商各界的普遍认同和重视,但是如何高效化解科技成果转化难题,加速科技成果转化为现实生产力仍是各界一直共同努力的方向。在注重技术、产品创新的同时注重对商业流程、组织制度、资源配置等软实力方面的创新;在注重内部自组织能力的同时,注重对外部资源的整合利用将有利于以科技创新为基础和驱动力的商业模式创新。

(三)建立"众产直销商业模式"专项试点工程

商业模式创新是一个动态的不断更新迭代过程,鉴于新兴理论的不完善性以及实践过程中诸多要素的不确定,建立试点工程可以在可控的范围内降低创新验证成本。建议在全面创新改革试验区域内,设立"众产直销商业模式"专项试点工程,定期评选优秀商业模式创新企业,并总结经验,通过各种媒体加强宣传和推广,营造商业模式创新大环境,推动企业商业模式创新与技术创新融合发展。

(四)加强以互联网为基础的个体信用体系建设

"众产直销商业模式"下,互联网基础设施建设是基础,要进一步加快相关基础设施的建设,大幅提高网络速度,逐步降低网络使用费用,并不断提升服务水平。同时,社会成员的社会信用对于其有效运行至关重要,推进以实名制为基础的个体社会诚信信息查询平台建设、探索建立个人诚信监督惩戒制度、逐步建立起人人讲诚信、守承诺的良好社会氛围。

第十章 新时期商贸流通业

第一节 扩大内需的作用机制和问题

一、流通业通过引导市场供求平衡，不断扩大内需

经济学原理揭示了供给和需求是市场经济中普遍存在的矛盾。在商品从生产到最终消费的过程中，供求平衡和供求不平衡这两种状态将交替出现。而流通业能不断引导生产和消费，具有促进市场供求平衡的功能。流通业通过需求信息，向市场传递需求信号，从而引导生产部门的生产活动，同时也可以通过促进供给产品的不断创新，进一步引导市场消费。通过以上共同引导供求，最终实现市场出清。

在"以需定产"的背景下，流通业对消费的作用也在一定程度上决定了供求的平衡。随着我国流通业的发展和转型，国内消费市场规模不断提升，尤其是物流业、商贸服务业等流通行业的不断改革，促进国内消费方式不断转变，消费层次进一步提高。流通业也能发挥强大的中介作用，促进生产部门适应消费需求变化，引导生产部门合理扩大生产，确保供求平衡。随着流通业释放需求信号，引导生产，反过来又通过生产创新引导消费这一循环过程的不断递进，我国的内需将不断被拉动。

（一）流通业通过促进效率提升

在我国，流通业的产业关联面非常广，尤其是与制造业之间。我国流通业总体上与其他行业的关系十分密切。当前国内制造业规模急剧扩张，对原材料需求日益增加，流通业则扮演了重要的中间角色，对促进原材料交易效率带来显著影响。随着效率的提升，无论是原材料交易市场还是最终产品消费市场，它们的交易途径不断改善，交易方式不断优化，于是交易规模进一步实现扩大。也就是说，流通业的发展通过促进社会经济运行效率提升的途径，有效地扩大了内需。

（二）流通业通过促进国内就业

一方面，根据社会分工理论，随着流通业的发展和转型，产业内部行业不断细分，

不同领域对劳动力产生不同层次的需求,促进社会就业水平不断提高。以批发和零售业为例,从2003年至2012年,就业人数就增加了近1.5倍。另一方面,随着流通业中商贸服务业规模不断扩张和交通运输业不断发展,农村劳动力进城的现象越来越普遍,于是城乡就业水平就得到一定提升。

(三)流通业通过提升城市功能,不断扩大内需

一方面,流通业通过改善交通基础设施,提升城市功能。交通设施是城市的基础,它的改善能促进城市功能进一步发挥,不仅提升了城市形象,也拉近了城乡之间、城市与城市之间的距离,进而促进商品和人口流动,进一步提高了城市消费水平。以高铁为例,高铁的通车无疑拉近了城市之间的距离,它可以通过吸引消费者体验,促进物流消费增加,也可以作为新型交通工具吸引游客,促进当地商贸和旅游消费增加,从而扩大内需。

另一方面,随着城市商业带的不断完善,大型商场进一步建设,功能不断健全,能促进消费源不断向中心集聚,从而提升整体消费规模,并通过溢出效应,不断对外辐射,从而进一步扩大内需。

二、我国流通业在扩大内需过程中存在的问题

(一)流通实力整体不高

虽然我国流通业取得了迅猛发展,但与国家对流通业发展的要求和人民对流通领域的期望相比还存在较大差距。由于我国流通业尚处于起步阶段,大部分流通成分都仅由中小型流通企业组成,特别是批发零售类、餐饮类和物流类企业。这些流通企业的市场集中度较低,占有市场份额较小,难以形成一定的规模效益。由《中国民营企业五百强分析报告》数据可知,目前国内约有80%的企业仍集中在工业,特别是制造业,而服务业的份额低于全国平均水平。

(二)流通效率普遍偏低

流通业作为支持我国国民经济发展的先导产业,其效率指标显然是衡量我国经济发展质量高低的重要指标。目前衡量我国流通效率的指标主要包括物流效率、商品流通效率和资金流通效率等。

流通行业的低效率主要表现在以下几方面:

第一,物流企业的效率偏低。

第二，商品流通的效率偏低。

第三，流通企业的资本周转效率偏低。

（三）城乡流通业发展差距较大

流通企业往往集中在市场集中度高、人口密集度大的区域，由于我国二元经济体制长期存在，城镇与乡村无论是在经济发展水平还是产业和人口密集程度等方面都存在较大差距。就数据来看，我国城市平均收入水平是农村平均收入水平的3.1倍，城乡收入差距非常大。在城镇尤其是城市中心范围内，各式各样的商场或零售型店面遍布城市各个范围，而且零售商场的同质化竞争尤为激烈。与城市相对，农村地区由于人口密集度低，农民收入较低，因此无法集聚较多的零售市场。目前我国农村地区最普遍的零售点也仍以传统杂货商店和街头摊铺为主，流通业发展滞后。而农村居民仍然是消费市场中的一大主力，农村流通体系的不完善，直接影响农村地区的内需水平，进而对全国内需的扩大产生一定制约。

（四）流通市场的秩序较为混乱

由于国内流通企业以中小型流通企业为主，这些流通企业的市场经营也以单独式、粗放型的经营为主，国内统一的流通市场机制并没有建立起来，因此即便流通业整体规模相比10年以前确实取得了显著成效，但是流通市场的秩序仍然比较混乱。而国内混乱的流通市场直接对扩大内需造成较严重的负面影响。

目前，我国许多地区主管部门为了促进消费、扩大内需，竞相出台政策，鼓励商场或零售企业开展促销活动，但国内大部分商场和零售企业利用流通市场机制不健全的漏洞，采取先调高价格，再打折促销售等方式进行促销，由此损害消费者利益。这样的行为在国内流通市场非常普遍，破坏了良好的商业环境，扰乱了正常的商业秩序，严重阻碍了行业的健康发展，不利于合理扩大内需。

第二节　我国流通业发展的对策

一、扩大内需视角下我国流通业发展的对策

为适应当前我国经济社会发展的需要，合理发挥流通业的基础地位和先导作用，必须将流通业的发展立足点置于扩大内需上，特别是要通过流通业引导国内消费，形成流通业发展和消费水平提高的良性循环机制。基于此，提出以下发展对策：

（一）提升商业服务功能，为实现消费需求提供便捷渠道

首先，不断发掘和培育服务消费热点。积极引进国外先进营销和管理模式，建立更为可靠的消费服务平台，从引导消费上升为创造消费，鼓励各层次的居民扩大多种消费样式。加快社区商业业态建设，进一步强化社区商业服务功能，为营造商业氛围提供有利条件。积极规范和发展城镇连锁零售和住宿餐饮等服务业，拓宽城镇消费层次空间。

其次，完善商业布点，优化商业结构。以当前我国商业网点分布不均衡的现状为出发点，明确从区域协同化、城乡一体化的高度实施商业布点战略，争取建立面向大区域范围、兼顾城乡流通市场发展的多元化、多层次的商业网点体系，从更广的空间范围和更深的层次上促进国内消费。

最后，加大流通基础设施的投入力度，建立健全流通公共服务体系。一方面，加大交通运输体系建设的投入，提高物流服务水平；另一方面，积极设立各种智慧型的公共服务设施平台，拓宽新型服务领域，进一步刺激消费。

（二）促进流通产业组织化发展，提高流通企业核心竞争力

首先，应积极培育壮大流通企业，引导流通企业不断转型升级。重点培育国内知名连锁企业，鼓励龙头企业建立流通品牌，突出品牌效应；通过参股、兼并、收购等形式，不断实现流通企业规模扩张，提高中小企业向大型企业转变的能力；通过龙头企业引领，积极发展壮大中小型流通企业，促进流通经济规模化发展；壮大流通商场，积极培育特色商业街或大型商场，提高集聚度。

其次，积极调整流通产业的组织结构，不断适应日益复杂的居民消费需求。在大型流通企业规模稳定扩张的基础上，提高它们的资源整合能力和特色服务水平；在中小流通

企业规模得到适量扩张的同时，通过连锁经营等方式，提高它们的组织化经营水平，增强中小流通企业在社区服务、便利店、中小型商场或超市等流通领域的功能。

（三）提高农村流通网络体系水平，积极活跃农村流通市场

第一，加大农村的流通基础设施建设，着实将农村流通基础设施建设纳入农村经济建设的重要位置，加大流通基础设施的资金投入，不断向上争取土地指标和政策支持，加快农村流通基础设施现代化发展。尤其要利用物流业快速发展的机遇，积极完善农村物流网络体系，为进一步疏通农村流通渠道以及城乡对接渠道提供基本的保障，通过降低商品运输成本、消费者购买成本等成本因素，进一步刺激消费。

第二，加快农产品批发市场的转型升级，进一步建立现代化农产品冷链物流体系，改造升级农产品和农产品生产资料的流通体系，推进农村信息服务体系建设。

第三，建立农村现代流通网络，为农产品交易提供绿色通道，降低农产品流通成本，提高流通效率，积极提高农村居民收入水平，从而进一步促进消费。

第三节　虚拟货币

一、虚拟货币对货币供应量的影响

货币供应量是指在某个时点上全社会承担流通手段和支付手段职能的货币总额。它是一个存量概念，反映了时点上全社会总的购买力。我国使用的货币供应量口径有 M0、M1、M2。M0 是指流通领域中以现金形式存在的货币，它是流动性最强的金融资产；它与消费物价水平的变动密切相关，是中央银行关注和调节的重要目标。包含流通领域中的通货，即，以及住户、非金融企业等部门可用于转账支付的活期存款。M1 又被称为狭义货币，其流动性仅次于 M0，在我国是反映企业资金松紧的重要指标。M2 包含 M1 以及准货币。所谓的准货币，就是定期存款、储蓄存款与其他存款之和。M2 又被称为广义货币，其流动性相对 M1 要弱，它能够反映社会总需求的变化。

二、虚拟货币对货币需求的影响

现代货币需求理论主要有两大代表，凯恩斯的货币需求理论和货币学派的货币需求理论。按照传统的货币需求理论，货币与其他金融工具的区别是其无风险、低收益，人们

之所以愿意持有这种低收益"资产",是出于满足交易、预防和投机的需要。即货币的流动性可以及时满足这三种需求。

(一)凯恩斯主义的货币需求函数

凯恩斯认为,人们对货币的需求取决于交易、预防和投机需求。凯恩斯的货币总需求函数可描述为:$L = L_1 + L_2 = ky - hr$。

K 反映收入 y 增加时货币需求的增加量,它是货币需求随收入变动的系数;h 反映利率 r 提高时货币需求的增加量,它是货币需求随利率变动的系数。虚拟货币的产生使得在网络虚拟空间中资产的转换相对容易得多,交易成本也大大缩减,此时,h 和 k 会发生变化。

(二)货币主义的货币需求函数

弗里德曼将资产需求理论引入货币需求的研究中,得出了一个经典的货币需求函数:

Md/P=f $Md/P = f(y, w, rm, rb, re, \pi e, u)$

不同资产的收益率的差别将对货币需求产生影响,收益率高的资产自然需求也会增大,但是由于虚拟货币和传统货币存在一定的兑换关系,虚拟货币在网络虚拟空间的流通转化速度的增加都将对不同资产收益率产生影响,进而影响到货币需求量。

(三)费雪方程

假设 M 为货币存量;V 为货币流通速度;P 为各类商品的价格加权平均数;T 为各类商品的交易数量,PT 可认为是国民生产总值。

$MV = PT$ 或 $M = PT/V$

如果考虑虚拟世界中的商品和价格,则该方程可以扩展为:

$MV + MeVe = PT + PeTe$

其中,Me、Ve、Pe 和 Te 分别为一定时期内虚拟货币的存量、流通速度、各类商品的价格加权平均数、交易数量。

由于货币需求与流通速度呈负相关,因而如果将虚拟货币和传统货币等同起来作为货币总量的一部分,虚拟货币的流通速度更快,整个货币需求量就会有所减少。

第四节　　推动外贸企业开拓国内市场

一、两个转变

改革开放以来，我国成功实施了"出口导向型"的经济发展战略，出口成为拉动我国经济增长的一个重要引擎。目前，我国登记备案的对外贸易经营企业多达 79 万家，其中 70% 是加工贸易模式，而参与到出口产品生产的企业更是不计其数。

在整个产业链条中，我国的加工贸易企业扮演的只是国外品牌在中国的"生产车间"的角色，只负责附加值很低的制造和组装环节，利润空间有限。而产品上游的创意、设计和核心技术及下游的销售和品牌管理都掌握在外商手中。正是因为这样，我国外贸增长过度依赖劳动密集型产品出口和价格上的竞争力，从而导致了在出口规模不断扩大的同时却未能实现出口效益的同步增长。

而人民币升值、国内工资水平和土地价格的不断上升，以及环保标准的逐步提高，更是直接加剧了我国加工贸易企业的生存和赢利难度。粗放型的外贸增长方式已经难以为继，亟待向集约型转变。而这也要求外贸企业必须完成从国外品牌在"加工厂"向自主品牌创建的"企业"的战略转型，以增强可持续发展能力。

要实现这种战略转型，外贸企业应该抓住国家由依靠"外需为主"向依靠"内需为主"的经济发展战略转型的机遇，积极开拓国内市场，充分利用两个市场、两种资源，从生产加工环节向产品研发、设计、品牌推广等高附加值的环节延伸。

二、四道难关

（一）思想观念重外轻内

尽管商务部成立以来一直统筹管理内外贸，但是长期形成的"重外贸，轻内贸"的观念和内外贸分头管理的工作方式依然发挥作用，一定程度地影响了外贸企业对接国内市场的进程。同时，外贸企业，特别是加工贸易企业，"两头在外"，不熟悉国内的市场环境和商业模式。相当一部分外贸企业用外销的思路来做内销，重生产轻营销，难以接受国内商业模式。从内外销模式上看，企业做外销是根据外贸订单进行生产，仅仅是产品的生产者，而且外商回款快，有信用保障；如果做内销，企业不仅是产品的生产者，更是营销策略制定者和品牌价值的培育者，还需要在市场调研、品牌推广、渠道拓展等方面有很多前期投入，并且要先行垫付商品，约期结算，资金占用周期长，令许多外贸企业对内销望而却步。

（二）税制设计牵制转内销

首先，内外销税收政策不一致。政府对产品内销要征收增值税和消费税，原材料进口和制成品内销两个环节都要征税。材料、零部件、初级形态制成品及半制成品的国内生产单位通过出口可直接获得出口退税。但是，从境外进口材料、零部件、初级形态制成品及半制成品就可以享受减免税优惠。这样的税制安排不仅导致企业"重外贸，轻内贸"，而且造成"国货出口复进口"以及企业制造虚假出口账目的"虚假顺差"现象。

其次，税制设计增加内销成本。出口加工区外的加工贸易企业一般以原材料税率缴税内销，而区内企业以最终产品缴税内销。这样，区内企业比区外企业多承担两方面的费用，一是制工费部分需要缴纳税金，二是成品涉及关税率一般远高于材料关税率。另外，区内企业没有取得一般纳税人资格，在内销时不能开具增值税发票，但国内企业买家必须获得增值税发票才能进行进项税抵扣。为此，区内企业不得不委托区外的进出口公司操作。

最后，内销审价制度缺乏合理性。在出口加工区内企业产品内销报关征税审价时，海关一般参照国外制造商品进口价格定价，而没有考虑在出口加工区制造的成本优势，各关区甚至对同样产品内销有不同的核价标准。随着加工贸易的发展，出现了半成品出区内销的业务模式，但现在对其无法进行核价征税。区内企业在产品内销时须经申报、审价、缴税、放行等环节，耗时较长。此外，在内销补税环节申请商检通关单时，商检部门查验的程序多、效率低。这些问题的存在不仅延误内销完税时效，还增加企业运营成本，大大削弱了企业内销竞争力。

（三）自主品牌严重缺乏

加工贸易企业大多是贴牌生产（OEM、ODM），缺乏自主品牌。即便出口产品有自有品牌，但在国内没有知名度。而且，外贸企业在品牌市场推广决策上往往比较随机，通常通过 B2B 商务平台、网络黄页、EMAIL 营销、目录推广、交易会等渠道推广品牌。

随着国内消费升级，目前国内大型零售商也要求代销产品具有市场知名度和品牌美誉度，无品牌或者品牌知名度低的外贸产品很难进入国内的优质零售渠道。品牌培育需要长期培育过程和高额的费用投入，因此品牌建设和推广能力成为外贸企业转型的极大障碍。

（四）商品批发商发育迟缓

商品批发商是专业的商品流通组织，包括商人批发商和代理批发商。大中型批发商可以将众多中小外贸生产企业的产品集中起来，特别是商人批发商的买断方式，可以减少目前外贸企业普遍反映的"回款难"问题。同时，批发商具有较强的当地人脉和广泛的销售网络，可以强有力地为外贸产品打开国内市场。如果拥有这样的批发商，外贸企业开拓国内市场将不愁找不到渠道。但是，目前我国的商人批发商规模小、资金短缺；而代理批发商在20世纪90年代才出现，尽管发展速度快，但在批发规模、辐射能力、分支网络、物流能力、金融支持、人脉等方面与日益发展的制造商的相应要求间还有相当的距离。我国商品批发商发育迟缓，还无法满足外贸生产企业销售商品的需要。外贸企业开拓国内市场不得不自建渠道，耗时长，投入多，成效慢。

此外，生产企业的产品要进入国内零售终端，不仅需要向零售商支付包括进店费、上架费、条码费、堆头费、店庆费、促销费等名目众多的"入场费"，而且由于国内商业信用保障机制不健全，零售商拖欠供应商账款现象十分普遍，大大增加了生产企业的资金压力。诸多因素使许多外贸企业只能垂望国内市场这块大蛋糕。

三、政策建议

外贸企业开拓国内市场是一项长期、复杂的系统工程。该工程需要以市场为主导政府推动为辅，立足流通，逐步推进。

（一）要打破"重外轻内"的思想枷锁

推动外贸企业开拓国内市场，必须从全球市场视角加快外贸企业转型升级。

一方面，商务主管部门自身要提高对统筹内外贸管理的认识，继续创建引导内外贸对接的平台，并与相关部门建立长期的协调机制，降低外贸企业转内销的制度成本；另一方面，政府部门要引导外贸企业充分认识当前国内市场巨大的商机和企业战略转型的重要性，通过政策激励、交流培训、媒体宣传等，提高企业对国内流通以及市场调查、品牌培育等方面认识，彻底改变"重生产，轻流通"和"重外贸，轻内贸"的观念。

（二）调整转内销财税政策

国家应对外贸企业开拓国内市场方面给予一定的财政税收政策支持。

一是建立中央和地方专项财政支持资金，鼓励加工贸易企业研发、营销、创立内销品牌、参加内销展会等。

二是统一出口加工区内外加工贸易内销补税的归类方法。建议统一各关区加工贸易产品的海关估价分类和税率标准，建立全国统一的加工贸易产品估价征税查询系统，以规范各地的海关管理；或允许内销时按内销合同价格征税，对零关税的商品取消审价。

（三）鼓励外贸企业培育自主品牌

一是鼓励、引导外贸企业与流通企业合作开发零售商自有品牌。外贸企业可以与有实力的零售商合作，研究开发零售商自有品牌，成为零售商的OEM。这样，既有助于外贸生产企业的产品短期内快速进入国内市场，同时也有利于零售企业自有品牌的推广，实现共赢。

二是鼓励外贸生产企业联合创立集群品牌。发挥地方行业协会或商会的作用，联合产业集群区内多家外贸企业，共同培育集群品牌。这既可降低单个企业的品牌推广成本，又容易获得地方政府的支持，促进外贸企业抱团打开国内市场。

三是鼓励有条件的外贸生产企业开发、培育自主品牌。应积极鼓励有条件的外贸生产企业加强研发、设计，指导企业加强技术基础工作，建立健全标准、计量和质量管理体系，完善产品检测设备与手段，尽快建立自有品牌。在同等条件下，优先将其产品纳入免检、名牌评价目录，予以重点培育和推荐。

四是加大中小商贸企业发展专项资金投入，增加对外贸企业的品牌培育的资助方式，如将专项资金购买优质销售平台的一定期限使用权，以减免费用方式提供给产品创新专业比赛中胜出的产品和企业，扩大其自主品牌的市场影响力。

（四）大力培育大型商品批发商

加快推动流通组织变革，积极引导和培育大型化、国际化的大批发商和代理商。

一是鼓励有实力的外贸进出口公司向大型批发商、代理商转型。外贸进出口公司既与众多的外贸生产企业有着密切的联系，又与国外的进口商有着长期的业务关系，通过加强物流能力、融资能力、销售网络建设和当地人脉，完全有可能向大型国际化的批发商、代理商转型。

二是鼓励原有国内批发商和代理商与外贸公司进行联合，向集内外贸商品销售的批发商、代理商或者综合商社转型。

三是鼓励流通企业通过收购、兼并、联合等方式整合有实力的外贸进出口公司、中小加工贸易企业，形成有实力的内外贸一体化流通企业集团或综合商社。通过这种整合，一方面，可以借助外贸进出口公司对国外市场的了解，推动流通企业集团"走出去"；另一方面，可以通过一体化整合，推动外贸企业开拓国内市场，实现内外联动。

第五节 商贸流通业国际化

一、我国商贸流通业国际竞争力概况

（一）从国内商贸流通业发展看商贸流通业国际竞争力

自加入 WTO 以来，我国的国内市场开放度进一步放开，越来越多的国际商贸流通业巨头企业进入我国市场。沃尔玛、家乐福、易初莲花等国外商贸流通企业凭借其在资金、人力、技术等方面的优势，不断挤压我国商贸流通企业的国内市场。在激烈的市场竞争中，虽然国内一些商贸流通企业从竞争对手身上学到了先进的管理思想与管理手段，逐步成长为市场的领导者。但对于更多的国内商贸流通企业而言，国际企业强大的竞争力制约着国内商贸流通企业的发展。2015 年全国 500 强企业中属于零售行业的企业只有 9 家，并且排名比较靠后，相对于 2012 年的 13 家、2008 年的 16 家，则呈现逐步下滑趋势。在此情况下，一些国内商贸流通企业不得不将目光投向国际市场，国美、苏宁、百联集团等企业也在国外市场获得较好的发展，奠定了一定的市场地位，但与进入国内市场的国际商贸流通企业巨头相比，还具有很大的差距。

（二）从商贸流通业国际化看商贸流通业国际竞争力

在我国商贸流通业面临日益增加的国际竞争压力面前，以国美、苏宁等行业巨头为代表，我国的商贸流通企业加快了对外发展步伐。2015 年我国非金融类对外直接投资为 1180.2 亿美元，其中批发和零售业对外直接投资为 18.6 亿美元，住宿餐饮业的对外直接投资为 6.4 亿美元。从投资规模来看，在我国庞大的对外投资中，来自于商贸流通业的投资较少，仅占到我国每年对外直接投资的 1% 左右。从投资方式来看，批发零售业的对外直接投资主要以并购为主，而物流业以建立海外仓储为主，住宿餐饮业则以合作为主。从经营方式来看，我国商贸流通业的对外直接投资主要投向了批发和零售业，在物流业、住宿餐饮等行业的投资规模不大。从投资效果来看，与海尔等制造企业以及中石油等能源行业不同，我国商贸流通业在海外投资还没有实现明显的影响，在当地商贸流通业中所占的比例不高，影响力不强。

二、我国商贸流通业国际竞争力分析

（一）SCP 分析

1.SCP 概念

SCP 理论是哈佛大学创立的产业组织理论，其主要是按照组织结构、组织行业、组织绩效三个角度对产业进行分析，突出了市场结构的作用，认为市场结构决定着市场行为和市场绩效。也就是说，市场结构会影响企业的市场行为；而企业的市场行为又影响着企业的经济绩效，从这个角度来看，改善绩效的主要方法就是通过产业政策推动其市场结构的调整。

2. 我国商贸流通业的 SCP 分析

从 SCP 理论看来，我国商贸流通业的市场结构特点是市场集中度低、企业规模小行业壁垒低，商贸流通业在业态结构、网点布局等方面也远未达到理想状态，一些地方给予外资超国民待遇，更是影响着我国商贸流通业的绩效提升。一方面，商贸流通业的市场结构特点决定着我国商贸流通业的国际竞争力相对较低。虽然商贸流通业一直是我国对外开放程度最高的行业之一；但由于各地方政府在招商政绩的影响下优待外商，导致国内商贸流通企业在业态调整、市场布局方面无序多于有序，影响其可持续发展。我国商贸流通企业数量多于外资企业，但各个业态的发展与增长水平都低于外资企业，规模效应不明显的问题突出。在此情况下，很难形成在行业具有重要影响力的龙头企业，影响了行业集中度的提高，无法在与外资企业竞争中获得更加有利的地位。另一方面，由于相关法律法规的不完善，以及市场监管的不到位，我国商贸流通业的竞争表现出低水平竞争、无序竞争的明显特点。大多数的商贸流通企业将价格竞争作为主要手段，缺乏差异化竞争的理念与手段。价格竞争又进一步压缩了商贸流通企业的盈利空间，造成服务质量的下降，反过来又导致企业竞争力的下降。在行业发展表现不佳的同时，我国商贸流通业还面临着电子商务的冲击。可想而知，商贸流通企业如果不加快创新，引入更先进的管理理念与管理手段，提高企业的竞争力，很容易在国际竞争中被淘汰。加之在事实上依然存在的外资商贸流通企业享受的超国民待遇，我国商贸流通企业国际竞争力不足的劣势更加明显，不利于整个行业的可持续发展。

（二）钻石模型下我国商贸流通业国际竞争力分析

钻石模型。钻石模型也被称为波特菱形理论钻石模型，这一理论认为每个国家都有绝对有利的适合发展某种产业或生产某个产品的条件；，如果按照绝对有利的生产条件去进行专业化生产，并彼此交换产品，就可以确保资源、人力和资本的有效利用，从而提高其生产效率。借助钻石模型可以看到，我国商贸流通业国际竞争力的影响因素有要素、需求、战略与竞争、相关产业市场等，还有政府的支持与市场的机遇同样重要，这六个方面的因素正好形成我国商贸流通业的钻石模型。

钻石模型下我国商贸流通业的国际竞争力。在提高我国商贸流通企业国际竞争力的过程中，面临着国内国外两个市场的竞争，同时要应对国内市场和国际市场的商贸流通企业竞争压力，两个市场相互影响、相互促进。商贸流通企业在国内市场上表现得越好，越能提升其进入国际市场的竞争力。同样地，在国际市场上学到的竞争手段和得以提高的竞争力，也可以反哺国内市场优势。在我国企业逐步走向国际市场，我国对外直接投资不断增加的今天，政府相关部门要制定相应政策，为国内商贸流通企业走向国际市场提供政策扶持。

商贸流通企业也要努力提升本土与国际两个市场的竞争力，尤其是提升国际竞争力。一是在关系到商贸流通业国际竞争力的六个因素中，商贸流通企业自身的创新能力和政府的支持政策尤其重要。其中企业自身的创新能力主要是企业是否有创新的理念，体现在引入和运用国际先进商贸流通技术上和新型业态的开发上，而后者则主要是要改变当前对外资高看一眼的看法，为商贸流通企业营造更加公平的竞争环境，为其国际竞争力的培育与提升奠定基础。二是商贸流通企业国际竞争力的提升与行业价值链的提升息息相关。在经济全球化深入发展的今天，商贸流通业要拓展海外市场已成为发展趋势，而比我国商贸流通业更早一步打入国际市场，获得相当国际竞争力的是我国的产品。不仅要把商贸流通业的国际化发展作为提升我国产品价值的重要手段，通过建立中国产品海外分销一体化体系，将我国的产品更加快速、简捷地销往全球。也要借助我国产品的强大竞争力以及当前我国产业转型升级的有利时机，促进商贸流通业的国际化发展。应通过借助我国产品国际市场上比较受欢迎的优势，推动我国商贸流通体系在海外的拓展。三是要在与跨国企业巨头的竞争中，提高学习能力、综合运用竞争优势打造国际竞争力。比如，利用我国在产品加工生产、原材料采购、价格等方面的优势与跨国企业竞争，通过溢出效应提升我国本土市场的竞争力。

三、提升我国商贸流通业国际竞争力的对策

（一）完善法律政策制度体系，为商贸流通业国际化提供保障

提升我国商贸流通业国际竞争力，需要我国商贸流通企业走出国门，参与到全球市场竞争中去。但从目前来看，在商贸流通业对外投资的相关法律制度体系上，还没有明确的扶持政策和保障体系，商贸流通企业走出国门不易。一方面，要转变理念，认识到商贸流通业的发展在提高国民经济运营效率、实现内需拉动经济增长上的重要作用，将商贸流

通业的国际化提高到与"中国制造"同样的高度，积极开展对外合作，在WTO框架下，为我国商贸流通业走出去营造更好的外部环境。要制定优惠支持力度更大的宏观政策，引导商贸流通企业提升国际竞争力。重点是通过财政、税收以及金融等宏观调控工具，为我国商贸流通企业提升国际竞争力提供助力。另一方面，加快完善相关法律法规，重点是通过法律和政府的相关政策，改变当前依然存在的外资企业超国民待遇，给予国内商贸流通企业公平的市场机会。要通过制定相关法律，让我国商贸流通企业走出去提供法律支持。要加强与国际法律合作，让在国际化战略中遭遇法律问题的商贸流通企业有法可依，有法律武器作后盾。通过这些举措，使我国商贸流通在国际市场中不断提升国际竞争力。

（二）加强商贸流通业发展规划，完善商贸流通业市场结构

我国当前商贸流通业的发展无序问题突出，各地方政府无视本地商贸流通经济发展实际，在商贸流通业的发展上往往喜欢贪大求全，盲目上马项目，造成重复建设、低水平建设，不仅浪费了资源，也不利于商贸流通市场结构的改善。因此，要更加注重商贸流通业的发展规划，不断完善其市场结构。一方面，科学规划商贸流通业发展。商贸流通作为连接消费端与生产端的中间环节，对资源的应用以及对空间的要求都比较高，各地应结合本地实际情况及经济发展规划，制定商贸流通业的长期发展规划。特别是要结合经济全球化的背景，制定商贸流通业国际化进程中的发展规划。要通过科学规划，引导行业资源投向能够长期发挥效应的领域，同时鼓励商贸流通企业在技术创新与品牌创新上投入力量，不断提升我国商贸流通企业的国际竞争力。另一方面，要不断完善商贸流通业的市场结构。市场结构会影响企业的市场行为，而企业的市场行为又影响着企业的经济绩效。可以说，商贸流通业的市场结构，正是商贸流通行业提升国际竞争力的基础。通过完善其市场结构，不断增加我国商贸流通业的行业规模，使其在国际化进程中更好地发挥规模效应。要鼓励行业的兼并重组，不断培育具有更强国际竞争力的行业龙头企业。并以此为引导，推动我国商贸流通海外市场的扩大和国际市场地位的提升，最终强化其国际竞争力。

（三）建立风险防控机制，促进商贸流通业国际化战略

提升我国商贸流通业的国际竞争力，走国际化竞争道路是不可避免的。随着我国对外投资的加大，商贸流通业也不可避免地加大对外投资。必须建立更加可行的行业投资风险防控机制，无论是资产还是人员安全，都应该得到有效保护。由于在当前的国际市场中，来自政治领域的、经济领域的以及国与国之间不同的法律法规不同，都有可能引起商贸流通企业对外投资的风险。通过建立风险防控机制，有助于维护我国商贸流通业在国际投资中的权力与安全。与此同时，要借鉴商贸流通业跨国企业巨头的做法，加快行业内部的信用保险制度，将商贸流通业对外投资防控落到实处。只有这样，才能吸引更多的商贸流通

企业进入国际市场,并在有保障的环境中成长壮大,学会用国际化理念与手段参与国际竞争,进而提升我国商贸流通企业在国际市场中的地位。与此同时,通过进入国际市场中企业向国内市场的反哺,提高我国商贸流通行业整体的国际竞争力。

(四)提升政府服务效率,加强政策与资源的协调

商业流通业的发展特别是国际竞争力的培育与提升,离不开政府的扶持。政府应着重在提升政府服务效率上下功夫。一方面,简化商贸流通业的政策执行手续,更好地服务商贸流通企业。应组建相应的专门机关,围绕商贸流通企业发展所需的信息建设、基础设施建设等进行统一规划协调,保证各项政策的有效实施。针对我国当前国内商贸流通市场存在的城乡分割问题,应着重加大对农村商贸流通市场的建设投入,以加快形成全国统一的大市场。通过国内统一市场的发展,不断拓展我国商贸流通行业的发展广度与深度,使其成为商业流通业国际竞争力的源泉之一。另一方面,整合各方面的资源,为我国商贸流通企业国际竞争力的提升注入活力。人力资源支撑不足是阻碍我国商贸流通业国际竞争力提升的重要因素,要加强对科研机构、高等院校以及企业、社会培训机构等资源的统筹,建立层次更丰富、结构更多元的商贸流通人才培养体系,使人力资源和知识创新成为我国商贸流通业国际竞争力提升的重要动力,以摆脱商贸流通业一直以来依靠劳动密集投入以及价格竞争为主要市场竞争手段的做法,不仅更加有利于我国商贸流通业国际竞争力的提升,更有利于商贸流通业的可持续发展。

第十一章 商业机会与市场秩序

在任何社会中，风险都是一种普遍存在的客观现象。在市场经济条件下，商业风险最为普遍。因此，开展商业经营活动，必须学会防范和管理风险。同时，商业风险往往与商业机会和商业投机紧密地联系在一起。因此，本章主要对这三个方面的问题加以介绍。首先阐述商业风险与商业风险管理问题；之后阐述商业机会与市场开拓、商业机会与商业投机、商业风险的有关问题。

第一节 商业风险与管理

一、风险与商业风险的界定

在任何社会中，风险都是一种普遍存在的客观现象，包括自然风险、社会风险与经济风险等。在商品经济或市场经济社会中，风险主要表现为一种普遍存在的经济现象，商业风险就是其中之一。

对于风险的内涵，时至今日尚无一个统一的或权威性的释义，目前理论界主要有三种观点：一是风险客观论；二是风险主观论；三是风险两性论。

所谓风险客观论，主要强调风险是一种客观存在。如美国经济学家、芝加哥学派创始人奈特在其名著《风险、不确定性与利润》一书中认为，风险是"可测定的不确定性，是客观存在"。在西方学术界持这种观点的人比较多。

所谓风险主观论，主要强调风险是一种不可预测的不确定性，是人们对客观事物的主观估计。这种观点认为，风险是否会发生、何时发生、对谁发生、发生的程度与结果如何都是不确定的。如美国学者詹姆斯·布鲁姆在其所著的《风险管理案例研究》一书中认为，风险是"一种损失的不确定性"。持这种观点的人相对较少。

所谓风险两性论，是认为风险既有客观性的一方面，也有主观性的一方面。就客观性而言，风险是一种客观存在，不可否认；就主观性而言，风险具有可选择性，风险主体依据自己的判断，对是否从事风险活动可做出选择。

那么，究竟该如何界定风险呢？我们认为，任何风险都是相对一定的风险主体而言的，因此，可以从风险主体这一参照系出发，得出风险的含义。由此我们将风险界定为：它是由各种不确定性因素引起的、给风险主体带来获利机会或损失可能性的客观现象。商业风险则是在商业活动中，由各种不确定性因素引起的、给商业主体带来获利机会或损失可能性的客观经济现象。

二、商业风险形成的原因

商业风险，是商品流通中普遍存在的经济现象。商业风险的形成，总的说来，是由商业在社会再生产中的中介地位和社会经济活动的复杂性与不确定性引起的。具体来说，主要有以下几方面：

（一）由商业所处的中介地位引起的风险

商业处于生产与消费的中介地位，充当媒介完成商品交换是其基本职能。商业的这种中介地位，决定了商业活动不仅要受自身内部因素的影响而存在风险，而且还要受到外部多方面因素的影响而面临风险。如商品供给不足造成的脱销风险，商品质量差造成的卖难风险，商品不适销对路造成的积压风险，消费者购买力不足造成的经营不景气风险等。

（二）由经营环境的变化引起的风险

在前面的章节中已经指出，商业经营总是在一定的经济环境与非经济环境条件下进行的，即在经济环境、自然环境、人口环境、技术环境、政治环境与文化环境等的影响下进行的，这些经营环境都具有不可控的特点。这些不可控的经营环境一旦发生变化，如果经营者能够及时适应这些环境的变化，往往就可以将市场机会变成自己的获利机会；反之，就可能造成巨大的损失。

（三）由意外事故引起的风险

在商业经营中，出现一些意外事故在所难免，如水灾、火灾、风灾、高温、地震等。这些意外事故一旦发生，经营者就要遭受一定的风险，而且这种风险给经营者带来的只能是损失，而没有获利的机会。虽然经营者可以事前投保，在意外事件发生后，可以获得一定的赔偿，但就总体而言，一定的损失是不可避免的。

（四）由商品运输、保管不当造成的风险

在商品流通过程中，不可避免地会出现在运输、保管等环节中造成商品丢失、损害或变质的情况。当这些情况发生时，经营者就要面临风险。与意外事故引起的风险一样，这类风险出现时，给经营者带来的也只能是损失，而无获利机会可言。

（五）由其他因素引起的风险

其他因素主要包括商业竞争、不正当交易、信用破裂造成违约、商业秘密泄露、价格异常波动等。由这些因素引起的商业风险经常存在。

三、商业风险的分类

由于引起商业风险的原因很多，因此商业风险多种多样。为了加强对商业风险的管理，有必要对它进行分类。

（一）按商业风险的性质不同，可将商业风险分为纯粹商业风险与投机商业风险

1. 纯粹商业风险，又称为静态商业风险

是指当风险发生时，仅仅给商业主体造成损失的风险。如前所述的意外事故、商品运输、保管不当等所造成的风险就属这类风险。这种风险一经发生，一般只会给商业主体造成损失，不会产生风险机会和利益，因此，称为纯粹商业风险或静态商业风险。

纯粹商业风险又可以进一步细分为以下两方面：

第一，资产实物形态的风险，即意外事故或商品运输、保管不当等发生时，使企业资产在实物形态上蒙受的损失。

第二，经营者自身的安全风险，即商业经营者在经营中出现伤残、疾病、死亡等情况使企业蒙受的损失。

2. 投机商业风险，又称为动态商业风险

是指当风险发生时，既可能给商业主体带来利益，也可能给商业主体造成损失的风险。前述的由于市场经营环境的变化所引起的风险，就属于这一类。当市场经营环境发生变化时，商业主体如能采取灵活措施，及时调整经营策略，适应市场经营环境的变化，就可以抓住市场机会，获得一定的利益；反之，商业主体如果不能适应这种变化，就可能招致巨大的损失。

（二）按商业风险主体对商业风险的作用能力不同，可将商业风险分为不可选择风险和可选择风险

1. 不可选择风险

是指对商业风险主体而言，某项风险有时是不可避免的或没有选择余地的。如意外

事故所造成的商业风险就是如此。

2. 可选择风险

是指对商业风险主体来说，某项风险是可以选择或回避的。当某项风险对经营者有利时，经营者可以抓住时机去冒风险，并从中获利；当某项风险对经营者不利时，经营者便可主动放弃或采取措施回避它，而不致蒙受损失。对于可选择风险的选择情况，取决于商业主体对该风险的认识和理解程度。

（三）按风险作用的强弱不同，可分为高度风险、中度风险和轻度风险

一般来说，商业风险中以中度风险和轻度风险为主，风险企业或高科技企业承担的主要是高度风险。风险的强弱程度一般取决于两个因素：一是商业风险主体所从事的风险活动其本身风险有多大；二是商业风险主体的实力。如规模大的商业主体的实力比中小型商业主体的实力强，所以，它就可以冒大一些的商业风险。

（四）按风险主体所承担的风险责任不同，可分为有限风险和无限风险

一般来说，商业风险主体承担的风险都是有限风险。

四、商业风险的特征与功能

（一）商业风险的特征

商业风险主要具有以下几方面的特征：

1. 客观性

即商业风险是客观存在的。自商业活动产生以来，商业风险就一直存在。商业风险存在的客观性，从根本上来讲，是由商品内在的二重性即商品的价值与使用价值的矛盾引起的。在商业活动中，使用价值与价值的内在矛盾，转化为商品与货币的对立。一切商品都必须转化为货币才能实现自己的价值，如果不能顺利地实现转化，商业的买卖活动就会受阻，商业风险就会产生。商业活动是一种为卖而买的活动，购买到的商品必须通过销售使之转化为货币。马克思把这一转化称为"惊险的跳跃"。如果跳跃失败，摔坏的不是商品，而是商品所有者。可见，商业风险是一种客观存在。

2. 可选择性

商业风险虽然是客观存在的，但大都是可以选择的。如何进行选择，取决于商业主体对风险的认知程度和能力。

3. 可预测性

作为客观存在的商业风险，之所以大多数情况下能够进行选择，是因为商业风险具有可预测性，即商业主体可通过市场调查和预测来分析或评估商业风险，预见到商业风险何时发生、结果如何等情况。

4. 共生性

是指商业风险对风险主体而言，一般来讲，既可能使其获得一定的利益，也可能使其遭受一定的损失，获取利益与遭受损失的机会同时存在。通常情况下，商业经营者所冒的风险与其所获得的利益或遭受的损失成正比，即所谓的风险越大，获利的机会就越多。当然，所遭受的损失也可能越大。反之，获利的机会越少，所遭受的损失也可能越小。这就意味着，对商业主体而言，不但要敢于冒风险，而且要善于冒风险，以便从中获得更大的风险收益。

（二）商业风险的功能

由于商业风险具有共生性，既可以给商业主体带来利益，也可能使其遭受一定的损失，因此，商业风险既可以刺激经营者的行为，也可以约束经营者的行为。具体来讲，商业风险的功能主要表现为：

1. 约束商业主体的行为

由于商业风险具有可能给商业主体造成损失的一面，从而形成了对商业主体行为的约束。它要求商业主体在进行经营活动时，必须对外部经营环境时常加以关注，并适应其变化。在经营决策上，商业主体必须做周密的考虑与慎重的抉择，选择最优决策方案，以避免或减少风险损失。

2. 激发商业主体的行为

由于商业风险又具有使商业主体获利的一面，因此，商业风险对商业主体具有吸引力，可以激发它们进行开拓性经营，抓住机会，求得发展，而不是一味地因循守旧。"不入虎穴，焉得虎子"，作为有进取心的商业经营者，要敢于冒风险和善于冒风险，从而赚取较大的风险收益。

3. 调节商业主体的行为

由于商业风险具有产生收益或造成损失的两面性，因此，在商业经营活动中，商业经营者要根据外部环境的变化，及时地调整自己的经营行为，把有限的商业资源配置到效益好的部门或商品中去，而不要造成资源的浪费，使自身遭受损失。

五、商业风险管理

（一）商业风险管理的内涵

面对普遍存在的商业风险，商业经营者总是希望能够化险为夷，取得风险收益，避免或减少风险损失。要达到这一目的，最有效的手段就是加强商业风险管理。

风险管理，是20世纪50年代初在美国发展起来的一门新兴经济管理科学。推动这一科学产生的历史背景是20世纪50年代科技与工业的惊人发展及美国社会和经济结构的急剧变化，很多意外的、从未听说过的风险开始出现。于是在工商企业界掀起了风险管理运动，同时，风险理论的研究也是从最初的以保险理论研究为主转向风险管理的研究。后来，企业风险管理成为企业管理的一个重要组成部分，如今，在许多国家的企业经营管理中风险管理被加以运用，对提高企业的管理绩效、防止风险损失起到了重要作用。

随着我国市场经济的发展，各种风险已经显现出来，加强风险管理已经成为国内许多企业关心的重要事情。商业作为市场经济条件下竞争最激烈的行业之一，商业经营者加强商业风险管理就显得更为必要。

那么，什么是商业风险管理呢？商业风险管理就是以复杂多变的商业风险为管理对象，要求商业主体树立风险意识，制定风险对策，以最少的管理费用去获取满意的风险收益和使风险损失降低到最低限度。商业风险管理的实质就是提高商业主体的竞争力、应变力与自我发展力，使其在激烈竞争和不断变化的市场环境中求得生存和发展。

（二）商业风险管理的手段

对于复杂多变的商业风险，试图用一种方法就管理好是不现实的，必须多管齐下，采取多种手段共同进行管理。具体来说，主要可以采取如下措施：

第一，树立风险意识。这是加强风险管理的前提。风险虽是看不见、摸不着的东西，但是它又是客观存在的。因此，作为商业经营者，要树立风险意识，要对员工进行风险教育，让员工知道风险对企业可能产生的影响，增强员工的危机感和紧迫感。

第二，对市场经营环境变化而引起的商业风险。主要依靠市场风险调查和风险评估来解决。由于市场经营环境变化而引起的商业风险，主要属于投机性风险，因此，有必要对其进行重点管理。重点管理的手段主要是开展市场风险调查和风险评估。

（1）市场风险调查

是指首先搜集市场经营环境变化方面的资料，以及过去的记录情况，然后预测今后市场环境可能发生的变化，再根据企业目前的经营状况，寻找可能产生的风险机会和环节，从而采取相应的对策。

（2）市场风险评估

是指对已调查分析的风险进行定量描述，找出风险事件发生的概率及可能产生的收益或造成的损失程度。评估的方法有很多，在风险管理书籍中有详细的介绍，这里不再赘述。

第三，意外事故所造成的风险，主要可以通过投保的方法来解决。这样，可以减少在经营中因出现这类风险而蒙受的损失。至于具体投什么险别，可视具体情况而定。

第四，商品运输、保管中存在的风险，主要通过加强相应的业务管理来控制。

第五，因不正当交易可能造成的风险，主要可以采取这样几方面的措施：第一，加强对交易对方资产和信用的调查；第二，在签订商务合同时，可以订立一些预防性条款；第三，如对方违约可以诉诸法律来解决。

第六，因价格波动与汇率变动而引起的商业风险，可以通过签订远期合同或利用套期保值交易方式来转嫁风险。

总之，面对客观存在的商业风险，可以采取多种避险手段。在具体运用时，要视客观情况，灵活地加以运用，努力做到以最少的风险管理费用，获得最佳的风险收益和使风险损失减小到最低限度。

第二节　商业机会与商业投机

一、商业机会与市场开拓

（一）商业机会的内涵

世界超级管理大师彼得·德鲁克曾经说过这样一句话：把握机会重于解决问题。因为，解决问题只能减少损失，而把握机会可以创造利润。这句话对商业经营来讲，具有十分重要的指导意义。这是因为，商业经营受不确定性因素影响特别明显，商业机会特别多。商业经营者如果能够抓住机会，捕捉商机，并驾驭商机，往往可以获得丰厚的回报。但商业机会多，并不等于随手可得。正如人们常说的：机不可失，时不再来。这就要求商业经营者还必须及时把握商机，以发展和壮大自己的实力。

那么什么是商业机会呢？商业机会又称为市场机会，就是指市场上存在的新的或潜在的需求。它包括这样几方面的含义：第一，商业机会以市场或需求为导向，并且这种需求是目前还没有得到满足的需求，包括已经出现的新需求和潜在需求。只有这样的需求，才能称得上是商业机会，才能给经营者带来丰厚的利润，激励经营者去捕捉商机。第二，为了满足新需求或潜在的需求，经营者必须提供新的商品或新的服务。第三，为了瞄准商业机会，经营者必须时刻盯住市场，以对市场信息了如指掌，把握市场的走势。

由于市场需求在不断地发展和变化，因此，商业机会也在不断地出现。

（二）寻找商业机会的途径

一般来讲，寻找商业机会可以从以下几方面入手：

1. 从供求差异中寻找商机

凡是供不应求的商品，必定存在商品未满足的需求，这样自然就存在着商业机会。

2. 从市场环境变化中寻找商机

商业机会往往存在于市场环境的变化之中。例如，近年来，随着我国居民收入水平的提高，消费水平也大大提高，其中需求的个性化日益突出。这样，经营专业店的机会就出现了。从目前来看，专业店的生意普遍比较好。又如，近年来，我国人口老龄化现象日益突出，老年用品需求大大增加，这就为经营老年用品商店提供了新的商机。

3. 从市场信息中寻找商机

即通过市场调查，及时掌握可靠的市场信息，准确预测市场需求，开发和经营新的商品，开拓新的市场。

4. 从分析企业经营条件的相对优势中寻找商机

即通过分析，找出自己的竞争优势并加以发挥，以开辟新的市场需求。

（三）把握商业机会的措施

当通过一定的途径发现商机之后，就应该及时地加以把握，变商机为财富。为此，必须采取有效的措施。具体来讲，主要有以下几方面的措施：

第一，迅速对捕捉商机所费的预期成本和所得的预期收益进行比较，然后做出科学决策。

第二，当决定利用商机开拓市场时，必须迅速决定所需要的资源，即人、财、物和技术资源等。

第三，积极筹措或调度资金，组建或调整组织机构，挑选或委派得力人员，全面开展各项工作。

第四，积极策划和组织各项促销活动，大力开拓新的市场。

（四）商业机会与市场开拓

商业机会与市场开拓具有密不可分的关系。这是因为，商业机会能否抓住，最终取决于市场开拓情况。所谓市场开拓就是指为商品销售找到新的需求者，以扩大商品的需求。它包括这样几方面的内容：第一，增加商品在同一市场上的消费人数。因为消费人数越多，对商品需求量就越大。第二，延长商品流通的距离，扩大商品销售的空间范围。因为商品流通距离越长，意味着商品销售可以更好地突破地域的限制，在更广阔的区域内流通，销售量一般就会越多。第三，扩大商品在市场上的占有率，获得更多的市场份额。第四，在购买力既定的条件下，引导消费，把更多的购买力吸引到本企业经营的商品上来。第五，不断扩大新的消费领域。第六，在购买力水平不高，一时消费者买不起或很少能买得起某些商品的情况下，要创造条件，增强消费者的购买力，以扩大商品的需求。通过这样的市场开拓，就可以把商机变成财富。

二、商业投机的含义

（一）正确理解投机的含义

投机活动虽由来已久，但至今人们对"投机"还没有一个统一、明确的解释。《辞海》中，将投机定义为"乘时机以牟取个人私利"。《现代汉语大辞典》中，也将投机界定为"乘机牟利"。美国人格林沃尔德主编的《现代经济辞典》中，将投机界定为"在商业或金融交易中，甘冒特殊风险希望获取特殊利润的行为"，并进一步解释说，投机通常是期望从价格变化中获利的证券、商品和外汇买卖活动。除了那些在日常商务活动中需要外汇或商品的人所做的交易外，市场上所有的交易都是投机性的。在日常生活中，人们往往把投机视为牟取暴利的冒险行为。更有甚者，还将投机与赌博等同起来。那么，究竟什么是投机呢？我们认为，要理解投机的含义，首先要将投机与投资、投机与赌博区别开来，否则，便难以正确理解投机的要义。

（二）商业投机的含义

所谓商业投机，又称市场投机，它包括两方面的意思：一是指利用市场供需差异，捕捉需求机会，投市场急需之机，从而达到赢利目的的经营行为；二是指利用市场上客观存在的价格波动的风险，运用投机资金冒特殊风险以赚取特殊利润的经济行为。从第一层意思来看，它与商业机会密切相关；从第二层意思来看，它又与商业风险密切相关。

三、商业投机的类型和特点

（一）商业投机的类型

从商业投机的含义来看，商业投机可以分为以下三种类型：

第一，在现货市场上发掘商业机会而进行的投机活动。

第二，在期货市场上进行的买空卖空投机活动。

第三，在资本市场上进行各种有价证券的投机活动。如买卖股票赚取价差，获得风险利润等。

（二）商业投机的特点

1. 商业投机具有客观性

商业投机受两方面的制约：一是供求差别的制约。由于多种因素的影响，商品供给和需求在总量、结构、时间、空间等方面经常存在不一致性，即存在着供求差额，这样，就为商业投机提供了机会。二是价格差别的制约。只要存在着价格差,就存在着商业投机的条件,因为投机者可以从中赚取价差。这两个方面的差别是市场经济中客观存在的普遍现象。因此,商业投机不可避免,具有客观性。

2. 商业投机具有很大的风险性

不管是哪类商业投机,都具有很大的风险性。没有风险,就不会出现投机。投机的目的是获得厚利即风险利润,亦即以最小的投资取得最大的利润,而不是一般的利润。投机的结果关键取决于投机者对市场需求和价格的未来预期是否准确。在市场经济中,市场需求和未来的价格波动受多种因素的制约,具有极大的不确定性。投机者要掌握有关市场变化的完全信息几乎是不可能的。因为有关信息的获取、处理、判断等都须付出最宝贵的稀缺资源,即人的时间、精力、理性和财力。这就使投机者只能把他们有限的资源投到他们认为是最重要的方面,而不得不放弃他们认为不很重要的方面。信息的不对称性使投机者对市场信息不可能完全把握,从而使其投机活动具有很大的风险性。虽然投机成功的概率很小,但投机一旦成功则往往可以带来丰厚的利润,因此,这种高风险、高回报的投机活动常常吸引那些投机者屡屡去冒险。

3. 商业投机不同于一般性商业活动

两者虽然都是利用市场供求差异和价格波动所造成的市场机遇来获取利润并承担风险的行为,但两者又有着诸多明显的区别。主要表现为:①商业投机是适应特定需要的一种超前行为,而一般性商业活动是为了满足正常需要的常规性活动;②商业投机是一种风险较大的经济行为,而一般性商业活动经营风险较小;③商业投机所获取的是超额利润,而一般性商业活动谋取的是正常的购销差价;④商业投机的作用是双向的,既有积极的一面,又有消极的一面,它可能会冲击法律、道德和正常的经济秩序,而一般性商业活动主要是为了满足消费需求,作为国民经济必不可少的正常性经营活动,一般不存在负面作用。

4. 商业投机合法与否取决于其发生环境中的特定的法律界定和道德取向

由于商业投机的目的是获得更多的或超额利润,所以不能以利润的多少来判断商业投机的社会价值和社会属性。特定环境中的法律界定和道德取向是决定其合法与否的关键。这样我们就能正确地理解在不同国家、不同的历史时期对市场中存在的商业投机的不同的界定和评价标准。目前,不少国家或地区都制定了"反暴利法",主要目的是规范交易行为,维护正常的市场秩序,维护商业道德,促进社会安定和经济稳定,而不是笼统地提倡或反对商业投机。

5. 商业投机必须获得大量的信息

投机者在进行每笔交易前必须获得大量信息，通过对信息的科学整理和分析，进行预测和决策，然后再进行交易，否则盲目投机，易招致失利。投机不是单纯靠投机者的"运气"，投机者必须占有大量、充分、可靠的信息，这样才有可能成功。

四、商业投机的条件

（一）投机者要有足够的资本以应付可能遭受的损失

为投机而准备的货币财产是投机资本，而投机资本已不是原来的商业资本。商业资本是再生产过程中在流通中执行商业职能的资本，而投机资本则是再生产过程外部的非职能资本。商业资本直接得到从生产剩余价值中分配的利润，而投机资本不是自我增值的资本，不能得到原来的利润分配。它只通过获得以价格变动为基础的纯粹的买卖差异来实现增值。投机引起投机者之间的财产再分配，即一方得利就是另一方的损失。因此，要想进行投机，如参加期货交易，其先决条件就是要有足够的资本以应付可能遭受的各种损失。任何一个投机者都不愿意亏损，但是，有风险才有获利的机会，而风险也意味着有亏损的机会。因此，考虑风险的大小，是决定是否投机的关键。

（二）投机者要具备一定的素质，要有承担风险的能力和具有风险意识

一个成功的投机者往往敢于承担别人不敢承担的风险，善于总结交易中正反两方面的经验教训，在实践中不断增长才干。他能够在风险面前审时度势，分析预测，做出决断，从而一举获利。所以，投机者首先要有承担风险的能力，能够承受市场变化带来的惊喜与悲伤。一个经不起风险冲击的人是不适合参与投机活动的。同时，投机也是一项技巧性很强的经济活动，要求具备一定的专业知识和一定的分析判断能力、机敏的应变能力、果断的决策能力，以利于正确处理和判断信息，做出正确的交易决策。此外，投机者还应有法律常识、法制观念，以合法的投机获利，而不搞非法活动。

五、商业投机的经济功能

（一）提高市场流动性，活跃市场交易

市场的流动性和交易活跃，体现为在市场上能够迅速地向某一个买方或卖方提供他们需要交易的对象。投机者投入一定的资金，或购买某种商品，或买空卖空，其买卖数量

大、交易频繁，从而带来了买卖双方人数的增加，使那些保值投资者不论是买进还是卖出，都很容易找到贸易伙伴，从而大大增加了市场流动性。同时，投机交易频繁，消息传递快，还能降低交易成本。如果没有投机者参加或没有投机行为，保值性投资者因市场流动不畅，找不到成交机会，在交易中颇费周折，就会增大交易成本。

（二）承担交易风险

如果市场上价格波动频繁，生产者和经营者就会设法回避、转移价格波动的风险。有转移风险者，必然就要有承担风险者，而投机者则是专门承担价格波动风险的，他们希望通过风险来赚钱，承担风险成为投机者的专业化职能。投机者承担风险才能使旨在避险或保值的投资者或生产者、经营者顺利避险，专心从事本行业的生产与经营活动。

（三）缓和价格波动幅度，稳定市场

一般情况下，市场价格是随着供求关系的变化而上下波动的。投机者参与市场交易，可以减少市场价格波动的幅度。当市场上商品供大于求、价格很低时，投机者大量购进，吸收剩余，实际上是增加了市场需求，缩小了市场缺口，使价格不致下降到过低水平；当商品供小于求、价格很高时，投机者大量卖出，客观上又增大了市场供给，消除了部分短缺，减少了供求缺口，使价格不致上升到过高水平。所以，投机行为可以缓和价格波动，使生产者和经营者不致因商品价格的暴跌或暴涨而蒙受太大的损失，从而有利于创造一个相对稳定的市场环境。

（四）传递信息，有利于配置资源

无论投机者在市场上争相买进，还是争相卖出商品，都预先给生产者与经营者提供了信息，使其据此及早改变资源配置。如在期货市场上，由于投机行为充分活跃，使期货市场的商品价格预先灵活地反映出市场供求状况，从而预先为社会提供了优化资源配置的信息。

应当指出，任何事物都有一个度，商业投机也不例外。为了发挥商业投机的经济功能，必须控制过度商业投机行为，以防止其对社会经济生活产生不利影响。

第三节 市场经济与商业竞争

一、竞争是社会发展的原动力

竞争是一个古老而常新的概念。据考证,早在我国战国时期就有了竞争的概念。《庄子·齐物论》一书中,就有了"有竞有争"的说法。西晋时期的郭象,在《庄子注》中解释说:"并逐曰竞,对辩曰争。"当时的竞争主要是指政治、学术派别之间的辩论和争鸣。19世纪,英国生物学家达尔文提出了进化论,揭示了优胜劣汰、物竞天择、适者生存的自然规律,赋予了竞争更为广泛的含义。到今天,竞争已从简单的求生存、争胜负等领域发展到人类社会生活的各方面,在经济、政治、文化、艺术、思想、体育等各个领域,竞争都自觉或不自觉地存在着,从内在动力和外在压力上制约着人们的行为。

通过竞争,优胜劣汰,它不仅优化了人类本身,而且也优化了人类战胜自然界的手段和能力,优化了生产要素的配置,优化了产业结构和产品结构,从而不断地推动人类社会的进步,推动人类社会向更高的阶段发展。因此,人们常说,千规律万规律,竞争是第一规律,竞争是推动人类社会发展的原动力。

二、市场经济与商业竞争的客观性

在市场经济条件下,商业竞争是一种最主要的竞争形式,这是因为商业是市场经济条件下竞争最激烈的行业之一。所谓商业竞争,就是指具有独立经济利益的商业主体,为了获得有利的产销条件、投资条件或经营条件,自觉或不自觉地进行抗衡和较量。它随着市场经济的产生而产生,并随着市场经济的发展而发展。它既为市场经济的发展开辟道路,同时也在市场经济的发展中为商业主体自身的发展开辟道路。正如恩格斯指出的那样:"一种没有竞争的商业,这就等于有人而没有身体,有思想而没有产生思想的脑子。"商业竞争体现了商品生产者、经营者和消费者之间在物质利益方面存在着一种本质的必然的联系。在这种必然联系之中,他们之间互相对立,他们不承认任何别的权威,只承认竞争的权威。

三、商业竞争的内容

随着市场经济的发展,特别是买方市场出现之后,商业竞争以更多的形式、更大的范围、在更加广泛的时间和空间上展开。这里主要就其中的一些主要内容做简要的说明。

（一）经营内容的竞争

经营内容的竞争，也就是经营商品的竞争。这主要包括：

1. 商品质量的竞争

这是商业竞争的核心。因为质量是商品的生命，是企业生存和发展的条件。商品质量是商品价值和使用价值的集中表现。质量竞争的实质就在于它是满足用户需要程度的标志，主要表现在产品功能、效用、精度、寿命、安全、可靠、外观等方面的高低、好坏。质量竞争就是要以质取胜，以优取胜。

2. 商品品种的竞争

商品品种是指不同性能的商品和同类商品的型号、规格、系列、款式等特性的总和。商品品种的竞争表现在品种的多样化、系列化和新颖化方面的对比和较量。由于消费对象的复杂性、多样性、多变性，因此，经营者要想在激烈竞争的市场上取胜，必须在经营品种的多样化、系列化和新颖化方面下功夫，争取做到以多取胜，以新取胜，以奇取胜，以快取胜。

（二）经营要素的竞争

相对经营内容，经营要素的竞争是更深层意义上的竞争，它往往关系竞争者的后劲如何。经营要素的竞争主要包括经营者的素质与能力、商业信誉、经营资金、经营设施与经营信息等方面的竞争。

经营者的素质与能力是商业经营最重要的要素，它的状况能够决定和改善其他要素。例如，我们经常看到有的商业企业处在较好的地理位置，资金比较宽裕，条件相当优越，但由于经营者素质低，服务态度差，结果出现经济效益低下甚至亏损而无法生存下去的情况。与之相反，有些商业企业地理位置偏僻，资金比较紧张，但由于经营人员熟悉市场，善于经营，服务周到热情，商誉很高，能吸引消费者，结果取得了很好的经济效益。因此，人们常说，商业竞争的实质是人才的竞争，是经营者的素质与能力的全面较量，是管理水平和经营水平的竞争。能否拥有一批具有现代市场经济意识、勇于开拓、善于经营和管理的人才，是商业经营者在竞争中能否立于不败之地的最关键的因素。

商业商誉是商业经营要素中一种特殊的无形要素，它既是经营者过去经营成果的反映，又是今后商业竞争取胜的利器。在商誉竞争中获胜，往往可以使经营者获得长久的利益。正是由于这一点，许多经营者投入巨大的精力和财力，努力改善企业的形象，提高企业的信誉。这是一种长期的投资，因此，对企业发展能够产生长远的影响。重视商誉的树立和商誉竞争是市场经济发展的一种必然选择。

第四节 不正当竞争与反不正当竞争

正当竞争与不正当竞争是对立的，它们都是商品经济发展的产物，但两者所起的作用完全不同。在建立社会主义市场经济秩序的过程中，我们要大力提倡并依法保护正当竞争，反对和制止不正当竞争，以保证市场机制在配置社会资源中有效地发挥其基础性作用。为此，我们有必要了解不正当竞争的内容与形式，以便有效地反对和制止不正当竞争，保护正当竞争。

一、不正当竞争的内涵

不正当竞争一般是指在市场竞争中，采取虚假、欺骗、损人利己等不正当竞争手段牟取利益，损害国家、其他竞争者和消费者利益，扰乱正常市场竞争秩序的行为。

不正当竞争行为与一国市场经济的发育程度直接相关，并与一国法律制度的建设密切相连，由于各国市场经济的发育程度、法律制度的建设程度参差不齐，因而，目前世界各国无论是在法律上还是在政策上对不正当竞争行为的概括和表述也是各不相同。

资料表明，最早定义不正当竞争概念的是《保护工业产权的巴黎公约》。该公约规定："凡在工商活动中违反诚实经营的竞争行为即构成不正当的竞争行为。"由于不正当竞争行为往往是同其竞争手段相联系，而竞争手段又是多种多样、千变万化的，因而，后来西方国家在反不正当竞争中，通常采用概括法或列举法来界定不正当竞争的含义。例如，葡萄牙颁布的《工业产权法》中规定："凡竞争行为违反任何一个部门内之经济法规或诚实习惯者，均成为不正当竞争。"这便是采用概括法来界定不正当竞争的含义。不过，绝大多数西方国家采用列举法来界定不正当竞争的含义。例如，德国《反不正当竞争法》对不正当竞争行为做了以下列举：①以把顾客引入歧途、对顾客施加压力、烦扰顾客或利用顾客的感情和说假话的方式来左右顾客的挑选，使顾客上当的行为。②以妨碍和阻挡其他的竞争者为目的而进行价格战、歧视、抵制或做比较广告的行为。③发不义之财，不正当地利用竞争者的努力行为。如故意仿效他人的产品，获取他人的灵感妙想，步他人的后尘做人云亦云的宣传以猎取他人的声誉，或模仿他人商品的外观等。④其他违法行为。如引诱竞争者手下老资格的职员违反雇佣契约，约定到本企业就职的行为。日本在《不正当竞争防止法》中规定，下列行为属于不正当竞争行为：①在本法施行的地区内，使用众所周知的他人的姓名、商号、商标、商品的容器包装等与他人的商品标记相同或类似的标记，或者销售、周转或出口使用这种标记的商品，而与他人的商品产生混淆的行为。②在本法施行的地区内，使用众所周知的他人的姓名、商号、商标等与他人营业上的标记相同或类似的标记，而与他人营业上的设施或活动产生混淆的行为。③在商品或产品广告中，以让公众得知的方法在交易文件或通信中标示虚假产地或者销售、周转或出口做这种标示的商品，而使人对产地产生误解的行为。④在商品或产品广告中，或以让公众得知的方法在交易文件或通信中，用该商品生产、制造或加工地以外的地区，来标示该商品的出产、制造或加工地，因而使人产生误解的行为，或者销售、周转或出口做这种标示的产品行为。⑤在商品或产品广告中，使用对其产品的质量、内容、制造方法、用途或数量使人产生误解的标示，或者销售、周转或出口做这种标示的商品的行为。⑥陈述损害处于竞争关系的他人营业上的信用的虚假事实，或者散布这种虚假事实的行为。

不管是采用概括法还是采用列举法定义不正当竞争的含义，其法律和经济意义上都有其共性。这些共同的特征表现为：①它是一种违法行为。这种违法行为主要可归纳为三类：一是规避法律的行为。它是指行为人绕开法律的规定从事某种行为以达到违法目的的行为。进一步讲，就是指不正当竞争行为人为了牟取非法利益，采取某些形式上合法、实际上则逃避本应适用的法律规范的行为。二是伪装合法的行为。它是指在形式上看起来是合法的，而实际上仍然是违反法律规定，并对社会和他人的利益造成损害的行为。如以某种手段骗取了生产经营合格证书，而实际上是生产和销售不合格的产品，并由此造成了对消费者权益的损害。三是隐藏非法意图的行为。它是指行为人为了达到牟取利益的目的，在进行某项生产经营活动时，所采取的行为是合法的，但这种合法行为的背后实际上掩盖着某种非法的目的，也就是形似合法而实则违法的行为。如低价竞销等行为。②它是一种违背诚实信用原则的行为。目前世界各国的反不正当竞争法都把违背诚实信用的行为视为不正当竞争行为。③它是一种给人造成或可能造成损害的行为。

总之，不正当竞争行为，从经济意义上讲，是一种违背公平竞争、诚实信用的行为；从法律意义上讲，是一种违法行为。

我国通过的《反不正当竞争法》既采取概括法对不正当竞争做了明确的界定，又采用列举法对不正当竞争行为做了归类。根据该法的规定，不正当竞争是指经营者违反《反不正当竞争法》的规定，损害其他经营者的合法权益，扰乱社会经济秩序的行为。概括起来，不正当竞争行为包括：①以不正当手段从事市场交易，损害竞争对手的行为。具体包括：假冒他人的注册商标；擅自使用知名商品特有的名称、包装、装潢，或者使用与知名商品近似的名称、包装、装潢，造成和他人的知名商品相混淆，使购买者误认为是该知名商品；擅自使用他人的企业名称或者姓名，引人误认为是他人的商品；在商品上伪造或者冒用认证标志、名优标志等质量标志，伪造产地，对商品质量做引人误解的虚假表示。②公用企业或者其他依法具有独占地位的经营者，限定他人购买其指定的经营者的商品，以排挤其他经营者的公平竞争的行为。③政府及其所属部门滥用行政权力，限定他人购买其指定的经营者的商品，限制其他经营者正当的经营活动的行为，以及政府及其所属部门滥用行政权力，限制外地商品进入本地市场，或者限制本地商品流向外地市场的行为。④经营者采用财物或者其他手段进行贿赂以销售或者购买商品的行为。⑤经营者利用广告或者其他方法，对商品的质量、制作成分、性能、用途、生产者、有效期限、产地等做引人误解的虚假宣传的行为。广告经营者在明知或者应知的情况下，代理、设计、制作、发布虚假广告的行为。⑥经营者采用下列手段侵犯商业秘密的行为：以盗窃、利诱、胁迫或者其他不正当手段获取权利人的商业秘密；披露、使用或者允许他人使用以前项手段获取的权利人的商业秘密；违反约定或者违反权利人有关保守商业秘密的要求，披露、使用或者允许他人使用其所掌握的商业秘密。⑦经营者以排挤竞争对手为目的，以低于成本的价格销售商品的行为。但下列情形不属于不正当竞争行为：销售鲜活商品；处理有效期限即将到期的商品或者其他积压的商品；季节性降价；因清偿债务、转产、歇业等降价销售商品。⑧经营者销售商品，违背购买者的意愿搭售商品或者附加其他不合理条件的行为。⑨经营者从事下列有奖销售行为的：采用谎称有奖或者故意让内定人员中奖的欺骗方式进行有奖销售；利用有奖销售的手段推销质次价高的商品；抽奖式的有奖销售，最高奖的金额超过5000元。⑩经营者捏造、散布虚伪事实，损害竞争对手的商业信誉、商品声誉的行为。⑪投标者串通投标，抬高标价或者压低标价的行为。

二、反不正当竞争行为

由于不正当竞争行为是市场经济中自发产生出来的扰乱正常市场竞争秩序的行为，因此仅仅依靠市场自身的力量往往难以解决这一问题。世界各国的经验表明，反对和制止不正当竞争，保障并促进公平交易，维护各方竞争者的利益，促进社会经济资源的优化配置，主要应依靠法制的力量。因此，制定和实施反不正当竞争法便成为世界各国反对和制止不正当竞争的主要武器。

第五节　垄断与反垄断

垄断是竞争的对立物和伴生物，竞争产生垄断，垄断限制竞争。要开展有效的竞争，就必须反对和制止垄断。反对和制止垄断可以采取多种形式和手段，其中最主要的手段是法律手段，由此便产生了反垄断法。

垄断既包括经济意义上的垄断，又包括行政意义上的垄断，以及两者交织的变种。目前我国在由计划经济体制向市场经济体制转轨过程中，出现了这两种垄断形式相结合的特殊垄断——行政性市场垄断。因而，必须加快反垄断法律制度的建设，以促进新体制的健康发育和现代化建设进程。

一、垄断及其组织形式

（一）垄断的基本含义

垄断是社会经济发展到一定阶段的产物，广义的不正当竞争实际上涵盖了垄断的内容。但是，由于垄断是产生于资本主义自由竞争阶段之后的一种特殊经济现象，有其特定的内涵，对社会经济生活产生了一系列重大影响，因此，人们通常把不正当竞争与垄断区别开来。

简言之，垄断是对竞争过程的限制和阻碍。从垄断生成的原因来看，垄断的形成主要受市场或行政以及两者相互结合的力量的影响，由此便出现了市场垄断和行政垄断。市场垄断通常是指少数企业或经济组织排他性地控制要素市场和产品市场。产生市场垄断的表层原因是市场上存在着足够强的进入障碍和壁垒，而根本原因在于市场经济的发育和成熟的程度。在现代市场经济条件下，市场垄断有多种形式，既包括生产垄断，又包括生产要素的垄断，如技术垄断、资本垄断、信息垄断等，还包括价值形态的垄断，如价格垄断等。行政垄断是行政部门依靠行政权力而形成的经济垄断。市场垄断和行政垄断的共同特征是垄断主体对市场或相当于市场层次上的经济运行过程具有较强的控制能力，或者可以采取排他性的控制。

垄断的形成与社会经济制度密切相关，在资本主义经济制度下，垄断是在资本主义生产和资本高度集中的基础上形成的，垄断组织是一个部门或几个部门内居于垄断地位的大企业或企业联合。它们凭借垄断地位，控制生产和流通，获取高额垄断利润。垄断的形成和发展，使资本主义社会发展到一个新的阶段。

在社会主义经济制度下，垄断在历史上首先以国家垄断或行政垄断的形式出现。这种以行政职能为依托而形成的经济垄断构成了集权模式的社会主义经济体制的主要特征。改革开放以来，在新旧体制的转轨过程中，这种垄断又同市场垄断交织在一起，对社会主义经济运行产生着重要的影响。

（二）垄断组织的形式

垄断组织的形式多种多样。从垄断联合的范围和程序的发展历史来看，其组织形式主要包括：

1. 短期价格协定

它是指大企业通过口头或书面方式规定在一定时期内共同控制某类商品的价格，以获取高额垄断利润。它是垄断组织的最简单形式，这种垄断组织形式一般都不太稳定，当达到原定目的或市场条件发生变化之后，其组织就自行解体。这种垄断组织在不同的国家、不同的部门有不同的名称。

2. 卡特尔

它是指生产同类商品的资本主义企业为了获取高额利润，在划分市场、规定产量、确定价格等方面就其中的某一或某几方面达成协定而形成的一种垄断联合。它是垄断组织的一种重要形式，参加卡特尔的企业在生产、销售、财务和法律上都保持独立。违背协议的企业要受到罚款、撤销享受专利等处罚。

根据协定内容的不同，卡特尔的类型分别有规定销售条件的卡特尔、规定销售范围的卡特尔、限定产量的卡特尔、分配利润的卡特尔等。企业间订立协议时一般都通过正式的书面手续，并由参加企业选出委员会，监督协议执行并保管和使用共同基金。卡特尔是大企业按实力地位缔结的协定，随着经济发展不平衡、各企业力量对比发生变化，协定也将按新情况重新订立。因而，卡特尔不很稳固，也不很长久，持续时间一般很少超过10年。卡特尔最早于19世纪60年代初出现在欧洲大陆，在德国曾盛极一时，其他国家也普遍存在。随着经济发展的国际化，各国大的垄断组织之间的竞争日益激烈，卡特尔的发展越出了国界，形成了国际卡特尔。

3. 辛迪加

它是指同一生产部门的垄断资本企业为了获取高额垄断利润，在流通过程中通过订立共同销售产品和采购原材料的协定所建立的垄断组织。参加辛迪加的企业在生产和法律上是独立的，但在购销活动中不再有完全的独立地位。通常，购销业务活动均由辛迪加的总办事处统一安排和办理，然后按照规定的份额进行分配。因此，辛迪加可以在流通中抬高价格销售产品，压低价格收购原材料。在这种统一经营的体系下，参加辛迪加的企业不再与市场直接发生联系，因而很难脱离辛迪加的约束。如果退出，企业就必须重建销售系统，而这就会受到辛迪加的排挤。因此，辛迪加是一种比卡特尔更稳固的垄断形式。但在辛迪加内部，各企业分争产品销售额等方面的矛盾比较突出。当矛盾达到尖锐化的程度时，就需要重新规定协议份额和重组总办事处。这种垄断形式在20世纪初流行于西欧，特别是盛行于德国。

4. 托拉斯

它是指生产同类商品或在生产上有密切投入产出关系的垄断资本企业，为了获取高额垄断利润，从生产到销售全面合并组成的垄断联合，是垄断组织的一种高级形式。参加托拉斯组织的企业，本身虽然是独立的企业，但在法律上和产销方面均失去了独立性，由托拉斯董事会集中掌握全部业务和财务活动，原来的企业成为托拉斯的股东，按股权分配利润。其主要类型，有以金融控制为基础的托拉斯和以企业完全合并为基础的托拉斯。前者的参加者保持形式上的独立，实际上完全从属于总公司。总公司通过拥有的股权进行控制，因而实质上是一种持股或控股公司。后者是同类企业通过合并或兼并形成的，总公司直接掌握产销。可见，托拉斯是一种比卡特尔、辛迪加更稳固的垄断组织。参加者只有通过股权才能取得控制权，只有通过出售股票才能退出托拉斯。在托拉斯内部，存在着以股权为核心的激烈斗争。从19世纪末以来，托拉斯在美国获得了迅速的发展，美国成为托拉斯最发达的国家。第一次世界大战之后，西欧的托拉斯组织也有了较快的发展。

5. 康采恩

它是指属于不同部门的垄断资本企业，以实力最雄厚的企业为核心结成的垄断联合。它是一种高级而复杂的垄断组织。这种垄断组织通常不仅包括不同工业部门的企业，而且包括运输业、商业、金融业和服务行业的企业。以金融为基础，其核心可以是大银行，也可以是大工业公司。这些大工业公司和大银行除了经营本身的业务外，同时又是持股公司。它们通过收买股票、参加董事会及财务上的联系，控制参加康采恩的企业，掌握和控制着比本身资本额大若干倍的许多企业，从而获取高额垄断利润。康采恩是继卡特尔、辛迪加和托拉斯之后的一种垄断组织形式，是工业垄断资本和银行垄断资本相融合的产物。

二、转轨过程中我国垄断的特征与成因

随着我国高度集中的计划经济体制的建立和发展，我国经济领域中出现了以行政职能为依托的行政垄断。改革开放以来，这种行政性垄断因市场机制的引入和作用的增强而

逐步淡化，但在新旧体制的转轨过程中，衍生出了行政垄断与市场垄断相交织的特殊形式——行政性市场垄断，对经济生活产生了很多不利的影响。如何打破这些垄断，已成为我国经济体制改革的重要内容。

（一）转轨过程中我国垄断的特征

当前我国经济生活中出现的垄断行为和现象，与一般市场经济条件下的经济垄断相比，具有以下几方面的特征：

1. 垄断的行业性

垄断与行业或部门内部及部门之间相互竞争的不充分有关，这种情况在市场发育不成熟的条件下尤其突出。在发达市场经济国家里，由于制定了比较完善的制止行业内部及相互之间不正当竞争或垄断的法律法规，这种行业性的垄断在相当程度得到了抑制。由于目前我国无论是市场体系的建设，还是制止行业性垄断的法律法规建设都还很不成熟，因而，这种以行业为依托的排他性控制就难以有效制止。当前出现的某些垄断在相当程度上是存在于特定行业里的。由于受到行业壁垒的排他性控制，因此，在这些行业内部无法有效地开展竞争。

2. 垄断的供给性

从西方发达国家的市场垄断情况来看，它们经济生活中出现的垄断大都是以有效需求不足为宏观经济背景的。因此，垄断往往是通过需求的排他性控制来达到获取垄断利润的目的，垄断的结果可能会使价格水平趋于降低。我国目前存在的垄断现象，往往以有效供给不足为特征。垄断部门往往通过对供给的排他性控制来实现。从当前垄断的实际情况来看，它主要集中在资源供给不足且具有卖方市场特点的领域内，如交通运输、邮电通信、金融服务等部门。垄断的结果是阻碍了有效供给的增长，助长了垄断价格的上涨和抑制了有效需求的增长，使资源配置的总体效益下降。

3. 垄断的双重性

在市场经济比较成熟的国家，一般只存在市场垄断。它是通过市场力量的排他性控制来达到垄断的目的。目前我国市场上存在的垄断，并非完全是依靠市场的力量来实现的，而是依靠市场力量和行政力量的双重作用实现的。也就是说，这种垄断既具有传统计划经济体制下国家垄断的特点，即依靠行政组织和行政手段推动垄断的形成和运作，又融进了市场经济体制下市场垄断的某些成分，即依托目前尚不完善的市场机制来操纵垄断。这是当前我国市场上出现的一种特殊垄断，是一种行政权力加市场力量形成的垄断，即行政性市场垄断。

4. 垄断的体制性

任何垄断都与一定的经济体制相关，甚至可以说，有什么样的经济体制，就有什么样的经济垄断。或者说，不同的垄断是不同的经济体制的一种反映。在发育成熟的市场经济体制下，垄断与市场经济体制的内在缺陷有关。我国目前存在的垄断，是以产权关系不顺、政企职责不分、市场机制不完备、法律法规体系不健全等为背景的。例如，一些政府机构在改革过程中兴办经济实体，常常以资产所有者、经营者、行政管理者等多重身份参与市场交易活动，这是产生行政性市场垄断的根本原因。

（二）转轨过程中我国出现行政性市场垄新的原因

行政性市场垄断产生的原因是复杂的和多方面的，既有市场经济条件下的一般原因，更有我国体制转轨过程中的特殊原因。具体来说，主要有如下几方面的原因：

1. 市场经济不发达是造成行政性市场垄断的基本原因

垄断是市场经济发展的产物，行政性市场垄断则是市场经济不发达的怪胎。市场经济越发达、市场体系越完善、竞争机制越健全，就越不容易形成这种垄断。换句话说，发达的市场经济及其完善的市场机制，是防止或制止行政性市场垄断最强有力的武器。显而易见，由于我国的经济体制是建立在生产力水平低下和市场经济不发达的基础之上的，再加之目前我国正处在新旧体制的转轨阶段，因而行政性市场垄断的出现是很难避免的，也是不可能在短期内消除的。

2. 旧体制的影响和改革措施的不配套是行政性市场垄断的直接原因

产权关系不顺、产权界定不清、产权制度不完善，是行政性市场垄断的直接原因，也是根本原因。有关制止垄断、反不正当竞争的法律法规还不健全，有法不依、执法不严、违法不究、以权代法等违法违章行为还较多地存在，这对行政性市场垄断起到了助推作用。在政府机构转变职能的过程中，一些机构"借行政权力，行市场行为"，又加剧了行政性市场垄断。

3. 利益机制不健全是造成行政性市场垄断的内在原因

由于目前客观上存在着社会分配不公的问题，特别是政府机构和事业单位的人均收入水平较低，这就难免促使一些行业和部门为了本系统职工的利益而动用其资源优势，甚至是权力，人为设置壁垒，从而为行政性市场垄断的形成提供了内在的动力。

造成我国经济生活中的行政性市场垄断的原因是多方面的，且非短期内就能够很容易地解决，因此，在我国传统的计划经济体制向市场经济体制的转换过程中，如何有效地防止垄断，促进公平竞争，是摆在我们面前的一个重要课题，需要深入加以研究解决。

三、反垄断的手段

垄断是对竞争的限制和阻碍，为了开展有效的竞争，市场经济国家主要是通过制定反垄断法，运用法律的手段来制止或限制垄断行为。反垄断法是由国家制定的明确禁止垄断者以其垄断手段牟取垄断利润（利益）、扰乱社会经济秩序和侵害他人合法权益的法律规范的总称。

由于各国社会制度和市场经济发达程度不同，垄断产生的原因及其表现形式也不一样，因此，各国立法和国际立法对垄断行为的具体界定不尽相同，甚至连反垄断法的名称也不相同，如美国称为反托拉斯法，德国称为反对限制竞争法，等等。

从当前我国经济体制改革和经济发展以及法制建设的各方面来看，加快我国反垄断法的立法工作是一项紧迫的任务。

首先，加快反垄断法的立法工作，是适应建立社会主义市场经济体制的需要。制定并实施反垄断法，对于规范市场主体行为、促进市场体系发育、转变政府职能、塑造新的宏观经济调控体系、制止行政性市场垄断行为具有重大作用。

其次，加快反垄断法的立法工作，是加快经济发展、实现经济发展方式转变的需要。我国传统的经济发展方式是一种粗放型、外延型、封闭型和数量型的增长方式，最终导致经济运行的效率低下，而效率低下的根源又在于缺乏有效的市场竞争。有效竞争严重不足的根源在于长期以来形成的以体制为背景的垄断，以及由此派生出来的各种体制性问题，行政性市场垄断就是其中最突出的表现之一。显然，加快经济发展，实现经济发展方式的转变，制定和实施反垄断法是不可缺少的重要手段。

再次，加快反垄断法的立法工作，是建立健全社会主义市场经济法律体系和制度的需要。反垄断法是市场经济条件下的一种重要法律，具有很高的地位。例如，德国把他们制定并实施的《反对限制竞争法》和《反不正当竞争法》视为该国的"经济宪法"。改革开放以来，随着市场机制的引入，竞争机制的作用逐步增强，相应地，限制垄断保护竞争的问题已经日益突出。因此，抓紧制定具有中国特色的反垄断法，已成为当务之急。

第六节　市场秩序与商业行为

一、市场秩序的含义和特点

（一）市场秩序的含义

秩序是一种受规律、法规、法律和自律规范的运行状态。在人类社会经济生活中，它分为社会秩序和经济秩序两方面，并且二者相辅相成，共同影响人类社会经济的发展。在经济秩序中，市场秩序是最重要的组成部分。

市场秩序，也称为流通秩序。目前理论界对它说法不一，还没有一个统一的、权威性的定义。其中有代表性的观点为：①市场秩序是市场经济体系中各类市场主体和客体的规范化状况及各类主体在经营活动中对于市场经济中的各种规则和公共习惯的认同和遵从状况。它有广义和狭义之分。狭义的市场秩序只包括市场主体、客体等方面的有序化状况以及市场交易行为的规范化状况。广义的市场秩序还包括秩序维护者的活动状况和效果。②市场秩序就是指在市场经济条件下，人们为维护公平竞争，保证交易正常进行，共同遵守市场行为准则的状况。因此，市场秩序与市场规则具有一一对应关系。在市场上，如果所有行为人都自觉遵守市场规则，就表明市场秩序良好，如果只有少数人遵守市场规则，就表明市场秩序较差，如果人们不遵守市场规则，就表明市场没有秩序，市场就会出现混乱。③市场秩序，静态地讲，是指特定情境下设计的旨在激励和约束交易者行为的权利和义务的制度安排——既包括法定授权的组织规则，也包括约定俗成的行为标准；动态地讲，是指市场参与者按照特定的市场交易规则安排行为而产生的个人利益与公共利益的协调。④市场秩序是一种自发秩序，就是要让市场发挥作用。因此，"市场秩序"与"有秩序的市场"具有本质的区别。"有秩序的市场"是要限制市场的作用。"市场秩序"与"有秩序的市场"的区别，就如同哈耶克对"竞争秩序"与"有秩序的竞争"所做的区别一样。哈耶克认为，"竞争秩序"的目的是使竞争起作用，而"有秩序的竞争"的目的几乎总是限制竞争的效力。这种观点主要表现在法学界。

应当说，上述观点都有一定的合理性，但又都具有一定的局限性。因为它们都是从某一方面的角度界定市场秩序的内涵。我们认为，要界定市场秩序的内涵必须从三个方面进行全面的总结，即必须从市场运行的客观经济规律性、法律性和自律性三个方面进行概括。这是因为，市场秩序首先应该是一个自发秩序，必须建立在客观经济规律的基础之上。其次，它必须有法律法规的维护。这又是因为市场秩序在自发的形成过程中，由于市场本身的缺陷，难免会出现盲目状态和无政府状态。于是，就需要政府部门制定有关的法律法规来进行维护。再次，它必须有自律性规则的维护。因为市场运行中出现的盲目状态和无政府状态，并非借助政府的力量就能全部解决，与市场存在缺陷一样，政府也存在着缺陷。这就需要通过行业自律和企业自律来解决这一问题。因此，市场秩序可以概括为一种受客观经济规律、法律法规和行业、企业自律所规范的运行状态。

（二）市场秩序的特点

市场秩序的特点主要有以下三方面：

1. 主观性与客观性的统一

这是因为，市场秩序首先表现为人们在对客观经济规律认识的基础上自觉遵守和运用所形成的交易规定和约束，因而既具有主观能动性，又具有客观性。但由于人们认识规律的局限性和市场自身的缺陷，因此，市场秩序又不能完全依赖人们的主观能动性，还必须依靠其他力量来制定有关规则来约束人们的交易行为。

2. 短期性与长期性的统一

这是因为市场秩序的规范不可能一蹴而就，它必须同经济发展、市场发育与经济变革相适应。因此，任何市场秩序都有时限性，有短期和长期之分。因而，良好的市场秩序需要精心地维护。

3. 层次性与主次性的统一

从市场运行的结构来看，市场秩序包括市场主体的交易秩序、市场介体的中介服务秩序和市场监管者的政府监管秩序3个组成部分。其中，前两者又分别包含着市场进出秩序、市场竞争秩序等具体内容。由于市场交易是市场的核心，因此，从主次程度来讲，市场交易秩序是第一位的，其他各种秩序处于从属或辅助地位。

二、建立市场秩序的目的和条件

（一）建立市场秩序的目的

建立市场秩序的目的一般是由市场的性质决定的，因为不同的市场性质往往有着不同的市场秩序。就我国社会主义市场经济而言，建立市场秩序的目的就是维护生产者、经营者、消费者和国家的权益，保护市场竞争，促进生产效率和流通效率的提高以及资源的合理利用，最终促进社会主义市场经济的健康发展。

（二）建立市场秩序的条件

从市场秩序的内涵和发达市场经济国家的经验来看，建立市场秩序主要应具备下列条件：

1. 按经济规律办事

即市场参与者能够充分认识和运用市场经济规律，按经济规律安排生产、经营与监管活动。

2. 市场结构合理

即建立起有效竞争的市场结构，以便充分保证竞争，防止和抑制不正当竞争与市场垄断。

3. 市场行为规范化

即市场参与者能够主动地按照市场规则办事。

4. 法律法规完备

即符合市场经济要求的法律法规都能建立起来。

5. 平等竞争的市场环境

即市场参与者都有自主权，能够以平等的身份自由开展经济活动，不存在不必要的行政干预。

6. 行政监管到位

即工商行政管理部门能够公正执法，保障合法经营者的权益，打击非法经营者的不法行为。

7. 市场主体能够做到自律和注重自身道德的培养

即市场主体能够做到行业自律和自身自律，行业自律性组织能够成为政府管理部门的得力助手。同时，市场主体能够注重职业道德和商业伦理的建设，自觉维护市场秩序。

8. 国家宏观调控体系的建立

即国家能够根据市场运行的变化，灵活地运用各种宏观调控手段，加强宏观经济的调控，确保经济的平稳运行。

不难看出，上述条件的具备并非易事，因此，建立起良好的市场秩序绝非一朝一夕就能完成，它需要多方面的共同努力。

三、建立社会主义市场经济流通新秩序

（一）当前转轨过程中流通秩序存在的问题

当前流通秩序存在的问题，主要表现为流通无序比较严重，其根本原因在于市场主体行为的扭曲。一些市场主体在利益的驱动下，出现了逐利行为的盲目性，从而产生了商业行为的扭曲或错位，冲击和侵害了消费者和社会的利益。当然，这种现象在任何市场经济条件下都可能发生，是市场的内在缺陷。尤其是在我国建立社会主义市场经济体制的过程中，由于新旧体制的转换，旧体制的弊病尚未根除，新体制正在建立，因而这个时期最容易出现流通无序和市场主体行为扭曲的现象。

（二）建立社会主义市场经济流通新秩序的基本思路

建立社会主义市场经济流通新秩序的基本思路包括以下几方面的内容：

1. 市场参与者要认真学习和研究商品流通规律，按流通规律办事

其中，主要应学习和掌握等价交换规律、商品自愿让渡规律和竞争规律，以便真正做到在市场交易和竞争中认真贯彻等价交换、贸易自由和公平竞争三大原则。这三大原则是市场秩序的核心，其实质就是要求市场参与者在市场交易和竞争中做到"公开、公平与公正"。

2. 继续深化产权制度改革，建立明确的产权制度，这是规范我国市场经济流通新秩序的前提条件

当前我国某些市场主体行为扭曲，不讲信誉，其原因之一就在于产权不清晰。产权制度的基本功能，就是给人们提供一个稳定的预期和重复博弈的规则。产权不清，市场主体就无须对自己的行为承担责任，自然就没有必要讲信誉。因此，要有良好的市场秩序首先就要有明确的产权制度。产权是人们讲求信誉、遵守规则的基础。当前一些私营、民营企业不讲信誉，原因之一也在于他们感到他们的产权还没有得到可靠的保障。明晰的产权

是人们追求长远利益的原动力,从某种意义上说,只有追求长远利益的人才会讲信誉,才会主动地按规则办事。因此,要建立社会主义市场经济流通新秩序,还必须继续深化产权制度的改革。

3. 不断完善法律法规,确保市场秩序的健康运行

由于再明晰的产权也不能保证某些市场主体不钻空子、不干不正当的交易,因此,必须有一套切实可靠的制度保障,让不守信誉和规则的市场主体为此付出高昂的代价。这就需要政府部门制定相应的法律法规,从更高层次上确保市场秩序的健康运行。

4. 加大执法力度,确保市场秩序的公正性

我国经过多年的法制建设,已经有了不少成文的法律法规,但目前普遍存在的现象是有法不依、执法不严,从而助长了市场秩序的混乱。因此,加大执法力度应成为建立我国社会主义市场经济流通新秩序的重要环节。

5. 转变和规范政府的职能

市场秩序包括监管秩序。从某种程度上来讲,监管秩序的好坏,最能够反映整个市场秩序的运行状况。因此,必须高度重视监管秩序的建设。从我国目前的情况来看,加强监管秩序的建设,关键在于转变和规范政府的职能,铲除行政性市场垄断等不正当市场行为。同时,政府部门要建立严格的市场清除制度。没有市场退出机制和市场清除制度,就不会有优胜劣汰,就会出现不计成本不讲效益的恶性竞争,从而扰乱市场秩序。

6. 充分发挥行业自律、企业自律的作用

要规范我国的市场秩序,除了要加强市场监管等工作以外,还必须充分发挥行业自律、企业自律的作用。这也是市场秩序的重要内容。为此,一方面要加强建立和规范商会、行业协会等的工作;另一方面,市场主体也要重视自身职业道德的建设。

7. 充分发挥市场机制的作用

市场秩序的建立,不仅取决于政府对市场的监管,更主要的是要依靠市场机制发挥作用。因为市场秩序首先是一种自发秩序,它要求市场机制充分发挥作用。市场机制的作用是形成良好市场秩序的内在的、自发的、长期和根本的因素。畸形的或发育不全的市场机制,必然导致政府对企业行为的过多干涉。这样,就难以改变政府与企业之间的"父子关系""君臣关系",使企业无法摆脱行政附属物的地位。再加上条块分割、部门分割、政出多门、各行其是、长官意志、权大于法,就更容易使市场秩序变为无序和紊乱状态。

因此，从根本上讲，要建立我国社会主义市场经济流通新秩序，就是要充分发挥市场机制的作用。为此，第一，要加快国内统一市场的建设，打破地方保护主义。第二，要继续发展和完善市场体系。只有在完善的市场体系的条件下，所有的市场主体才能够平等、自由、有序地进行经营活动。如果市场体系不完善或是畸形发展，导致政策倾斜、受益不均，客观上就为非法经营提供了种种借口。处于不同地位的经营者为了争取优势的经营条件，或以权弄势（指商品、资金或经营条件的优势），或以钱买势，从而出现不正之风，扰乱正常的市场流通秩序。第三，创造公平竞争的市场环境。竞争是市场经济的产物，并作为外在的条件推动市场经济的发展。不正当竞争和垄断都是影响平等竞争的主要障碍，也是造成市场秩序混乱的重要原因。因此，要创造公平竞争的市场环境，必须反对不正当竞争和垄断。这样，如前所述，就必须加强我国反不正当竞争法的执法和反垄断法的立法工作。

8. 建立信用和信息传递系统，加快信用机制的建设

良好的信用机制是确保市场秩序的重要条件。要建立良好的信用机制，有必要建立有效的交易者行为信息传递系统，这样可以有效地加强对交易者行为的监控。在当今市场经济的环境中，交易往往具有不确定性，经常发生在互不相识的市场主体中，如果没有有效的交易者行为信息传递系统，某些不法交易者就会在这个地方行骗之后，又到另一个地方照样行骗。当前假冒伪劣商品横行、欠债不还等不良现象的出现是社会缺乏信用观念的重要表现，而没有建立起有效的交易者行为信息传递系统又是造成这一现象的重要原因。因此，健康的市场秩序客观上要求建立信用和信息传递系统以及相应的信用机制。

四、市场秩序与商业行为

（一）规范商业行为是维护市场秩序的重要条件

商业行为有特定的内涵，不是任何一种买卖行为都可以成为商业行为、都是合法的交易。商业行为是指为法律所认可，以社会分工为基础，以提供商品和劳务为内容的营利性的买卖活动。商业行为是商业职能的具体表现，通过商业行为连接生产与消费，使社会再生产过程构成统一的整体，从而推动国民经济协调、稳定、持续地发展。

规范商业行为，包括规范商业主体、规范交易规则和规范商品运行程序三个方面的内容。它是市场秩序有序进行的重要条件。这是因为：规范商业行为，一是可以划清商与非商的界线，有利于合理调整商业结构，规划商业的发展，保证社会再生产顺利进行；二是可以划清合法经商和非法经商的界线，保护合法经商，保证商业活动有序地进行；三是可以划清商业的合法利益和非法利益的界线，取缔与制止非商活动和非法经营，保护消费

者的合法权益。可见,规范商业行为对保证良好的市场秩序是十分重要的。

（二）商业行为的划分

按照国际惯例划分,商业行为可以分为四种：一是直接充当媒介完成商品交换的活动。如批发、零售业直接从事商品的收购和销售活动,称为"买卖商"。二是为"买卖商"直接服务的商业活动。如运输、仓储、居间行为、加工整理等,称为"辅助商"。三是间接为"买卖商"服务的活动。如金融、保险、信托、租赁等,称为"第三商"。四是具有劳务性质的活动。如旅店、宾馆、饭店、理发、浴池、影剧院、商品信息、咨询等劳务服务,称为"第四商"。它们的共同特点是,利润来自直接或间接为社会提供商品、劳务、资金、信息和技术,是提供有效商品和服务的酬报,而不是来自非法的掠夺、欺诈和受贿。

结合我国的特点,商业行为大致可以分为以下几种表现形式：①通过再售卖形式获得合法利润为目的的商品采购行为。②商法人、商自然人和生产企业所属的商业机构进行推销商品的行为。包括批发和零售。③利用自己的场地、设备、技术和服务性劳动,为消费者提供服务、劳务的营利性行为。④为消费者加工、复制、提供食品的售卖行为。⑤为商品使用价值的维护、延长和再生而进行的维修、加工、改制的行为。⑥承担和承揽商品储存、保管,以及货物运输的行为。⑦提供技术、劳务、承担加工订货、来料定做、售卖劳务的行为。⑧代购代销和信托寄售的销售行为。⑨租赁行为。⑩提供商品信息,进行企业诊断,参与企业决策的咨询行为。⑪从事商业性居间行为。包括信托行、交易所、贸易货栈、经纪行或经纪公司、经纪人等。⑫城乡集市贸易行为。

（三）商业职业道德与商业行为

总的来讲,商业职业道德是规范商业行为的思想基础。

所谓道德,是指人类社会依据一定的利益要求,以是非、善恶为标准,调整人们社会关系的行为规范和准则。任何社会的道德观念都是与当时的社会经济关系相适应的,并反映当时社会经济关系的要求。因此,经济发展水平不同,道德水平也不一样；不同的社会形态,都有自身的道德标准。市场经济作为一种经济关系,必然要求一定的道德观念与之相适应。在市场经济体制下,社会为了维护一定的社会秩序,要求通过一定的道德要求和道德观念去规范社会关系和人际关系,规范人们社会活动中最基本的共同行为。这就是说,市场经济的发展也包含着道德的进步和职业的规范。

商业道德作为职业道德,它是商业经营思想、经营作风和经营行为的最基本的规范和准则,是经营者正确处理同消费者、生产者和其他经营者关系的最起码要求。特别是在市场经济条件下，不道德的商业行为是造成市场和流通无序的重要原因。这是因为：第一，市场这只"看不见的手"的作用，可能诱导人们产生损人利己的思想，用种种不道德乃至非法手段牟取暴利。第二，商品与货币在市场经济中占重要地位，可能使一部分人产生商品拜物教和货币拜物教的倾向，从而不择手段地去获取商品和金钱。第三，市场经济所遵循的等价交换原则，可能侵入政治生活和伦理道德领域，使一部分人滋生唯利是图的思想，搞权钱交易，甚至出卖自己的人格和良心。

因此，正常的市场秩序要求建立在规范的商业道德基础上，以商业职业道德来约束商业活动，建立起对等的交易关系，保证商品交换有序进行。同时，商业道德又通过社会舆论的力量，谴责市场交易中的不道德行为，建立正确的行为导向，使商人尤其是商法人自觉地遵守商业道德规范，维护市场交易秩序。

五、建立市场秩序的目标体系

市场秩序的目标体系可以从三个方面加以规范：

（一）交易行为的规范

交易行为是由国家法律、交易契约和商业惯例多层次制约下的自由交易行为，只有这样，才能保证平等互利、等价交换、自愿让渡等市场原则得到贯彻。交易行为无序是市场和流通无序的主要表现。交易行为扭曲、异化和错位，必然导致市场和流通混乱，投机过度，非法经商盛行，市场失控，物价波动，直接影响国民经济生活正常进行。交易行为规范化程度是市场经济是否成熟的重要标志，是市场秩序好坏的重要反映。交易行为的规范主要包括：①经营主体的合法性。即经营主体应是经工商行政管理主管部门批准的商法人或商自然人，有证经营，合法经商。②经营行为的规范性。即经营主体遵守商业职业道德和商业惯例，遵守国家的政策和法令，遵守市场交易规则，维护消费者利益，杜绝不正当竞争。③经营范围的政策性。即经营主体遵照国家主管部门核准的经营范围开展经营活动。严禁经营国家明令禁止的"毒品、黄色制品和走私物品"。④经营利润的合理性。即商业经营除必须获得正常的平均利润以外，还应允许获得一定的风险利润和机会利润，但必须严禁任意加价、抬价、弄虚作假等违法活动和暴利行为。

（二）市场运行机制的规矩

市场运行机制的规范就是要培育和健全市场体系，完善市场服务机制、中介机制和监督机制，创造宽松、平等的市场环境，保证交易高效有序地进行。这方面主要包括：①

规范市场运行制度，制定市场禁入条例，在扩大市场开放的同时，严惩严罚一切违法和非法经营，实行"定期禁入""行业禁入"和"终身禁入"制度，净化市场环境，规范交易行为。②规范市场服务制度，建立和完善市场服务体系。包括金融保险、运输保管、邮电通信、代购代销、生活设施等，明确服务范围，落实服务责任，明码收费标准，创造良好的市场环境。③规范市场中介组织，发挥市场运行自我协调、自我组织的功能。市场是纵横交错的流通整体，需要通过中介组织进行上上下下、里里外外的衔接和沟通，这样才能促进产销有机地结合。要规范中介组织机构、职能和收费标准，加强对市场中介组织的监督和管理，不断提高市场的组织化程度和自我协调能力。④规范市场监督制度，完善自我约束机制，实行职能部门监督与企业自我监督、主管部门监督与社会监督、舆论监督与群众监督相结合，建立多层次的监督体系。既要监督经营者的经营行为，也要监督市场管理者的执法行为。

（三）政府干预行为的规范

政府干预是市场稳定、有序、繁荣发展的基本保证。但是，如果政府干预不规范，政出多门、朝令夕改，也会给市场造成混乱，给非法经营者以可乘之机。要实现政府干预的权威性、有效性和经常性，同样必须规范政府的干预行为，使政府干预行为制度化、法制化、规范化。这方面主要包括：①规范市场干预制度，包括政府干预市场的条件、范围、手段和途径，建立相对稳定的干预体系，明确干预的职能部门，加强市场的统一管理，防止多方插手，政出多门，相互干扰，造成政府干预行为的混乱。②规范市场竞争制度，制定有关反垄断的法规，防止主管部门、公众团体、公用事业单位滥用市场支配地位和政治权力进行部门垄断、行业垄断和价格垄断，实行强买强卖，损害消费者的利益。③规范处罚制度。坚持法律依据、法定机关、法定程序三位一体的程序，严格执法，防止乱罚，禁止罚出多头，罚而无据。处罚混乱，不仅会失去处罚的目的性、严肃性和权威性，而且还容易造成市场和流通秩序的混乱。④规范政府调节市场制度，包括政府直接干预和间接调控制度。政府直接干预是指在特定条件下，政府对某种商品、某个部门实行专卖、专营、统购统销或直接经营，规范政府的直接干预就是要规范直接干预的条件、范围和相应的法律程序。建立和健全国家市场调节基金和储备制度。通过调节供求，避免市场剧烈波动，保证社会稳定。⑤规范市场管理法规，逐步建立起保证市场正常、有序进行的法制体系。

第十二章 商业经济效益

第一节 商业经济效益

一、经济效益

（一）经济效益的概念

经济效益问题，在国民经济各部门的各种经济活动中都是存在的，因而具有共同的规定性。作为一个一般的概念，经济效益系指经济活动取得的有用成果同经济活动过程中的劳动耗费与劳动占用的比较。这样一种比较关系并不是经济学家的凭空想象，而是一切从事经济活动的人们所必定关心的。人类的任何经济活动都是为了取得某种有用成果，亦即合乎预期目的的某种结果。但是，为了取得这种结果，各种经济活动都要耗费和占用一定的劳动。由此，从事经济活动的人们必然会关心这样两个问题：一是经济活动结束时能否实现或在多大程度上实现了预期目的；二是为实现预期目的耗费和占用了多少劳动，或者耗费和占用同样的劳动取得了多大的有用成果。而且，只要在劳动耗费和劳动占用方面存在达到预期目的的多种可能性，人们总是会尽力选择其中耗费和占用劳动尽可能少的方法去进行经济活动。可见，经济效益的概念不过是对这样一种实践活动的描述和概括。

（二）经济效益的相对性

经济效益是投入与产出、消耗与有用成果的对比关系。这说明经济效益首先是一个具有相对性的概念。

第一，经济效益反映了劳动有用成果与劳动消耗与占用之间的相对关系。任何一个个人、一个经济单位或者整个社会在进行经济活动时，必须消耗与占用一定数量和质量的活劳动和物化劳动，如果这种劳动消耗与占用等于或大于劳动有用成果，我们就认为这种经济活动是得不偿失的；劳动有用成果大于劳动消耗是人们进行经济活动的基本目的。马克思曾说："社会化的人，联合起来的生产者，将合理地调节他们和自然之间的物质变换，把它置于他们的共同控制之下,而不让它作为一种盲目的力量来统治自己;靠消耗最小的力量,在最无愧于和最适合于他们的人类本性的条件下来进行这种物质变换。"消耗与占用的劳动越少,产出的劳动有用成果越多,表明经济效益越好。

第二,经济效益反映了同类商品生产者之间的相对竞争关系。在产品符合社会需求的条件下,产出投入比越高,则表示其劳动消耗与占用越少,产出越大。按照劳动时间计算就是生产商品的个别劳动时间低于社会必要劳动时间,低出的那一部分劳动时间就是节约的劳动时间,经济主体就可以用这部分劳动时间创造更多的剩余价值和使用价值,在竞争中取胜。反之,劳动消耗与占用过多,产出较少,意味着个别劳动时间高于社会必要劳动时间,高出的那部分劳动时间就是劳动时间的浪费,也就会造成剩余价值和使用价值的损失,这样的经济主体在竞争中必然被削弱甚至被淘汰。因此,提高产出投入比、提高经济活动的经济效益是企业立于不败之地的必要条件。

第三,经济效益的本质是劳动时间的相对节约。马克思曾说:"时间的节约,以及劳动时间在不同的生产部门之间有计划的分配,在共同生产的基础上仍然是首要的经济规律。这甚至在更加高得多的程度上成为规律。"可见,经济效益的提高最终可以归结为劳动时间的相对节约——相对本企业原来的劳动时间或相对于竞争对手的劳动时间。

第四,经济效益是投入与产出的相对关系,二者缺一不可。经济效益的评价必须同时具有投入量和产出量,而且二者在计算口径上必须合理;如果缺少任何一方,就没有了对比的对象,当然也就无法反映经济效益。在此有必要区别经济指标与经济效益指标。只反映投入或产出的指标,如国民收入、销售额、利润、销售费用等,只能称为经济指标而不能称为经济效益指标。

(三)经济效益的社会性

在对经济效益的定义中,强调了劳动成果的"有用性",这是从社会经济活动整体的角度来评价某一个经济体的经济效益,因为劳动成果首先必须"符合社会需要"。马克思曾在《资本论》中明确把是否符合社会需要作为产品(产出)有无效益的前提。他说,生产不管具体形式如何,作为目的活动都是"为了人类的需要"商品要有使用价值,因而要满足社会需要,这是卖的一个前提。产品要符合社会需要,首先要求产品有一定的质量。"如果他不想被同种商品的另一些卖者所排挤,他就得像每个商品卖者一样要对自己提供的商品负责,并且必须提供一定质量的商品。"其次在产品数量规模上。"如果某种商品的产量超过了当时社会的需要,社会劳动时间的一部分就浪费掉了。"因此,"耗费在这种商品总量上的社会劳动的总量,就必须同这种商品的社会需要的量相适应,即同有支付能力的社会需要的量相适应"。因此,产品只有在质量、数量、品种方面和社会需要相适应,才能实现由商品到货币"惊险的跳跃",才能保证商品价值和使用价值的实现,才能使生产效果转化经济效益。这说明经济效益是一个社会化概念,反映了生产与交换、分配、消费的关系。所谓提高经济效益,不仅是指要提高产出投入比,还是指要提高产出满足社会需要的程度。

二、商业经济效益

(一)商业经济效益

所谓商业经济效益,就是商业活动所取得的有用成果同这种经济活动中劳动耗费与劳动占用的比较。

虽然各种经济活动的经济效益有着共同的规定性,但不同领域的经济活动有着不同的具体内容,它们各自所取得的有用成果,以及为取得有用成果而耗费和占用的劳动,在具体形式上和内容上都会有所不同。在商业活动领域,这两方面都有不同于其他经济活动的特点。这种特点是与商业充当媒介完成商品交换的特殊职能相联系的。

先就商业活动的有用成果来考察。撇开生产过程在流通领域继续的那些活动如商品的运输、保管等不论,纯粹商业活动是商品买和卖的对立统一,这一矛盾运动的形式规定性是 G—W—G 这种商品形态变化系列。商业的特殊职能就是通过这种形态变化系列,也就是通过先买后卖的活动去充当媒介完成商品交换,实现生产与消费的联系,实现商品的价值和使用价值。这样的结果,就是商业活动所要达到的预期目的,也就是商业活动的有用成果。

商业活动有用成果的表现形式和数量标志是一定时期内的商品销售额。表面上看,商品收购额似乎也可以视作商业活动的有用成果,其实不然。商品收购只是商业活动的开始,收购继以销售才能完成商业活动的全过程,只有通过销售才能完成商业的特殊职能,促成社会劳动的物质变换,实现商品的价值和使用价值。只是在这时,商业活动才能达到预期的目的,取得有用成果。还应当看到,商品收购与商品销售乃同一商品两次转手的重复交易,因而商品销售额之中必然再现着商品收购额。如果商品销售额不能再现全部收购额,不论出自什么原因,都表明有一部分已经收购的商品未能进入消费而尚未得到实现。这也反证出将商品收购额视作商业活动的有用成果是不恰当的。

再就商业活动中的劳动耗费和劳动占用来看,与其他经济活动一样,两者是取得有用成果的必要条件。劳动耗费是商业经营过程中实际消耗的全部活劳动和物化劳动,其价值形式和数量标志是一定时期内发生的商业费用，即由商业部门支付的商品流通费用；劳动占用则仅指各种形式上占用的物化劳动，其价值形式和数量标志是一定时期内占用的全部商业资金。物化劳动占用会部分并且分期地转化为劳动耗费。商业活动为达到预期目的，劳动占用和劳动耗费这两方面可以有不同的组合。不过，这两方面还是具有商业自身的特点。例如，在商业活动的劳动耗费中，活劳动耗费占有相当大的比重；在商业活动的劳动占用中，流动资金占有绝大比重。

商业经济效益的另一项重要内容是商业活动的宏观经济效益，亦即商业活动经济意义上的社会效益问题。由商业的特殊职能决定，商业活动经济意义上的社会效益，表现为满足社会商品性消费需要的水平，我们称之为商业的社会服务效益。它的有用成果的数量标志，是商业部门实现的社会商品纯销售额，社会商品纯销售额表明所实现的价值量和使用价值量的统一。在同等的劳动耗费和劳动占用的条件下，商业部门实现的社会商品纯销售额越大，意味着商业活动在提高社会经济效益水平方面贡献越大。

商品经济效益的上述两方面，即商业活动的自身经济效益和社会服务效益，是在一个完整的商业活动过程结束之时（也就是实现了生产和消费的联系之时）同时产生的，是付出同样努力的共同结果。因而，人们无法区分商业活动的哪一部分是在参与提高商业自身的经济效益，哪一部分又是在参与提高社会经济效益。可以肯定的是，无论是处于批发环节的还是处于零售环节的商业企业，只要它们以满足社会消费需要为宗旨，它们的购销活动始终致力于推动商品面向消费运动，那么，它们各自提高自身经济效益的努力都有助于社会经济效益的提高。当然，这样的情况并不罕见：批发商业和零售商业的经济效益，分开来考察，可能都是不错的，但把它们作为统一整体来研究，就可能看到在这两个商业环节之间存在商品的无效流通。作为公有制基础上的商业部门，可能而且应当尽力避免出现这类情况。总之，商业活动既要致力于商业活动微观经济效益的提高，也必须使这种提高有助于宏观经济效益的提高，努力使这两者统一起来。只有这样，才意味着商业经济效益的全面提高。

（二）讲求商业经济效益的意义

讲求和提高经济效益，说到底，是为了利用已有的资源去求得最大的物质利益。努力提高商业的经济效益，是基本经济规律和时间节约规律的客观要求，对于加速现代化经济建设、提高人民的物质文化生活水平具有重要意义。

首先，讲求商业经济效益，能够在取得更大有用成果的情况下相对节约流通领域中的劳动耗费和劳动占用，有利于国民经济更快发展。社会在一定时期内的人力、物力和财力资源是有限的，这些资源又必须按一定比例用于物质生产领域、流通领域和其他非物质生产领域，以求得国民经济按比例地协调发展。商业部门讲求经济效益，用有限的劳动耗费和劳动占用去实现更大量的商品销售额，亦即在人员、设施、资金既定或增加不多的条件下，组织更大规模的商品流转，更大规模地充当媒介完成商品交换，这就能够大大节约社会投入流通领域的人力、物力和财力，从而为加速国家整体的经济建设提供有利条件。

其次，讲求商业经济效益，有利于增加商业利润，这既可以以税金形式为国家提供更多的资金积累，也可以使商业部门本身以企业利润形式积累更多的资金。商业利润是商品进销差价扣除商业费用后的余额，它随着商品的销售而实现；在进销差价不变、费用率不变或有所降低的情况下，商品销售额越大，赢利水平越高。因此，商业部门讲求商业经济效益，用有限的劳动耗费和劳动占用实现更高的商品销售额，商业利润总额必然会随同销售额的扩大而增加，这就能够为社会集聚更多的社会消费基金和用于扩大再生产的积累基金，以进一步提高全体人民的物质文化生活水平。

再次，讲求商业经济效益，还能促进商业企业改善经营管理，提高经营管理水平。讲求经济效益和改善经营管理两者之间存在相互促进、互为因果的关系。一方面，经济效益的大小是经营管理水平高低的直接结果；另一方面，是否讲求经济效益，对经营管理水平也产生着重大影响。商业部门讲求经济效益，必然要求企业采取各种有效措施，尽可能地合理使用资金，加速资金周转，节约流通费用，科学组织劳动，充分挖掘出企业内在潜力，努力扩大商品流转。这样，讲求经济效益的过程，实际上也就是改善经营管理、提高管理水平的过程。

最后，如果从更广泛的意义上认识问题，由于商业活动自身的经济效益与国民经济整体的社会经济效益紧密相连，在商业活动中讲求经济效益，以同等的劳动耗费和劳动占用在扩大的规模上组织商品流通，实现商品的价值和转移使用价值，这对于提高工农业生产的经济效益、更好地满足消费需要，无疑发挥着重大作用。

讲求或提高商业经济效益，也就是以等量的劳动耗费和劳动占用来实现最大的商品销售额，或者以最少的劳动耗费和劳动占用实现同量的商品销售额，是我国进行社会主义现代化建设对商业活动提出的重大课题。讲求效益、提高效益，应当成为商业企业行为最重要的准则之一。

第二节　商业微观经济效益评价

经济效益评价是企业经营必不可少的工具和环节。对具体企业而言，财务分析构成了微观经济效益评价的重要组成部分，商业企业也是如此。此外，商业企业还可以从多个角度、采取多种指标对企业经营经济效益加以考评，并由于企业经营目标及赢利模式的不同，表现出与工业企业较大的差异性。

一、商业微观经济效益评价

对于商业企业的微观经济效益评价，业内一般使用关键经济效益指标（key performance indicators，KPI）。关键经济效益指标不仅指财务指标，它是一个包括财务与非财务指标的综合性考察体系，可以帮助经营者分析经营活动的运行状况，找到企业发展的优势或症结。

关键经济效益指标一方面包含企业的目标指标要求，另一方面包含企业指标完成的数据说明，从而通过两者的对比得到目标的执行情况，体现出经济效益评价的相对性。商业企业的微观关键经济效益指标多从销售：产品范围、服务水平、产品可获得性、消费者满意度、员工构成、运营和财务经济效益等方面进行设立与评价。

为了方便商业企业使用关键经济效益指标衡量企业经营经济效益，一般将其分解为劳动力经济效益指标、空间经济效益指标和资本经济效益指标。三个指标分别从劳动力的生产效率、空间的产出效率以及资金的利用效率三方面对经营活动进行分解和评估。

（一）劳动力经济效益指标

劳动力经济效益指标是为了说明单位劳动力完成的销售额及实现的利润额，包括每家商店每月或每周的劳动力成本预算、按照销售额比例获得总体劳动力成本、每个员工的销售额和利润、劳动力的边际回报率、每个工作小时的销售量、员工流失率、各种消费者满意度衡量指标等。

通过上述相关数据可以得到员工平均销售额、员工平均毛利和员工平均净利润三个指标，从而可以评估员工生产率，即商业企业中所谓的坪效。指标计算中需要注意的是，员工的平均数量应该按行业标准换算，这样才能提供一个具体的比较基础，进行同行业横向比较。另外，企业往往把全职员工和兼职员工数量混淆在一起计算得出员工数量，这样可能会造成偏差。员工平均毛利和员工平均净利润涉及选择毛利率还是净利率作为计算指标的问题。零售商分销成本一般占销售额的10%～20%，通常情况下，毛利率指标不具有可比性。另一方面，净利率是剔除所有开支后的指标，反映了企业真正的赢利能力，从而可以更好地用于比较。如果毛利率不变而净利率增加，表现为交易的成本降低，反映出经营效率得到明显改善。但是如果市场不是竞争性的，净利率的上升则可能是因为价格的上涨或者垄断地位。

（二）空间经济效益指标

空间经济效益指标说明店面单位面积完成的销售额及实现的利润额。通常利用销售密度、利润密度和现金流量密度进行衡量，另外还包括存储能力、交易饱和度和门店的客观限制等指标。销售密度即每单位净销售面积的销售额，利润密度即每单位净销售面积的利润，现金流量密度即每单位净销售面积的营运现金流量，这些指标用来评价空间生产率，即商业企业中所谓的坪效。

店面的物理空间是一个商店为客户提供服务并取得收益的基本条件，表现为物理空间所能容纳的消费客流以及随之产生的销售收入。固然，较大的经营面积可以进行较大程度的铺货及产品的展示，从而为顾客提供较大的服务空间，获得较大的销售收入，但是空间经济效益指标考察的是单位面积能够完成的销售和利润，即销售空间的有效利用，面积的大小和单位面积实现的销售之间并不存在必然联系。而且，由于短期的促销，一些店面可能涌入较大的客流，从而产生高于日常的较大的销售密度，但是这种较高的销售密度并不必然会带来较高的利润密度，单位面积完成的销售额和实现的利润额并不一定会同步。

（三）资本经济效益指标

资本经济效益指标（或称财务经济效益指标）考察在商业活动中投入的单位资本与实现的销售利润之间的关联性，包括资产周转率、还款期、资本成本、货币贬值损失，另外还会使用投入资本回报率、营业利润率等指标评价企业的金融生产率。

一般常用资产周转率来衡量企业资产管理效率。资产周转率是指销货净额对平均资产总额的比率，可以用来反映企业资产在一年内的周转次数，是衡量企业全部投资利用效率的指标。

二、商业企业财务

一个零售商业企业微观经营活动的基本模型，具有典型性与代表性：它是财务流程与经营流程的统一模型,展示了财务运行如何与一般的零售经营流程相适应的大体状况。现实中,由于信用卡公司、银行、租赁公司以及专业物流公司等其他商业中介组织的存在,这个模型将会更为复杂化。

商业企业微观经营活动财务循环始于供应商根据商业企业的请求提供商品,还有一种经常的情况是商业企业对自有品牌商品的生产和供应。在商品入库以后,商业企业着手将商品用于销售,包括分类、分拆、贮藏空间安排、按类别的货架空间分配以及其他一些步骤,这都是为了保证商品作为一种可供销售的状态能被消费者直接接受。而正是在这个阶段,零售业务体现了价值,同时也为良好的财务运行打下基础。经过了此阶段,供应商提供的产品成为商业企业的存货,或者叫待销商品。这一阶段对财务的影响是被动的,因为对消费者的直接交易过程还没有开始。但是因为一些关键的参数,比如定价方案和成本构成都决定于此,所以这个影响是很有意义的。下一阶段无论从经营角度还是财务角度讲,都是把商业企业和消费者直接联系起来的阶段。从经营上讲,商业企业正是在此阶段把商品销售给消费者,并在交易过程结束时获得收入;从财务上讲,这一交易过程产生了现金收入,为商业企业对供应商的支付提供了基础。

三、反映商业企业特点的财务经济效益指标

财务经济效益的评价通常从财务比率开始分析。财务经济效益的财务比率系统用公式进行财务经济效益的全面描述。分析者使用财务比率的原因是孤立的财务数据没有可比性。在商业实践中,商业企业最常用的四组财务比率如下:

(一)内部流动比率

这一系列比率用来衡量企业能否保持现状并达到未来目标的能力。内部流动比率通常用企业的短期资本如现金和有价证券等与短期负债如应付账款等相比来得到。

1. 流动比率

流动比率测量企业的短期资产是否足以应付相应的负债,是使用最为广泛的反映流动性的指标之一。

流动比率 = 流动资产 / 流动负债

式中,流动资产是指企业可以在一年(含一年)或者超过一年的一个营业周期内变现或者运用的资产,是企业资产中必不可少的组成部分。流动负债是指将在一年(含一年)或者超过一年的一个营业周期内偿还的债务,包括短期借款、应付票据、应付账款、预收账款、应付工资、应付福利费、应付股利、应交税金、其他暂收应付款项、预提费用和一

年内到期的长期借款等。

2. 速动比率

因为存货和其他一些包括在流动资产中的项目（如应收账款和预付账款）并不具有足够的流动性，所以为了精确计量商业企业实现其短期财务目标的能力，并不能把全部的流动资产都考虑在内。速动比率排除了流动性较低的流动资产的影响，因此能够更为精确地反映商业企业的资产流动性。

速动比率 = 现金和银行存款 + 应收账款 / 流动负债

3. 现金比率

现金比率只将现金和现金等价物认为是合适的流动资产，是最为保守的计算流动性的比率。

现金比率 = 现金和现金等价物（银行存款）/ 流动负债

4. 营业现金流量比率

为了克服前三个比率的局限性，可以用经营活动的现金流量与流动负债相比，得到营业现金流量比率，从而较为周全地反映企业资产的流动性。

营业现金流量比率 = 经营活动现金净流量 / 流动负债

5. 安全天数

这个指标是用最具流动性的资源（现金和现金等价物加应收款净额）除以预计支出。虽然变动较大，但通常由于预计支出包括货物销售费用和营运所必需的管理费用，因此可以较为容易地进行预计。安全天数指标经常被解释为在最坏的情况，也就是说在没有其他收益的现有资金条件下，公司能够维持现在营运水平的天数。

安全天数 = 现金和现金等价物 + 应收款净额（防御资产）/ 预支支出 ÷ 365

（二）获利性比率

获利性比率用来衡量企业利润获得、维持、增长的能力。企业的获利能力可以用一些指标来衡量，主要包括：

1. 销售毛利率

其中毛利是销售收入与销售成本的差。该比率表示单位收入扣除销售成本后,有多少剩余可以用于各项期间费用的弥补和形成盈利。销售毛利率是企业销售净利率的最初基础,没有足够大的毛利率便无法产生盈利。

销售毛利率 = 销售毛利 / 销售收入

2. 营业利润率

营业利润是企业利润的主要来源。它是指企业在销售商品、提供劳务等日常活动中所产生的利润。其内容为主营业务利润和其他业务利润扣除期间费用之后的余额。其中主营业务利润等于主营业务收入减去主营业务成本和主营业务应负担的流转税,通常也称为毛利。其他业务利润是其他业务收入减去其他业务支出后的差额。这个比率反映了商业企业的核心业务获利水平,包括投资的综合收入、财务费用和缴税情况。

营业利润率 = 营业利润 / 销售收入

3. 销售净利率

这个比率用于与同行业企业进行比较,反映每单位销售收入带来净利润的多少,表示销售收入的收益水平。企业在增加销售收入额的同时,必须相应地获得更多的净利润,才能使销售净利率保持不变或有所提高。

销售净利率 = 销售净利润 / 销售收入

(三)回报率

1. 资产报酬率

资产报酬率表现了企业利用资产获得利润的能力。资本报酬率是基于息税前利润(EBIT)测定的。这一指标不受不同资本结构和税收水平的影响。

资产报酬率 = 息税前利润 / 资产平均总额 × 100%

2. 资本回报率

资本回报率是指投出或使用资金与相关回报(回报通常表现为获取的利息和分得的

利润）之比例，用于衡量投出资金的使用效果。下式中，分母表示产生回报的资本来源，因此，资本回报率是指资本性投资的回报，而不仅是负债或者权益。

资本回报率＝息税前利润×（1－税率）/债务利息＋股权

3. 权益报酬率

这项比率是指针对剩余索取者——普通股股东产生的收益，如果权益资本包括优先股，那么分配给优先股的部分要从净收入中去除。

（四）财务杠杆比率

从股东的角度出发，杠杆水平代表了风险和收益之间的取舍关系。更高的杠杆水平（即负债在资本结构中的比例）意味着股东更大的回报。这是由负债的多重性决定的。只要公司利用财务杠杆，股东就有可能拥有额外的收益。但是，这些收益也增加了被风险攻击的潜在风险。

尽管比率分析在战略经济效益管理方面具有很重要的作用，但是它仍然有局限性。首先，上面提到的比率只适合作为财务管理的一般分析工具。对潜在业务更深层次的理解必须依靠对商业活动的经营原理和实际情况的融会贯通，同时辅以竞争环境的分析和相关利益群体（股东）的互动。其次，比率分析只有应用于时间序列或者交叉单位的背景下才有意义。最后，比率分析忽略了公司间的不同运营和金融风险水平。如果甲企业比乙企业有更高的比率和更高的风险组合（例如更高的财务杠杆、更大的国际监督力量，或者追求不确定性的多角化战略），这些具有比较性的高比率就会具有很大的误导性。相反，即使乙企业有很低的比率，但是它可能会有相对较低的风险组合。对商业企业的财务经济效益和股票市场价值进行综合分析时，企业的运营特点和它的风险组合之间的平衡是其中最重要的考虑因素。

四、杜邦系统评价商业企业微观经济效益

为了克服比率分析的一些局限性，可以应用杜邦分析体系（DuPont system）。杜邦模型把财务分解为容易得到的同时又具有很大信息量的经济效益因素。第一，杜邦分析体系描述资产净值的回报，即净资产收益率是由三个因素共同作用的结果：销售净利率、资产周转率和权益乘数。第二，杜邦扩展模型是由五个因素组成的更加详细的模型，这个模型更加深入地探讨了财务杠杆和税收对公司财务经济效益影响的结果。

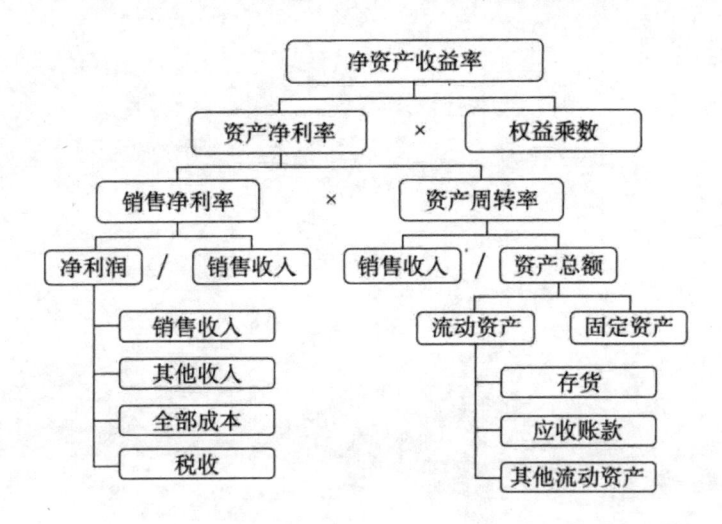

图 12-1 杜邦系统示意图

$$净资产收益率 = \frac{净利润}{销售收入} \times \frac{销售收入}{总资产} \times \frac{总资产}{所有者权益}$$

杜邦扩展模型如下：

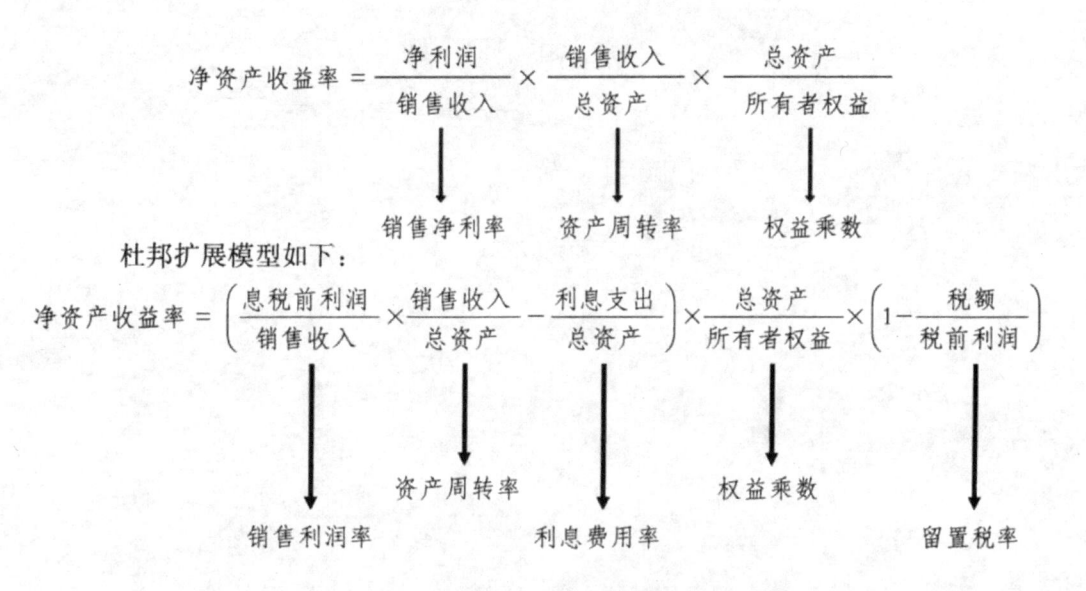

$$净资产收益率 = \left(\frac{息税前利润}{销售收入} \times \frac{销售收入}{总资产} - \frac{利息支出}{总资产}\right) \times \frac{总资产}{所有者权益} \times \left(1 - \frac{税额}{税前利润}\right)$$

图 12-2 杜邦模型

根据杜邦系统，商业企业微观经济效益的高低，最终与其他类型的企业一样，体现为净资产收益率的高低，但在具体的经营层面，商业企业的销售成本及流通费用的管理、存货的管理等具有特殊性。

根据杜邦系统内部各项业绩指标之间的关系，净资产收益率的经济效益评价指标可分解为另三项指标的乘积，这就意味着企业净资产收益率的水平由销售净利率、资产周转率、权益乘数决定，分别体现为企业经营的成本费用支出状况、周转状况及负债状况。

参考文献

[1] 王芳.现代商业经济创新与发展研究[M].北京：现代出版社.2020.

[2] 孙杰光,张辛雨,高同彪.现代服务业发展概论[M].北京：中国金融出版社.2017.

[3] 王关义.经济管理理论与中国经济发展研究[M].北京：中央编译出版社.2018.

[4] 杨祖义.现代农业发展战略研究[M].北京：经济日报出版社.2017.

[5] 中国银行业协会城商行工作委员会.城市商业银行发展报告[M].北京：中国金融出版社.2018.

[6] 朱律璋.中国宏观经济基础研究：朱律璋经济学论文集[M].北京：经济日报出版社.2019.

[7] 刘荣增,等.河南省现代物流产业发展研究[M].北京：中国经济出版社.2017.

[8] 季健,蔡柏良.金融支持沿海经济发展研究[M].北京：中国经济出版社.2018.

[9] 宋海,王仁曾,曾力.广东商业银行重组[M].北京：中国金融出版社.2018.

[10] 陈春花.成长：陈春花文集第2集 商业评论3[M].广州：华南理工大学出版社.2018.

[11] 李建国,尚季芳.近现代西北社会研究：发展与变革[M].兰州：甘肃文化出版社.2015.

[12] 曾林峰.我国中型商业银行综合经营研究[M].北京：中国金融出版社.2018.

[13] 王松奇.中国商业银行竞争力报告：2018[M].北京：中国金融出版社.2018.

[14] 黄福华,谢文辉.湖南现代物流发展研究报告：2013[M].北京：中国财富出版社.2015.

[15] 刘彦蕊.商业模式创新的未来[M].北京：知识产权出版社.2017.

[16] 陈昕.出版经济学研究[M].上海：格致出版社,上海人民出版社.2017.

[17] 罗东明等.中国商业经济学[M].北京：中国商业出版社.1989.

[18] 春燕.新趋势新应对：城市发展研究借鉴与探索[M].上海：上海社会科学院出版社.2018.

[19] 王彦华.现代会展导论[M].北京：中国商务出版社.2015.

[20] 赵睿.商业银行经济资本配置机制研究[M].北京：中国经济出版社.2014.

[21] 崔保华,胡昌升.现代遂宁发展研究[M].成都：四川大学出版社.2013.

[22] 于新茹,潘栋梁.现代财务会计理论及实践研究[M].长春：东北师范大学出版社.2017.

[23] 马忠法.法律、商业与社会[M].上海：上海人民出版社.2017.

[24] 张学恕.中国长江流域当代经济发展研究[M].太原：山西经济出版社.2017.

[25] 林榅荷，许安心，坚瑞.中国连锁餐饮之都发展报告[M].北京：中央编译出版社.2018.

[26] 江怡.民营经济发展体制与机制研究[M].杭州：浙江大学出版社.2016.

[27] 肖挺.基于产业融合视角的现代服务业商业模式创新研究[M].南昌：江西高校出版社.2015.

[28] 洪银兴.创新发展：新发展理念研究丛书[M].南京：江苏人民出版社.2016.

[29] 陈红花.商业伦理与会计职业道德[M].北京：现代教育出版社.2017.

[30] 张幼文，金芳.世界经济学[M].上海：立信会计出版社.2017.

[31] 中国银行业协会城商行工作委员会.城市商业银行发展报告：2017[M].北京：中国金融出版社.2017.

[32] 官学清.现代商业银行新趋势：把风险作为产品来经营[M].北京：中国金融出版社.2011.